古代歷史文化 研究輯刊

十七編

王 明 蓀 主編

第 **7** 冊

唐代女性理想人格研究
——以兩《唐書》爲中心的考察

胡 海 桃 著

國家圖書館出版品預行編目資料

唐代女性理想人格研究——以兩《唐書》為中心的考察／胡
海桃 著 -- 初版 -- 新北市：花木蘭文化出版社，2017〔民
106〕
目 2+236 面；19×26 公分
（古代歷史文化研究輯刊 十七編；第 7 冊）
ISBN 978-986-404-947-9（精裝）
1. 唐書 2. 研究考訂
618   106001382

ISBN-978-986-404-947-9

9 789864 049479

古代歷史文化研究輯刊
十七編　第七冊　　　　　　　ISBN：978-986-404-947-9

唐代女性理想人格研究——以兩《唐書》爲中心的考察

作　　者　胡海桃
主　　編　王明蓀
總 編 輯　杜潔祥
副總編輯　楊嘉樂
編　　輯　許郁翎、王筑　美術編輯　陳逸婷
出　　版　花木蘭文化出版社
社　　長　高小娟
聯絡地址　235 新北市中和區中安街七二號十三樓
　　　　　電話：02-2923-1455／傳眞：02-2923-1452
網　　址　http://www.huamulan.tw 信箱 hml 810518@gmail.com
印　　刷　普羅文化出版廣告事業
初　　版　2017 年 3 月
全書字數　209950 字
定　　價　十七編 34 冊（精裝）台幣 68,000 元　　　版權所有‧請勿翻印

唐代女性理想人格研究
——以兩《唐書》爲中心的考察

胡海桃　著

作者簡介

胡海桃，1984 年生，女，湖南桃江人，哲學博士。軍事交通學院講師，中共中央黨校博士，軍事科學院博士後。近年來在《學習時報》《解放軍報》《中國婦女報》《揚州大學學報》等刊物上發表論文數十篇，主編、參編著作、教材多部，負責、參研國家社科基金多項。目前主要研究方向是中國傳統文化、社會性別和軍事文化。

提　　要

　　唐代女性理想人格研究涉及歷史學、社會學、倫理學、文獻學和哲學等多個學科，因爲研究的是女性理想人格，而正史中的女性傳文是較爲典型的研究材料，能反映出一個時代主流社會對女性理想人格的期待和設定，所以本書主要以《舊唐書》和《新唐書》爲中心展開研究討論。唐代女性結構階層複雜，主要有后妃、公主、命婦、商婦、征婦、農婦、女冠、女尼、娼妓、婢女等，社會對各個階層女性的理想人格品質期待不同，女性個體和群體間的人格理想也存在差異，而且女性在唐代前期與後期境遇不同，本書無法一一論述這些差異，主要選取了兩《唐書》中收錄的「后妃」「公主」「列女」（列女主要包括命婦、平民女子等）等女性事跡，盡可能地探討她們所反映的女性理想人格的共通之處，這一點也體現了理想人格的超越性，能超越不同階層的特殊性發現其中共同的精神內核，以揭示其文化內涵，深化我們對於傳統女性特別是唐代女性的認識。本書按「三從之義」，將女性分爲女兒、妻子、母親三種角色，並以這三種角色爲中心分別探討其理想人格所具備的人格品質。

　　第一章，中國傳統女性理想人格概述。本章重點在釐清概念，爲唐代女性理想人格研究打下理論基礎。第一節，梳理了下不同學科對「人格」一詞的不同認識，指出中國傳統意義上的人格是從倫理道德角度出發，指的是道德人品。第二節，首先重新界定了「理想人格」的概念，狹義地理解，理想人格是某一社會某種文化中人們最爲推崇的人格模型，集中體現了當時社會文化的基本特徵和價值標準，廣義地理解，理想人格是全面實現人的本質後的存在狀態，是某一時代社會理想和個人理想的人格化身，是合規律性與合目的性的統一，是眞善美的統一。理想人格雖具有超越性，但仍很難擺脫其時代性和區域性，理想人格不是唯一的，不具有普適性。其次簡要地介紹了中國傳統理想人格的三大類型，分別是儒家內聖外王的聖賢人格，道家與道合一的聖人人格和佛家覺行圓滿的佛陀人格，並指出唐代理想人格與先秦慕儒家之德風、魏晉慕莊老之灑脫相比，唐人又增加了成佛這一理想。第三節，首先，從考察女性人格發展的理論基礎中發現，男尊女卑文化並沒有天然合理性；其次，重點介紹了唐代女教書中倡導的三種女性理想人格範型，並以新的視角去解讀「窈窕淑女」「賢內助」「女以弱爲美」這三種範型，在瞭解過去女性理想人格範型的基礎上澄清人們對它們的誤解。通過研究發現，女性理想人格與男性理想人格所應具有的人格品質，並非兩套不同的標準，其內涵皆是仁義禮智，是對眞善美的一致追求。

第二章，理想的女兒人格。本章從曲從娛親、不婚養親和哀毀過禮三個方面來瞭解唐代女性孝行的特徵：在第一節中，圍繞女兒如何「致其樂」探討何謂「孝」，認爲娛親不只是以聲音笑貌哄父母一時高興，而是貴在有誠敬之心，然而爲了讓父母「樂其心，不違其志」，在從父母之令時，難免父母之志與己志相矛盾，在己志不得伸時，難在曲從，要懂得變通順從，無法變通的時候只能委屈順從，不主張忤逆力爭，事父母之道，應著眼於「有隱而無犯」，「三諫而不聽，則號泣而隨之」。而兩《唐書》中強調女兒在娛親之時，要機靈，察言觀色，鼓勵女兒讀書識字，明理善諫。在第二節中，圍繞「從父」與「從夫」的兩難選擇展開討論，若夫家妻母的角色與本家女兒的角色相衝突，唐代統治階級鼓勵以孝親爲重，使那些爲了奉養親人而不結婚或是結了婚特意離婚的女性名留青史。很顯然，唐人更注重血親關係，認爲孝親之情要重過夫婦之義，所以史書中才會出現鼓勵女性不婚養親、離婚養親等孝舉。在第三節中，圍繞女兒爲父母居喪展開討論，與前後代相比，唐代開啓了孝道實踐極端化的孝烈之風，史官偏愛哀毀滅性的極端孝舉，認爲女兒付出的生命健康以及幸福的代價越大，越能彰顯孝心之懇切。

　　第三章，理想的妻子人格。本章主要從事常之道和事變之道兩大方面來闡述唐人理想的妻子人格。因爲「妻子」稱謂較爲符合現代人的理解，但並非唐人稱謂，而且唐代不同階層「妻」之「名」不同，在不同場合，「妻」之含義也不同，所以本章第一節重在梳理不同階層之人對「妻」的不同稱謂，而古代的「名」不僅僅是稱謂，「名」中蘊涵了地位、責任與品德，分析「妻」之「名」，也可察知對不同階層之「妻」的理想人格期待。第二節從在夫家日常家務中考察理想妻子的人格品質要求，「備百姓」講的不僅是希望妻子生兒育女傳宗接代，還期望妻子有「不妒忌」的美德，爲了夫家能廣後嗣要寬容地接納丈夫之妾室；「備酒漿」包含著對妻子勤儉美德的期待，妻子操持炊飲等家務事要勤勞節儉，既要用酒食善事舅姑與夫君，也要用酒食款待客人，還要納酒漿，禮相助奠，其中特意指出，唐代的妻子與現代不同，「同財共居」的制度使得唐代妻子與舅姑長期生活在一起而不能分家而過，而事舅姑之道雖如事父母，但又有不同，事舅姑強調恭謹順，不主張諫爭；「備埽灑」講的不僅是妻子要從事灑水掃地、清除髒污等粗淺活計，而且是儒家愼始文化之體現，從生活環境的潔淨上升到了道德潔淨，是對妻子「清貞」品格的期待。第三節從應對丈夫非常狀況時考察理想妻子的人格品質要求，理想的妻子應在逆境、困境和險境中「扶助其君」；唐人主張女子應讀書解文字，這樣才能知禮明德，「夫非道則諫」，而非盲從，然而妻子的「枕邊風」有時是忠言，使夫不陷於非義，有時也會是讒言，陷夫於不義，然而女子是否禍於人關鍵在聽信她們意見的男性而非紅顏之禍；唐人再嫁觀念開放，強調的貞潔觀念主要指的是婚後貞潔，而且在貞潔與忠義發生矛盾時，史官所錄傳文崇忠義輕貞潔，襃獎失節委屈伺機勇殺賊寇的女性。

　　第四章，理想的母親人格。本章主要從「從子」與訓子兩大方面來考察唐人理想的母親人格。因爲唐代是一夫一妻多妾的婚姻制度，所以對於子女來說，生活中不只是有生母，還有嫡母、繼母、庶母、慈母、養母、出母、嫁母以及保傅乳母等諸母，諸母的不同稱謂代表著她們與子女親疏關係不同，所以第一節重在梳理諸母與子女間的關係以及地位。第二節和第三節其實是從兩個角度來考察寡母與子女的關係問題，唐人雖因爲孝道需尊母，但是「從子」說並非毫無意義，只是「從子」之「從」與「從父」「從夫」不同，尤其在母子意見相左時，弱勢的母親曲從於子，強勢的母親不僅可主動斷絕母子關係，還可如武則天一般廢黜其子伸張自己的意志。母親在子女面前的這種權威，既來自於教養之恩，也源於母親自身德行的感化以及禮法的教化。理想的母親應該在「從子」與「訓子」中找到合適的相處方式，母從子體現的是婦道，子尊母之訓體現的是孝道，只有婦道與孝道有機統一才能構建出和諧的母子關係，用現代的話說就是母子應協商處事，母親應徵求兒子的建議，兒子也應聽取母親的教誨。

目次

前　言

　　中共十八大提出「建設優秀傳統文化傳承體系，弘揚中華優秀傳統文化」，並首次提出「樹立高度的文化自覺和文化自信」，時代正呼籲我們深入瞭解本民族文化傳統並以其爲榮。在這股「國學熱」中，傳統女德研究也熱了起來。然而，傳統女德文化在推廣中走向了兩個極端：有些人極力推崇，認爲現代女性應學習傳統女性美德，孝女賢妻慈母、尊親相夫教子、恭良賢淑、卑弱貞順，臆想著「傳統女人」就是「好女人」，現代女性「疑難雜症」（如剩女、女強人、假小子等女性氣質缺失現象）皆可以用「傳統」療法治癒；有些人則極爲反感與排斥，認爲「女四書」等女教書是糟粕，淨教人「男尊女卑」「三從四德」等迂腐規矩，現代女性應反其道而行之。這種或推崇或排斥的極端思想，正是現代女性生活在價值夾層中的體現，激情擁抱現代、後現代價值理念卻被傳統價值扯後腿，現代女性價值觀迷失了。

　　法國著名女權作家西蒙娜・德・波伏瓦在《第二性》中探討了「何謂女人」，她認爲，「女人不是天生的，而是後天形成的。任何生理的、心理的、經濟的命運都界定不了女人在社會內部具有的形象，是整個文明設計出這種介於男性和被去勢者之間的、被稱爲女性的中介產物。」女人不僅是一種生理性別，更是一種文化性別。將女性塑造成儒家文化倡導的理想模樣，需要德禮法相互配合，在國家意志數百年上千年持續推行下，才能建構起女性理想模型，凝練出「孝女賢妻慈母」人格精髓，並內化爲文化基因代代相傳。

　　就女性人格發展演變來看，唐代是個分水嶺。儒家婦德觀基本定型於兩漢時期，最初只是作爲一種文化理想存在，女性理想人格與現實人格差距較大，可到唐代後期兩種人格逐漸趨同。朱義祿在《儒家理想人格與中國文化》

一書中寫道：「在中華婦女的社會文化生活史上，唐代婦女是較爲幸運的一群」，「唐以前女性還有人格上的相對自由；唐以後，尤其是宋代理學興起以後，女性在人格上奴化情況日益加劇」。唐前期，社會較爲開放，政治開明，經濟發達，民族之間以及國與國之間交往頻繁，在多元文化思潮和價值觀念交互影響下，社會較爲包容，女性地位相對較高，對儒家禮教「三從四德」的人格說教甚不以爲然，故「瓜田李下之疑，唐人不譏也」（洪邁：《容齋三筆》卷六）。正所謂「治世道、亂世佛、由治入亂是儒家」。安史之亂後，內憂外患，唐由治入亂，統治者便寄希望於儒家禮教能整肅綱常倫理，維護社會秩序，同時儒家文化也規範女性德行向理想人格靠攏，女性人格特徵往宋明時期過渡，逐漸固化爲「男尊女卑」「三從四德」依附從屬型人格。

在從傳統文化中找思路的同時，現代女性應該保持清醒，傳統女德文化與現代女性精神並不那麼兼容，各有利弊，必須「執其兩端用其中」（《禮記・中庸》）。現代女性主體意識雖普遍覺醒，但西方女權理論並不能完全解決中國現代女性的困境，必須以中華文化爲根積極借鑒世界優秀文化成果，共築精神家園，爲現代女性生存發展找到方向。

第一章 中國傳統女性理想人格思想概述

　　人格、理想人格、女性理想人格皆是外來詞，因此在探討唐代女性理想人格之前，應先對這些概念進行梳理，並結合中國傳統文化，找到相對應的討論範疇。中國古代雖沒有人格、理想人格、女性理想人格等概念，卻有豐富的思想資源。

第一節　人　格

　　不管是在人文社科領域，還是在日常言語表述中，「人格」一詞被廣泛使用，從不同側重點出發，人格含義眾多，並未形成統一認識。從詞源學上講，我國古代漢語中有「人性」「品格」之類的詞，卻並未出現「人格」一詞的連用。「中文中的『人格』這個術語是現代從日文中引入的；而日文『人格』一詞則來自對英文『personality』一詞的意譯。」〔註1〕我們通常認為，英文 personality 一詞源於拉丁語 Persona，而 Persona 一詞最初指演員在舞臺上戴的面具。舞臺上不同的面具扮演著不同角色，表現著不同的人物性格，一種面具，代表著一種人格，後來心理學根據其引申義，發展了人格心理學，同時哲學等其它領域也引入了「人格」的概念，因此人格一詞的含義就更為豐富了。

　　美國人格心理學家奧爾波特（Gordon W. Allport, 1897～1967）對 50 種有關人格的定義進行考證，在其《人格：一種心理學的解釋》（1937）一書中得出他自己對人格的定義：「人格是個體內部決定其獨特的順應環境的那些心理

〔註1〕黃希庭，人格心理學〔M〕，杭州：浙江教育出版社，2002：5。

生理系統中的動力組織。」在他之後，又有不少人格心理學家對人格定義做了整理，提出了新的人格定義。美國人格心理學家 Jerry M. Burger「把人格定義爲穩定的行爲方式和發生在個體身上的人際過程」〔註2〕，這個簡單的定義分爲兩個部份，一部份是講穩定的行爲方式，強調的是人格的穩定性，一部份講的是人際過程，「它是發生在人與人之間的過程，指的是發生在我們內部、影響著我們怎樣行動、怎樣感覺的所有那些情緒過程、動機過程和認知過程」〔註3〕。中國人格心理學家黃希庭認爲，「人格（personality）是個體在行爲上的內部傾向，它表現爲個體適應環境時在能力、情緒、需要、動機、興趣、態度、價值觀、氣質、性格和體質等方面的整合，是具有動力一致性和連續性的自我，是個體在社會化過程中形成的給人以特色的心身組織。」〔註4〕從這些定義中可以看出，人格心理學注重人格的微觀研究，從個體入手，主要對人格結構、人格形成、人格發展和人格類型等方面進行研究，並形成了相應的人格理論體系。

與心理學相比，哲學研究人格的視角更爲宏觀，哲學上講人格是指人之爲人的資格，是對人的本質的研究。馬克思在《關於費爾巴哈的提綱》中對人的本質做了論述：「人的本質不是單個人所固有的抽象物，在其現實性上，它是一切社會關係的總和。」人之爲人，區別於動物的根本之處，不是其自然屬性，而是其社會屬性。馬克思認爲，「人雙重地存在著：主觀上作爲他自身而存在著，客觀上又存在於自己生存的這些自然無機條件之中。」〔註5〕所以，從哲學的角度研究人格，首先要肯定人是自然存在物，人格以人的生命有機體和社會客觀現實等因素爲基礎，人格中蘊含著生命有機體最原始的需求和對客觀外界的感受；其次人具有超越性，不是一般的自然存在物，而是人的類存在物，一個人生而爲人，卻不一定具有人格，人格不是單獨形成的，而是在人與人之間的各種關係中形成的，是人的價值生命的載體。總之，人格是以一定的生理特質爲前提的，人格的塑造表現爲個體在人生實踐中對自

〔註2〕〔美〕Jerry M，Burger，人格心理學〔M〕，北京：中國輕工業出版社，2000：3。

〔註3〕〔美〕Jerry M，Burger，人格心理學〔M〕，北京：中國輕工業出版社，2000：3。

〔註4〕黃希庭，人格心理學〔M〕，杭州：浙江教育出版社，2002：8。

〔註5〕馬克思 恩格斯，馬克思恩格斯全集（第46卷）（上）〔M〕，北京：人民出版社，1979：419。

身的心志、品行、潛在能力等的錘鍊，是在各種社會關係中形成的多種精神特質的穩定組合。

　　從哲學的角度研究人格，不僅對人格的規定性做了探討，還著重研究了人格實現問題。雖然人格定義多種多樣，但普遍認為人們是在滿足個人需求的過程中形成並發展自己的人格特徵的，人格的本質是主體自我認識、自我完善和自我價值確立的結果，而人格的完美實現就是指現實人格與理想人格的合一。運用現代西方人格理論審視中國傳統文化，我們發現中國傳統文化中雖無「人格」一詞，卻有豐富的人格思想，比如儒家的「仁者人也」，指出人與非人的差異，不在生理上的區別，而在是否具有「仁」這種道德品質。與西方人格理論相比，在中國傳統儒家文化中，人格不是所屬類型問題，而是「有」「無」問題，有「仁」便有人格，無「仁」便沒有人格。儒家人格理論帶有道德理想主義色彩，提倡的聖人人格、君子人格更接近於理想人格，在一定程度上用理想人格混淆現實人格，從而否認現實人格作為人格的存在。總之，中國傳統的人格思想大多從倫理道德的角度出發，認為人格是道德人品，指做人的境界，這是中國傳統人格思想的特色。

第二節　理想人格

一、理想人格的界定

　　理想人格，指的是理想中的人格狀態，針對現實人格而言，是一種超越人格，是一種想要達到而又很難達到的人格境界。狹義地理解，理想人格是某一社會、某種文化中人們最為推崇的人格模型，它集中體現了當時社會文化的基本特徵和價值標準。朱義祿在《儒家理想人格與中國文化》一書中認為，「在一定的文化環境和社會制度中，出於現實的需要，人們的利益、要求、期望集中於某一楷模身上，即為理想人格。理想人格是一個社會、一個民族文化中人們推崇的人格範型，這種人格範型最典型地體現了該社會文化的基本特徵和價值標準。由於理想人格是以美輪美奐的形態出現，對人們具有巨大的精神感召力，理想人格往往同現實有一段差距，是人們孜孜以求的目標，因而理想人格具有追求性與超越性兩大特徵。」〔註6〕韋政通在《儒家與現代

___

〔註 6〕朱義祿，儒家理想人格與中國文化〔M〕，上海：復旦大學出版社，2006：8。

中國》一書中認爲,「理想人格實際上是指一種代表性人格（representative personality），爲少數人所共有,表現文化精神或菁華人格,與主要制度相整合,從根本內涵上講指人格理想化的典範和目標。」〔註7〕社會通過文化塑造理想人格,爲大眾設立學習模仿的榜樣以實現社會管理,在文化控制下,「個人會把理想人格所負載的文化模式內化爲自己的行爲模式,以幫助自身更好地適應社會,因此,在每一個中國人的身上,都或多或少存留著理想人格的特質」〔註8〕。

　　廣義地理解,理想人格是全面實現人的本質後的存在狀態。馬克思主義追求的理想人格是自由全面發展的人,是人的本質的實現。馬克思認爲,人格是一個歷史性範疇,人的發展與社會的發展是統一的,人只有在改變社會的能動實踐中才能使人格獲得不斷地發展和完善,社會發展的最終目標是要實現人的自由全面發展,也就是說自由全面發展的理想人格只有在理想的共產主義社會中才能得以實現。馬克思的理想人格思想具體包含著三個方面的內容:第一,人的主體性。勞動的異化使得人格處在異化狀態之下,剝奪了人的主體性,理想人格狀態中的人是「自由的人」,是「自己的社會結合的主人」「自然界的主人」「自身的主人」〔註9〕。第二,人的活動和能力的全面發展。隨著生產力的高度發展,人們將不再受分工的制約,「任何人都沒有特殊的活動範圍,而是都可以在任何部門內發展,社會調節著整個生產,因而使我有可能隨自己的興趣今天幹這事,明天幹那事,上午打獵,下午捕魚,傍晚從事畜牧,晚飯後從事批判,這樣就不會使我老是一個獵人、漁夫、牧人或批判者」〔註10〕,不會因爲社會活動的這種固定化而使能力得不到全面發展,以致人格發展不健全。第三,個體與社會「共同體」的統一。馬克思認爲,「真正的共同體」是依賴於各個個體的,是各個個體的自由聯合,而現實的個體是共產主義這一「真正的共同體」的主體,「真正的共同體」是個體自由全面發展的必要條件,而且在真正的共同體條件下,各個個體在自己的聯合中並通過這種聯合獲得自己的自由,消除了特殊利益與普遍利益的對立,

〔註7〕韋政通,儒家與現代中國〔M〕,上海:上海人民出版社,1990:12。

〔註8〕曾紅,儒道佛理想人格的融合〔M〕,濟南:山東教育出版社,2010:54。

〔註9〕馬克思　恩格斯,馬克思恩格斯選集（第3卷）〔M〕,北京:人民出版社,1995:760。

〔註10〕馬克思　恩格斯,馬克思恩格斯文集（第1卷）〔M〕,北京:人民出版社,2009:537。

獲得了有機的統一。〔註11〕

　　綜上所述，理想人格是某一時代社會理想和個人理想的人格化身，是合規律性與合目的性的統一，是眞善美的統一。而中國傳統文化中各家的理想人格理論與馬克思的理想人格理論之間的殊異，是與各自的社會文化背景、對理論的闡釋理解等密切相關的。理想人格具有一定的時代性和區域性，在不同時期、不同社會、不同文化、不同階層、不同群體、不同個體間具有著不同的內涵特徵，理想人格不是唯一的，不存在普適性。

二、中國傳統理想人格類型

　　中國傳統文化博採眾長，兼容並包，影響至深的主要是儒釋道三家，在社會領域呈現出來的面貌主要是融合了佛道思想的儒家思想。中國傳統的理想人格總體來講是追求天人合一，具體來說，儒家的理想人格是內聖外王的聖賢。內聖的核心是個體的道德修養要符合「仁」的標準，外王的核心就是實現社會理想，總的來說，就是修身齊家治國平天下。朱義祿認爲，儒家理想人格的範型呈現爲多層面的：「內聖外王」（聖人）「成人」「君子」「大丈夫」「豪傑」「醇儒」等等，這些範型「有時清晰可認，但更多的時候是相互套疊」〔註12〕。曾紅認爲，儒家理想人格是聖人君子，聖人是儒家的最高理想人格，主要的人格特徵是仁義與禮德的和諧統一、極高明而道中庸和妙贊化育與天地合其德，「於一般人而言，『聖人』作爲一種理想人格，並不容易達成，更多的是高遠的理想」〔註13〕，主要指堯舜禹等古帝王，即便是孔子自己，也不以聖人自居。聖賢的人格內涵標準不一，孔子認爲「己欲立而立人，己欲達而達人」，「必也聖乎」（《論語・雍也》）；孟子認爲「人皆可以爲堯舜」，而「堯舜之道，孝悌而已矣」（《孟子・告子下》）；荀子認爲「聖人者，人之所積也」，所以「塗之人百姓，積善而全盡謂之聖人」（《荀子・儒效》）。但孔子認爲，「聖人，吾不得而見之矣，得見君子者斯可矣。」（《論語・述而》）聖賢的理想人格難以實現，退而求其次，孔子提出一種在現實中可以通過努力而實現的理想人格——君子人格。君子人格的基本內涵是仁、知、勇，孔子認爲「君子之道者三，我無能焉：仁者不憂，

〔註11〕侯才，馬克思的「個體」和「共同體」概念〔J〕，哲學研究，2012（1）：3～11。

〔註12〕朱義祿，儒家理想人格與中國文化〔M〕，上海：復旦大學出版社，2006：17。

〔註13〕曾紅，儒道佛理想人格的融合〔M〕，濟南：山東教育出版社，2010：62。

知者不惑，勇者不懼」（《論語·憲問》）。曾紅認爲，君子是儒家的現實理想人格，「儒家對君子的界定，更多地是從行爲入手，具體教人怎樣做才能成爲君子，對『君子』的定義是操作性的，更多地落實到現實生活的實踐層面」〔註14〕。君子人格特徵與聖人人格特徵是一致的，只是實現程度不同，聖人的人格境界要高出君子人格的層次。

道家的理想人格是與「道」合一的聖人。道家的聖人與儒家的「聖人」內涵不同，老子認爲聖人尊天道以明人事，聖人之道即天之道，「爲而不爭」（《道德經·第八十一章》），「以其不爭，故天下莫能與之爭」（《道德經·第六十六章》），「處無爲之事，行不言之教」（《道德經·第二章》）。莊子有時將「聖人」與「神人」「眞人」「至人」等名稱通用，表達的是同一理想人格的不同境界，「至人無己，神人無功，聖人無名」（《莊子·逍遙遊》），眞人「無所甚親，無所甚疏，抱德煬和，以順天下」（《莊子·徐无鬼》），其理想人格強調超塵脫凡，順應天道，是與天地精神融爲一體的自由人。漢末道教出現之後，仙道合流，其理想人格也發生了變化。傅勤家在《中國道教史》結論中數語道破了道家與道教的區別：「蓋道家之言，足以清心寡欲，有益修養」，而「道教獨欲長生不老，變化飛升，其不信天命，不信業果，力抗自然」〔註15〕，從此可見，道教的理想人格是長生不老的神仙。

佛教追求的理想人格總得來說是覺行圓滿的佛陀。佛陀的覺行圓滿，一指智慧圓滿，無所不知；二指德行圓滿，其德行包括智德、斷德與恩德三種，能覺悟一切法理，斷除一切煩擾，自由自在，超脫生死輪迴，又具有大慈大悲的願力，爲眾生說法，慈航普渡。但由於對教義、戒律等理解不同，佛教內部份裂出不同的部派和教團，其追求的理想人格也相應有所不同。比如，小乘佛教（又稱上座部佛教）認爲世間只有一個佛，即釋迦摩尼佛，其它人修道學佛只能是趨向佛果，根據修行者的根器與因緣的不同，將果位（修行所達到的境界）分爲四個層次，其最高果位是阿羅漢果或是辟支佛果，前者是通過聽聞佛法，覺悟四諦之理，斷盡見、思二惑，擺脫生死輪迴，走上涅槃之道；後者因根器很利，不必修習佛法，只是觀因緣而覺悟、涅槃。小乘佛教只著眼於自我覺悟與個人解脫，而大乘佛教是自覺覺他，「念念上求佛道，心心下化眾生」（《勸發菩提心文》），不僅追求自我的解脫，同時發願救

〔註14〕 曾紅，儒道佛理想人格的融合〔M〕，濟南：山東教育出版社，2010：71。
〔註15〕 傅勤家，中國道教史〔M〕，上海：上海書店，1984：241。

渡眾生。大乘佛教認爲「眾生皆有佛性，人人皆可成佛」，其理論上的最高理想人格是佛，可在人們心中的理想人格是境界僅次於佛的菩薩，他們示現教化四種理想的人格：文殊菩薩象徵智慧、觀世音菩薩象徵慈悲、普賢菩薩象徵實踐、地藏王菩薩象徵願力。

　　不同時代，人生理想不同，理想人格也不同，中國傳統的理想人格總是融合了人生理想在其中，是人生理想的人格化身。錢穆先生在民國五十一年（1962 年）新亞研究所學術演講中談到《中國歷史上關於人生理想之四大轉變》〔註16〕一文中說到：先秦兩漢時期，求做一理想的「士」，能對社會負起職責和道義，對社會有一番理想與其相應而起之一種責任感，並且努力以求此項理想之實現〔註17〕，更爲強調「立功」。魏晉南北朝時期，「士」的觀念發生了變化，「士」不再局限指公卿大夫等貴族，也可指庶人，士庶之分不再那麼明顯，與此同時，「士」在實際社會中治國平天下之理想實踐和貢獻明顯弱化，「士」的人生理想從「立功」轉向「立德」，「現在卻將禹、稷拋開，專從顏淵方面看；於是莊老思想從此滲入，而成爲魏晉以下人生理想一主流」〔註18〕，「人能具德在身，得人景仰，爲人慕倣，其德即可以長傳；此乃魏晉以下人生理想所在」〔註19〕，名士風流既指其慕儒家之德風，又慕莊老之灑脫。下至唐代，在禪宗盛行之下，又另開一理想，「如何得成佛，變成人生之最高目標與最高理想。上自皇帝卿相，下至販夫走卒，人人平等，各可成佛。佛法普遍廣大，乃爲每一人講，非專爲某一色人群」〔註20〕，使理想人格培育針對的目標群由少數之「士」和「士族」擴充到「人人皆可成佛」，從某一群人擴充到所有人，理想人格逐漸走向社會大眾化。雖說佛家文化對唐人影響甚大，但是唐人並非只想成佛〔註21〕，在唐代，儒釋道三教並存，唐人理想

〔註16〕錢穆，錢賓四先生全集 43：世界局勢與中國文化〔M〕，臺北：聯經出版事業股份有限公司，1998：139～157。

〔註17〕同上，錢穆《世界局勢與中國文化》，第 142 頁。

〔註18〕同上，錢穆《世界局勢與中國文化》，第 148～149 頁。

〔註19〕同上，錢穆《世界局勢與中國文化》，第 149 頁。

〔註20〕同上，錢穆《世界局勢與中國文化》，第 152 頁。

〔註21〕在中國哲學史上，唐代給人的感覺就是佛教的興盛發展，除了韓愈、李翱等少數儒學家外，大多都是講佛教各宗各派的，因此，有人會誤以爲，佛家文化便是唐代文化的全部，包括錢穆在書中也提到，「魏晉以下只想做門第中賢父兄、佳子弟，與唐人只想成佛，宋明人只想做聖人等」。（同上，錢穆《世界局勢與中國文化》，第 155 頁。）

人格融合了多種文化因素，成聖成仙成佛各有市場。宋明時期，「由釋歸儒，把人人皆得成佛轉回到人人應作聖人」〔註22〕，追求「聖賢氣象」，把「立功」等外在事業看輕了，講求內在境界，理學的傳播使得理想人格教育變成了一種通俗的平民教育。此外，至宋明理學，人學思想開始哲理化，「宋明理學論證了理想人格的根據：理想人格代表了天道、誠；理想人格的氣象，就是『睟面盎背』、『德潤身』、『四時佳興與人同』；理想人格的精神境界，孔顏樂處；理想人格的修養特點，就是極高明而道中庸；理想人格的現實道路，就是格物致知、涵養用敬、致良知等。」〔註23〕中國傳統的理想人格思想及其修養方法傳承至今，形成了「以儒治世、以道養身、以佛修心」的獨特文化心理，對現代人的精神修養有重要的價值。

第三節　女性理想人格

上文論及的理想人格，雖沒有性別之分，但是縱觀中國古代歷史，似乎大體是男性的歷史，女性的身影很少，在理想人格的設定上，不管是做君子或士、或大人、或聖賢、或真人、或佛陀，大多是男性在書寫探討，是為男性提供的理想典範和人格目標，與女性似乎關係不大。到目前考古發現為止，有文字記載的社會，就已經進入父權社會，整個文化也是為父權統治服務的，在這種文化制度之下，男性的人生理想與女性的人生理想就已經發生了差異，所以其理想人格在一定程度上也存在差異，在探討女性理想人格時，就需重新梳理形成女性理想人格的文化基礎以及女性理想人格範型。本書暫不論及道家和佛家的女性理想人格，主要論及受儒家文化影響至深的主流社會的女性理想人格，其中也融合了一些佛老思想。

一、女性人格發展的理論基礎

近年有呼聲稱，歷史的規律是回到「母系社會」，或是探討「走婚制」是未來的婚姻形式……這些討論都是針對現階段男女關係出現不和諧狀況卻難以解決尋找的「藥方」。從恩格斯的《家庭、私有制和國家的起源》中可得知，

〔註22〕同上，錢穆《世界局勢與中國文化》，第153頁。
〔註23〕羅國傑主編，中國傳統道德：教育修養卷〔M〕，北京：中國人民大學出版社，1995：466。

從母權制過渡到父權制，是生產力決定生產關係的結果，但是達爾文的《生物進化論》又告訴我們，在父權制統治的世界中，還有母系氏族存留下來，按著原始的生活方式生活，由此可知，父權制與母權制是可以共存的，而且父權制並非是不可更改的天地法則，而只是社會發展到一定階段的產物，這個階段必然會過去，或許會回歸到母權制，或是一種更新的適合不同性別共同生存發展的制度。

論證父權制合理性的文化基礎，恰恰也是可以論證女性人格發展的理論基礎。同一理論之源，因為需求不同，解讀不同。追根溯源，中國女性人格發展的理論基礎可追溯到中華傳統文化之源《周易》上，幾千年男尊女卑文化便是以此為基礎添磚加瓦改模變樣建立起來的。

《周禮・春官・大卜》曰：「掌三易之法：一曰連山，二曰歸藏，三曰周易。其經卦皆八，其別皆六十有四。」《連山》《歸藏》現已失傳，僅《周易》傳承至今，成為中華傳統文化之源。相傳，伏羲「仰則觀象於天，俯則觀法於地，觀鳥獸之文，與地之宜，近取諸身，遠取諸物」（《周易・繫辭》），首創八卦，但其所創的八卦符號系統，今人很難讀懂。司馬遷在《報任安書》中寫到：「蓋西伯拘而演《周易》」，西伯侯（周文王姬昌）在被商紂王囚禁期間窮究天下之理，為六十四卦配上了卦辭，將先天原則轉化為後天法則，推演出了後天八卦，其第四子周公旦姬旦又為六十四卦中的三百八十四爻配上了爻辭，這才讓難懂的伏羲符號系統進入了人們的認知領域，也就是後人不斷注解的《周易》，周代形成的《易》。可是，簡潔幽晦的卦爻辭也讓人捉摸不透，所以老子、孔子、楊雄、邵雍、程頤、朱熹等後人在研究《周易》時加入了諸多自身的理解和時代的印跡，致使《周易》本源思想被曲解，被利用，遮蔽了其本來面目。本書僅以陰陽理論中曲解較多的「男尊女卑」概念的源起為例。

在《周易》的各種注疏文本中，「陰」「陽」往往有多種表達形式，「在中國古代，尤其是先秦兩漢的許多文獻中，陽陰、男女、牡牝、雄雌、公母等作為同類概念常混用」〔註24〕，日、乾、天、春夏、父、夫、男、雄、牡、大、剛、動、尊、大人等詞皆謂「陽」，月、坤、地、秋冬、母、妻、女、雌、牝、小、柔、靜、卑、小人等詞皆謂「陰」，後人將諸多元素強加入到陰陽概

〔註24〕劉長林，中國象科學觀──易、道與兵、醫（上、下冊）（修訂版）〔M〕，北京：社會科學文獻出版社，2008：364。

念中，簡單套用推演，增添了許多原本沒有的內涵，甚至推理出「男尊女卑」「從一而終」「男主外女主內」等概念，並以曲解的《周易》思想作為其概念成立的合理性根源，為父權制統治合理性捏造思想文化基礎。

梳理《周易》諸文本，文王、周公之《周易》卦爻辭中，天地無尊卑貴賤之分，陽陰無剛柔動靜之義，《易》以斷吉凶而非明人倫，所以《周易》中並無男尊女卑之說。老子《道德經》中「有名萬物之母」「谷神不死，是謂玄牝，玄牝之門，是謂天地之根」「上善若水」「知其雄，守其雌，為天下溪」「天下有始，以為天下母。既得其母，以知其子。既知其子，復守其母」「守柔曰強」等語皆是強調「陰」之重要性，可見《道德經》中蘊含著豐富的「主陰」思想，並無男尊女卑之意，反而保留了上古母系社會中尊崇女性的遺風。孔子釋《易》之「十翼」中開始出現「天尊地卑」（《周易·繫辭上傳》），並由天地萬物「高卑」上下之方位，推演出「貴賤位」，又「一索而得男，故謂之長男。巽一索而得女，故謂之長女。坎再索而得男，故謂之中男。離再索而得女，故謂之中女。艮三索而得男，故謂之少男。兌三索而得女，故謂之少女」（《周易·說卦傳》），以「男」「女」表示卦中的一陽一陰之爻，並「乾道成男，坤道成女」（《周易·繫辭上傳》）、「地道也，妻道也，臣道也」（《周易·文言傳》），由此推演出妻道、女道重在從、順、柔、靜，強調男女之別，各有側重。孔子雖然沒有明言男尊女卑，卻為後世儒者從「天尊地卑」推演出「男尊女卑」提供了足夠多的線索和邏輯來論證其合理性。在父權制文化下，男尊女卑一經提出，便出現了諸多頗有用心之文人斷章取義孔聖人之言、《周易》之詞，論證男尊女卑為不容置疑的自然法則。

男尊女卑的文化傳統在中國延續了兩千多年，雖然在婦女解放運動中提出了多種理論論證了男尊女卑的不合理性，而且我國從建國初期就開始提倡「婦女在政治的、經濟的、文化教育的、社會生活的各個方面均享有與男子平等的權利」，並在20世紀90年代將男女平等確立為我國的基本國策，十八大報告中也指出「堅持男女平等基本國策，保障婦女兒童合法權益」，但直至今日，現實生活中仍存在諸多男女不平等現象，而這種不平等，主要是指女性處於弱勢一方，且法律主要是保護弱勢一方的平等權利能夠在實際中得到落實。當今我國社會，雖然局部地區還保留著母系氏族文化傳統（如摩梭族），但大部份地區實際上仍屬父權制文化，只是除了少數社會性別研究學者，人們不再經常提及「父權」「男權」等概念。

從法學、生物學、社會學等角度，學者們既論證了男尊女卑的合理性，也論證了男女平等的合理性，甚至女尊男卑的合理性也能由同一前提推演出來。爲了滿足不同時代不同社會不同群體的需要，同一思想能延伸出不同的結果。在很大程度上，我們鑽研之學問，追尋的並不是眞理，而只是服務現實的工具。眞理成了任人打扮的姑娘，披上不同的外衣，眞理自身並沒有變化，可呈現在眾人眼中的「相」卻變化莫測，令人捉摸不透。即使褪去眾多外衣，直面眞理之本身，我們也很難準確去認識它。易道之大，讓我們無法窺見其全貌，能瞭解的只是其某一側面，正如盲人摸象一樣，每個人都確實地摸到的是「象」本身的一部份，但都無法由這一部份而準確地描述出「象」的全貌，不能說他們都錯了，也不能說他們都對了。現實的需要讓《周易》披上了「男尊女卑」的道德外衣，而今時代變了，以一種開放包容的思想研習《周易》，重新審視陰陽理論，不難發現，若從中華五千年文明中尋找男女平等之文化根源，仍須追溯到《周易》中的陰陽對應統一思想，「一陰一陽之謂道」，陰陽對應平等，相互轉化，統一於道。

以此推斷，人們常認爲儒家女性理想人格應是以依附、順從、卑弱、男尊女卑等爲主的思想並沒有充分的理論基礎，但是當一種理論以扭曲的形式創造出來並推而廣之後，這種理論也將對當時以及後世的受眾產生影響，所以男尊女卑的思想才會在中華兩千年文明中縈根如此之深，不僅男性認爲男尊女卑具有天然合理性，甚至連許多女性也認同了這種男尊女卑模式，認爲男強女弱才是正道，直至現代，這種思想仍有殘留，不僅男子不喜歡強勢的女子，連女子也會認爲女性的最佳生存之道是卑弱順從，而女強人是不會幸福的。

二、傳統女性理想人格範型

對唐代女性理想人格塑造具有重要作用的女性理想人格範型，可以從具有代表性的唐代女性讀物〔註 25〕中窺知一二，從這些讀物中可以察知作者以及作者所反映時代的女性觀以及對理想女性人格的期待。

（一）《詩》：「窈窕淑女」

《詩》本有四家，申培公所傳魯詩、轅固生所傳齊詩、韓嬰所傳韓詩和

〔註25〕本書第三章第三節中有提到，兩《唐書》中出現的女性讀物包括《詩》《列女傳》《女誡》等。

魯人毛亨和趙人毛萇所傳毛詩〔註26〕，其中魯、齊、韓三家在漢代立爲官學，毛詩晚出，東漢末年經學大師鄭玄爲毛詩作注著《毛詩傳箋》，由此魯、齊、韓三家詩漸漸衰敗，據《隋書·經籍志》曰：「齊詩亡於魏，魯詩亡於西晉，韓詩亡於宋」。在唐代，《毛傳》和《鄭箋》是官方承認的《詩經》注釋依據，受到世人推崇。

《詩經》開篇即爲「關關雎鳩，在河之洲；窈窕淑女，君子好逑」〔註27〕，其中「窈窕淑女」爲一種典型的女性理想人格範型，可是不同的人對「窈窕淑女」理解不同。

《詩經·周南·關雎》曰：

> 關關雎鳩，在河之州；窈窕淑女，君子好逑。參差荇菜，左右流之；窈窕淑女，寤寐求之。求之不得，寤寐思服；悠哉悠哉，輾轉反側。參差荇菜，左右採之；窈窕淑女，琴瑟友之。參差荇菜，左右芼之；窈窕淑女，鐘鼓樂之。〔註28〕

張啓成認爲，這首詩取象於雎鳩鳥在河邊食魚，「本是寫雎鳩在河食魚之象，由此而觸發君子求偶於淑女之念」〔註29〕，君子如那河邊急待捕魚的雎鳩鳥，而淑女如那水中遙不可及的魚，君子急切地想求得那遠處的淑女，正如雎鳩鳥急切地想食得那遠處水中的魚，君子日思夜想如何才能追到那美麗的女子，輾轉難眠，想法設法，用琴瑟鐘鼓吸引女子的注意，表達愛慕，換她開心顏。這本描繪的是民間青年男女求偶的景象，並沒有太多的道德寄寓，但是毛亨作傳之後，卻有了完全不同的蘊含。

毛亨傳曰：「《關雎》，后妃之德也，風之始也，所以風天下而正夫婦也，

〔註26〕 據《毛詩正義》之目錄之「欽定四庫全書總目毛詩正義四十卷」曰：「陸璣《毛詩草木蟲魚疏》亦云：『孔子刪《詩》授卜商，商爲之序以授魯人曾申，申授魏人李克，克授魯人孟仲子，仲子授根牟子，根牟子授趙人荀卿，荀卿授魯國毛亨，毛亨作《訓詁傳》以授趙國毛萇。時人謂亨爲大毛公，萇爲小毛公。』據是二書，則作傳者乃毛亨，非毛萇，故孔氏《正義》亦云：『大毛公爲其傳，由小毛公而題毛也。』」。

〔註27〕 《十三經注疏》整理委員會，十三經注疏·毛詩正義〔M〕，北京：北京大學出版社，1999：22。（因爲《十三經注疏》諸本引用較爲頻繁，且十三經的責任人、出版社及出版時間相同，所以之後的注釋中不再重複責任人、出版社和出版時間。）

〔註28〕 《十三經注疏·毛詩正義》，第22～27頁。

〔註29〕 張啓成，詩經風雅頌研究論稿〔M〕，北京：學苑出版社，2003：33。

故用之鄉人焉，用之邦國焉。」〔註30〕毛亨認為，此段為「言后妃有關雎之德，是幽閒貞專之善女，宜為君子之好匹」〔註31〕，關雎有怎樣的德行呢？孔穎達疏曰：「毛以為關關然聲音和美者，是雎鳩也。此雎鳩之鳥，雖雌雄情至，猶能自別，退在河中之洲，不乘匹而相隨也，以興情至，性行和諧者，是后妃也。后妃雖悅樂君子，猶能不淫其色，退在深宮之中，不褻瀆而相慢也。后妃既有是德，又不妒忌，思得淑女以配君子，故窈窕然處幽閒貞專之善女，宜為君子之好匹也。以后妃不妒忌，可共以事夫，故言宜也。」〔註32〕毛亨所取之象，並非雎鳩捕魚之象，而是雎鳩雄鳥與雌鳥居住匹配之象，雌雄關雎雖情深義重，但是仍為對方保留了適度的空間，離得不近也个遠，既不褻瀆也不怠慢，避免了「近之則不遜，遠之則怨」〔註33〕，而毛亨強調的是雌鳥應主動與雄鳥保持距離，給雄鳥留下自由空間有機會接觸更多的雌鳥。所以用關雎之德比作后妃之德，強調的是其不嫉妒的品質，后妃不應獨霸皇帝的寵愛，而應為皇帝引薦更多的善女與之相匹配，一起服侍夫君。

除了不嫉妒之外，「窈窕淑女」還具有另外一種品質——美。段玉裁的《說文解字注》曰：「窕，深肆極也。」又曰：「窈，深遠也。」〔註34〕那麼，「窈窕」本可能是深遠之意，「窈窕淑女」可理解為遠處的淑女，從《關雎》詩境來看，可理解為河對岸的美女。另據《方言》曰：「秦晉之間，美貌謂之娥，美狀為窕，美色為豔，美心為窈。」〔註35〕可見「窈」「窕」是秦晉時期流行的方言，用來形容美女，雖從美貌、美狀、美色、美心四個方面來細分，窈窕分指美狀、美心，美狀強調其儀態美，美心強調其善良，但具體用時，內心美好、容貌姣好的女子皆可用窈窕來形容，尤其是男子在形容心中「女神」時，「窈窕」一詞最為優雅貼切。

此外，「淑女」還具有善的品質。鄭玄注曰：「淑，善。」〔註36〕據《說

〔註30〕　《十三經注疏・毛詩正義》，第4～5頁。
〔註31〕　《十三經注疏・毛詩正義》，第22～23頁。
〔註32〕　《十三經注疏・毛詩正義》，第23頁。
〔註33〕　《論語・陽貨》。
〔註34〕　〔漢〕許慎撰，〔清〕段玉裁注，說文解字注〔M〕，上海：上海古籍出版社，1981：346。
〔註35〕　周祖謨校，吳曉鈴編，方言校箋及通檢十五之方言校箋二〔M〕，北京：科學出版社，1956：10。
〔註36〕　《十三經注疏・毛詩正義》，第22頁。

文解字注》曰，「淑」的本義並非「善」，而是「清湛」的意思，本意指水清澈，可引申爲形容人品純潔，所以「善」是「淑」的引申義。在《詩經》中，「淑」既可用來讚美女性，也可用來讚美男性，比如《小雅・鐘鼓》曰：「淑人君子，其德不猶」，這說明先秦時期社會文化對男女善品質的道德要求並無太大差異。焦傑認爲，「君子之德大約包括守禮知義、謙虛恭讓、謹言愼行、寬惠慈善等幾個方面的內容，這些都是先秦君子必備的美德。既然『淑』爲男女兩性共同的道德水準，淑女的美德也不外乎於此。」〔註37〕劉淑麗在《先秦漢魏晉婦女觀與文學中的女性》一書中也用了很長的篇幅探討淑女形象，她認爲『『窈窕淑女』所具有的品格，是深沉的道德意識浸淫之下的隱忍內斂的理性品格，即儒家所謂的『溫柔敦厚』」〔註38〕，代表了周代主流社會、主流女性的人格理想中的一種重要特徵。

（二）西漢劉向《列女傳》：賢內助

漢代是封建禮教形成的重要時期，而西漢劉向的《列女傳》是封建婦德的奠基之作，也是我國最早的一部女性專史。劉向的《列女傳》亦稱《古列女傳》，區別於後來各朝史書中的《列女傳》，《古列女傳》是劉向在領校圖書時，於漢成帝永始元年編撰而成。關於《列女傳》成書的原因，班固在《漢書・楚元王傳附劉向傳》說到，「向睹俗彌奢淫，而趙、衛之屬起微賤，逾禮制。向以爲王教由內及外，自近者始。故採取《詩》《書》所載賢妃貞婦，興國顯家可法則，及孽嬖亂亡者，序次爲《列女傳》，凡八篇，以戒天子。」〔註39〕當時，西漢成帝驕奢淫逸，沉迷於酒色，成帝不顧禮法約束將出身卑賤的趙飛燕姐妹以及衛婕妤（即趙、衛之屬）等封爲皇后、昭儀、婕妤等尊位，有違禮制，而劉向雖歷經西漢宣、元、成帝三代君主，可是他的政治見解卻得不到重視，於是他便著此《列女傳》藉以表達自己的政治見解，其用意是勸誡西漢成帝，反對后妃逾禮。以此推斷，《古列女傳》的創作意圖與之後的女教書創作用意〔註40〕不同，並非爲了教育女性如何爲人處事認清自己的位

〔註37〕 焦傑，《易》《禮》《詩》對婦女的定位——西周至兩漢主流婦女觀〔D〕，陝西師範大學博士學位論文，2010（5）：124。

〔註38〕 劉淑麗，先秦漢魏晉婦女觀與文學中的女性〔M〕，北京：學苑出版社，2008：50。

〔註39〕 班固，漢書〔M〕，北京：中華書局，1975：1957～1958。

〔註40〕 班昭作《女誡》是爲了訓誨將要出嫁的諸女，以便她們學會在夫家爲人處事，不使取辱宗族；《女論語》是宋氏姐妹假託曹大家之名而作，專爲「敬戒相承，

置以成爲男性社會中的理想女性，而是旨在「以戒天子」，希望天子能夠遠孽
嬖親賢妃，勤於政事，造福百姓。《古列女傳》雖並不是以女教書爲目的而創
作的，卻成爲了後世女子教育的必修科目。

關於劉向《列女傳》歷代版本的分析，有七卷、八卷、九卷、十五卷等
版本說〔註 41〕，現在常看到的是七卷本，該書以儒家政治思想和倫理道德觀
念爲指導，將歷史上品行節操較高的女性事跡編爲《母儀傳》《賢明傳》《仁
智傳》《貞順傳》《節義傳》《辯通傳》六卷，並將反面典型編爲《孽嬖傳》作
爲第七卷，共有一百多例女性事跡。此書體例看似是女性傳文的編錄，其實
所記事跡始末，並非全是客觀事實，作者爲了方便表現政治寄寓，虛構了不
少內容，這與後來正史中的《列女傳》創作是相似的，史官爲了某種政治意
圖，也會對女性傳主的事跡進行重塑與美化。所謂的《列女傳》等女教書，
如同現代的勵志書一樣，意欲用典型人物、典型事跡激勵他人，但典型事跡
的眞實性和激勵作用的有效性都經不起太多理性考量。

劉向《列女傳》選取的事跡主要描寫的是女性在夫家扮演的角色，即爲
人妻的善諫、爲人母的善教、對舅姑的敬順。該書多涉及賢妻慈母，但幾未
涉及爲人女的孝，這與作者創作此書的初衷是緊密相關的，主要講女性婚後
應如何作爲。因爲劉向著《列女傳》旨在反對后妃逾禮，所以所選事跡多談
及女性在夫家應如何守禮，也就是對儒家婦禮在具體生活中應如何實踐做出
說明，樹立典範，強調知禮的重要性，以及可能獲得的好處，既讓帝王明白
怎樣的女性是賢能的，應該褒獎賢能的女性，同時也可以此來鼓勵女性知禮
守禮。

關於劉向《列女傳》中女性類型的分類，張慧禾認爲主要可以分爲四種：
第一種是有德行者，如《母儀傳》中的母親典範，她們善教，教導兒子明白
事理，內助兒輩成就一代王朝帝業或是君子美德，又如《賢明傳》中的妻子
典範，她們有才德，善諫，能發現丈夫的德行不足之處並及時匡正，使其改
過自新，避開禍端，成就美名；第二種是有節義者，如《貞順傳》中的貞婦
典範，她們恪守儒家禮教，守禮專一，從一而終，有情有義，貞淑剛烈，又

教訓女子」；《女孝經》是因作者的任女「特蒙天恩，策爲永王妃」，所以作者
才作此文「戒以爲婦之道」；二十五史中收錄的《列女傳》是爲婦人樹立典型
模範，以正教化。

〔註41〕具體考證，可查看：劉園園，劉向《列女傳》版本考略〔J〕，江南大學學報
（人文社會科學版）。2011（2）：70～73。

如《節義傳》中節婦典範，她們守信重義，忠貞高潔，寧可殺身以成仁，也不求生以害仁；第三種，有才智者，如《仁智傳》《辯通傳》中的才女典型，她們博學聰慧，能言善辯，有智謀，具有遠見卓識；第四種是禍國亂亡者，如《孽嬖傳》中的反面典型，她們憑著姿色或惑君亂政，或淫亂禍國。〔註42〕王利鎖認爲，劉向對古代女性的類型劃分是分兩次完成的，首先，從道德屬性出發，將古代女性劃分爲「賢妃貞婦型」和「孽嬖亂亡」型，也即是通常說的「好女人」範型和「壞女人」範型，其次，在道德屬性相同的範型中再進行第二次劃分，即「好女人」範型中又分「母儀」「賢明」「仁智」「貞順」「節義」「辯通」六種，「壞女人」範型中可分「政治禍亂」型與「生活淫亂」型兩種。〔註43〕

　　總的來說，在劉向《列女傳》中，不管女性事跡如何分類，具體事跡怎樣不同，有一條主線可察，書中女性的德行都是用於輔佐男性以存內助：《母儀傳》中突出的女性品質是教子，教子成才，這是協助夫君教育後代，使丈夫的後代能有所作爲，以顯父母，光宗耀祖；《賢明傳》中突出的女性品質是相夫，女性咸曉事理，深明大義，賢惠明理，能在生活上和事業上輔助丈夫；《仁智傳》中突出女性的才智，強調的是女性用才智輔助丈夫成就德行事業，而不是站到幕前干涉政務，這些才幹是用來「佐夫」「匡夫」，而非爲女性爭取獨立自由的才智；《貞順傳》中突出女性的貞潔，能以禮自防，是強調女性不惜犧牲自身的幸福甚至性命對丈夫要從一而終；《節義傳》中突出女性的忠義，是強調女性殺身成仁捨身取義的巾幗精神，不惜自身性命，不給男性拖後腿，保全男性，以促成男性成就和理想抱負；《辯通傳》中突出女性的善辯，是以其伶牙俐齒、多謀善喻勸諫男性完善德行；《孽嬖傳》中講紅顏禍水，將男性的失道歸罪於女性，成爲了男性寡道亡國的替罪羊。劉向把女性婦德的有無與男性的事業成就、國家的興亡之間的關係強調凸顯出來，一方面是提醒男性要好好利用女性的才德智慧成就自身，另一方面又要控制好女性的影響力，防止受制於女性。《古列女傳》不僅是一本可以幫助男性辨明何謂「好女人」和「壞女人」的類傳，也爲女性樹立了道德模範，成爲後世女性學習的榜樣，深刻地指出了女性的仁智僅

〔註42〕 張慧禾，中國女性類傳的發軔之作 —— 劉向《列女傳》的傳記意義〔J〕，浙江師範大學學報，1998（5）：82～85。

〔註43〕 王利鎖，劉向《列女傳》女性類型的認知特徵〔J〕，中國文學研究，2011（2）：41～43。

可用在對丈夫的服從與匡助上，不僅要懂得如何輔助丈夫有功，還要懂得自我約束，這樣才能成為一名合格的賢內助。〔註44〕

（三）東漢班昭《女誡》：「女以弱為美」

若說劉向的《列女傳》是封建婦德的奠基之作，那麼班昭的《女誡》便可稱是封建婦德的濫觴之作〔註45〕，《女誡》對後世影響深遠，在很長一段時間裏對建立封建倫理價值觀念、維護等級秩序起了重要作用，但也貽害頗深，固化了男尊女卑的等級次序，將男權意志對女性的不平等要求內化為女性自身需求，使得男權的壓迫變得合理化、溫情化，弱化了女性為自身求解放的心理需求，失去了自由意志。

《後漢書》中載有《女誡》全文，分為卑弱、夫婦、敬慎、婦行、專心、曲從、和叔妹七章，《女誡》類似家訓類作品，本是用來訓誡曹家諸女之書，京城世家感其文采，爭相傳抄，此書不久便風行各地。班昭作此書的用意，可從《女誡‧原序》中察知：

> 吾性疏愚，教導無素，恒恐子谷（曹成，字子谷，班昭之子），
> 負辱清朝。聖恩橫加，猥賜金紫，實非鄙人庶幾所望也。男能自謀
> 矣，吾不復以為憂也。但傷諸女，方當適人，而不漸訓誨，不聞婦
> 禮，懼失容他門，取辱宗族。吾今疾在沉滯，性命無常，念汝曹如
> 此，每用惆悵。因作《女誡》七章，願諸女各寫一通，庶有補益，
> 裨助汝身。去矣，其勖勉之！〔註46〕

班昭自謙其性情粗心愚鈍，在教導子女的時候沒有常法，時訓時不訓，擔心子女因自己教導無方而沒有出息，有負朝廷恩寵，加之自己有病在身，久治不愈，擔心自己走後，子女失教，辱沒了曹家祖先名聲，對不起列祖列宗。專為諸女作此文，是因為男子能自善其身自食其力，無需過多擔心，而女子出嫁後依附夫家，在夫家為人處事不同於在本家，若是不加訓誨，不讓諸女學會為婦之道，擔心她們在夫家有失禮節，出醜累及本家名聲。班昭在《女誡》一書中，對女性地位、女性言行、夫妻關係、家庭成員間關係等問題做

〔註44〕 李山，鄧田田，論劉向在《列女傳》中的政治寄寓〔J〕，中國文學研究，2008
（2）：38～42。

〔註45〕 陳志偉，張翠萍，《女誡》——封建婦德著作之濫觴〔J〕，圖書館學研究，2009
（9）：93～95。

〔註46〕 〔清〕王相箋注，涵養女德 美麗人生：女四書‧女孝經，上，北京：中國華
僑出版社，2011：4。

了論述，在論述中，她強調「女以弱爲美」（《女誡・敬順第三》），班昭提出此觀點，是與她自身的文學修養以及個人人生經歷緊密相關的。

首先，班昭博學高才，她從諸多思想理論中、從歷史經驗中發現了一條適合當時女性生存和發展的規律：「弱者道之用」〔註47〕。班昭出身書香門第，滿門英才，父親班彪是著名史學家，著《史記後傳》，長兄班固繼承父業，著《漢書》，可是班固因牽連入竇憲案而死於獄中，《漢書》未成，於是漢和帝就命班昭續寫《漢書》，〔註48〕次兄班超投筆從戎，遠征西域，立有大功。班昭文采斐然，除《漢書》《女誡》外，她的《東征賦》也是漢賦名篇，是後世女性詩才之標尺，比如唐代宋庭瑜妻魏氏做《南征賦》以敘志，被當時宰相張說讚歎爲「曹大家《東征》之流也」〔註49〕。班昭博覽群書，據不完全統計，《女誡》全文雖不到2000字，但其思想來源援引經典文獻不少於17部，其中比較核心的思想，比如「卑弱」篇中論述女子生來就處於卑下從屬地位的思想源於《詩經・小雅・斯干》〔註50〕，「敬順」篇中的陽剛陰柔思想源於《易經》《道德經》，「婦行」篇中婦德、婦言、婦容、婦功的思想源於《周禮・天官・內宰》的「四德」思想，「專心」篇中以夫爲天、從一而終等思想源於《儀禮・喪服・子夏傳》中的「三從」思想，「夫婦」篇的教子、「曲從」篇的侍奉舅姑、「和叔妹」篇中的家人相處之道源於《禮記》《孝經》等文獻。班昭《女誡》中的諸多思想並不是憑空產生的，「其所論述的男尊女卑、敬順丈夫、曲從舅姑等道理在此前就已經有了，但與儒家空疏的理論比較，這裡把它具體化了，使理論變成一種易學易行的實踐指導」〔註51〕。班昭在諸多文獻和理論中，找到了適合女性生存之道，那就是「弱者道之用」，順應事物的自然發展，隨波逐流，隨機應變。老子曰：「上善若水。」〔註52〕水至柔至弱，卻能「利萬物而不爭，處眾人之所惡」，而常言女人如水，女人們每日辛勤操持洗掃油鹽茶米等眾人皆不樂意爲之的粗糙活計，滿足了眾人的口腹之

〔註47〕 《道德經》第四十章。
〔註48〕 《後漢書・列女傳第七十四・扶風曹世叔妻》：「著《漢書》，其八表及《天文志》未及竟而卒，和帝詔昭就東觀藏書閣踵而成之。」
〔註49〕 宋庭瑜妻魏氏的事例在本書第三章第三節第一目第二點中有專門論述，此處略寫。（《舊唐書・列傳一百四十三・列女・宋庭瑜妻魏氏》）
〔註50〕 具體可見本書第三章第二節第二目中的解釋。
〔註51〕 周峨，班昭《女誡》再解讀〔J〕，重慶郵電學院學報（社會科學版）。2006（5）：736～738。
〔註52〕 《道德經》第八章。

饑，卻從不言自己的功勞，女子之「弱」是善的，更是美的。而班昭強調「女以弱為美」，既可提醒女性要認識到自身所務之事並非微不足道，而要懂得自我欣賞，意識到女性自身之美，也提醒男性要懂得欣賞女性的弱之美。班昭「女以弱為美」思想與儒家、道家抽象空疏理論的不同之處在於，她將「弱用之術」與女性在夫家的具體生活結合起來，論述得詳細備至，使女性受教後能在實際生活中具有可操作性。

　　其次，班昭早寡，她以其人生經驗，總結出了一條女性在夫家幸福生活的可行之道：「柔弱勝剛強」。據《女誡》序曰：「（班昭）年十有四，執箕帚於曹氏，今四十餘載矣。戰戰兢兢，常懼黜辱，以增父母之羞，以益中外之累。是以夙夜劬心，勤不告勞。而今而後，乃知免耳。」嫁為人婦雖有媒妁之言的相互約束，不能輕易毀約，但是婦人還需擔心「七去」〔註53〕，不能讓舅姑或丈夫找到休妻的理由，這樣才能在夫家長期安穩地生活下去。班昭十四歲嫁入曹家，生有一子多女，戰戰兢兢地在夫家生活。後來丈夫曹世叔不幸早逝，班昭孤兒寡母在夫家的生活失去了最大的依靠，與其它家人相處不得不謹小慎微，思慮周全。直到她晚年自身兒孫滿堂，成為家中輩分較高的長者，她才免於憂勤。班昭深知女子嫁入他門之難，雖有人將班昭封為女教聖人，現代卻有人將她貶為有意引導女性人格走向卑弱的罪魁禍首，不管是聖人還是罪人，從其行文中，不難看出班昭對諸女將來在夫家生活的關切。嫁入夫家做他門的兒媳婦從來不易，即使是現代也如此，夫妻關係、婆媳關係、妯娌關係等相處融洽很難，所以班昭才會如此懇切，現身說法，希望自己的人生經驗能對諸女有所裨益。然而，因為班昭早寡的經歷，所以她在《女誡》中很少具體談及夫妻相處之道，而是側重於描述與舅姑、叔妹的相處之道，訓誨子女的重要性，以及婦人日常的德行規範和丈夫死後從一而終的貞潔觀，沒有談及女性應該如何扶助夫君、勸諫夫君，而只是簡單地提到「夫不賢則無以御婦，婦不賢則無以事夫」〔註54〕，針對當時男性「徒知妻婦之不可不御」卻不知道如何御婦的現象，班昭提出和諧的夫妻關係應該是婦賢夫也賢，夫賢才可以御婦，男性應努力提高自身修養，即使到現代，這種觀點也是很合理開明的。不管丈夫在世與否，舅姑都是能決定女性在夫家生活質量和幸福程度的核心人物，與舅姑相處，女性最為可貴的品質便是「善下」。

〔註53〕婦人七去：不順父母，無子，淫，妒，有惡疾，口多言，竊盜。
〔註54〕《女誡・夫婦第二》。

「善下斯為大」，屈己尊人是種有容乃大的廣博胸懷，從這個角度去理解女性的「卑弱」「曲從」，「卑」並非「卑賤」的「卑」，而是「謙卑」的「卑」，「弱」也非「軟弱」的「弱」，而是指柔弱勝剛強的軟實力，而曲從是種順應，自然無為，不是以剛強的態度去爭。班昭主張：「夫云婦德，不必才明絕異也；婦言，不必辯口利辭也；婦容，不必顏色美麗也；婦功，不必工巧過人也。」〔註55〕女性既不要爭才辯美巧大過於人，也不要爭著爭訟在丈夫和舅姑面前表現自己的才智，恪守中庸之道即可，不因疏漏為過，也不刻意為善。女性便可以此「卑弱」姿態贏得夫家家人的喜愛和認可，從而在夫家站穩腳跟，使客場變成主場，最終媳婦熬成婆，使自己成為夫家之尊長和權威。

再次，班昭出入宮廷，她以其觀政見識，總結出了一條女性在當時環境下實現自身理想抱負的參政之道：「以柔克剛」。據《後漢書·扶風曹世叔妻傳》載〔註56〕，班昭的才德深得東漢和帝的器重，和帝不僅讓她續修《漢書》，還多次召她進宮，讓鄧皇后及諸妃嬪拜她為師，尊她為「曹大家」。和帝死後，和帝的皇后鄧太后先後迎立殤帝、安帝，臨朝執政，掌握大權，班昭便成了鄧太后的智囊，參政議政，左右東漢政局近二十年。班昭出入宮廷頻繁，其建議不僅可以影響鄧太后的決策，還為自家謀得封蔭，其子曹成「子憑母貴」，官至齊相。鄧太后獲取權力的方式，並非如男性般在戰場角力廝殺，而是在深宮中角智。有時力量不只是來自於陽剛的拳頭，更是來自於陰柔的智慧，鄧太后善於以柔弱之女性氣質運用智慧，驅使他人，為己所用。不管鄧太后執政得失如何，班昭都親眼目睹、親身感受到了女性對權力獨特的影響方式，並從中受益，所以在《女誡》中，與劉向的《列女傳》不同，班昭並不反對女性參政，她明知鄧太后干政還為其建言獻策，且當鄧太后就人事去留問及班昭時，她也沒有如唐太宗的長孫皇后〔註57〕一般以「牝雞之晨，惟家之索」〔註58〕來拒絕發表自己的看法。女性左右政局的方式不一定是武則天式地站

〔註55〕《女誡·婦行第四》。
〔註56〕《後漢書·列女傳第七十四·扶風曹世叔妻》：「帝數召入宮，令皇后諸貴人師事焉，號曰大家。每有貢獻異物，輒詔大家作賦頌。及鄧太后臨朝，與聞政事。以出入之勤，特封子成關內侯，官至齊相。時《漢書》始出，多未能通者，同郡馬融伏於閣下，從昭受讀，後又詔融兄續繼昭成之。永初中，太后兄大將軍鄧騭以母憂，上書乞身，太后不欲許，以問昭。……太后從而許之。於是騭等各還里第焉。」
〔註57〕本書第三章第二節第二目中有論及。
〔註58〕《尚書·牧誓》。

在臺前做女皇，以柔克剛的形式也可達到執掌大權的效果，班昭深知這一點，所以她並不認為女性之「弱」是軟弱無能，而只是力量的不同表現形式，她不以「弱」為缺點不足，而是深刻地認識到了「弱」的力量，並「以弱為美」。

本章小結

中國傳統文化中蘊含著豐富的理想人格思想，雖然男性理想人格範型與女性理想人格範型存在一定的差異，男性重社會價值，女性更重家庭價值，但是兩性理想人格所具備的道德品質卻是相似的，因為理想人格具有超越性，這種超越性能同時反映出男女兩性對真善美的一致追求。儒家的男性理想人格講仁義禮智，修齊治平，內聖外王，而儒家的女性理想人格中也講仁義禮智，理想的女性應求仁、崇義、守禮、有才智，女性理想人格也講修身齊家，只是女性治國平天下的理想一般只能寄託在丈夫或兒子身上，大多只能間接實現，以內助之德輔助他們實現治國平天下的人生理想。

第二章　理想的女兒人格

一般情況下，按「三從之義」，我們將女性一生分爲三個階段，即「未嫁從父，既嫁從夫，夫死從子」，分別扮演著女兒、妻子、母親三種角色。有些女性終身未嫁，一生只扮演女兒的角色，大多數女性一生同時扮演兩到三種角色。

生而爲女子，其第一角色就是女兒，並伴隨終身。家國一體的倫理政治建立在孝的倫理精神基礎之上，由孝親演化爲忠君，男子強調要做孝子，女子強調要爲孝女。孔子認爲，大凡有孝心的子女們，孝敬父母，必須做到五個方面，即「居則致其敬，養則致其樂，病則致其憂，喪則致其哀，祭則致其嚴」〔註1〕，在行此孝道的時候，必須出於誠敬之心，否則就徒具形式，失去了孝道的眞意。「敬」是孝道的核心，貫穿著五個方面，無須刻意描寫，說到眞孝，就已包含著「敬」了。從後四個方面考察，孝行又可概括爲娛親、侍疾、哀喪與嚴祭。而據兩《唐書》所載女性列傳內容，又可具體分爲曲從娛親、不婚養親和哀毀過禮三個方面來瞭解唐代女性孝行的特徵。與前後代相比，唐代女性孝行強調的側重點有著承前啓後的特徵，既繼承了前代「善事父母」的孝道觀念，又開啓了孝道實踐極端化的孝烈之風。

第一節　曲從娛親

娛親之「親」，狹義上指父母親，也包括與其同居的繼父母親〔註2〕，廣

〔註1〕《十三經注疏·孝經注疏》，第38頁。
〔註2〕《儀禮》中規定「繼母如母」，並未強調繼母是否對繼子女盡撫養責任，一概認爲繼母的待遇與生母相同；但繼父的情況有所不同，如果繼父沒有與繼子女同居並對其盡撫養責任，那麼對繼父之孝養就與父親不同，所以在這裡強調的主要是與子女「同居」的繼父。

義上指父母親所在家族之尊長，一般指父親所在家族之尊長，包括祖父母、世伯、叔父等人，有時也包括母親所在家族之尊長〔註3〕，包括外祖父母、舅父等人。女子對這些親人的孝養之責都可歸之於其作爲「女兒」的角色。那麼，作爲女兒，如何「致其樂」？

一、娛親貴在「誠敬」

娛親之「娛」字，即帶有娛樂性之意，那麼是不是哄得父母高興了就是「娛親」呢？

曾子在《禮記・內則》中說：「孝子之養老也。樂其心，不違其志，樂其耳目，安其寢處，以其飲食忠養之。孝子之身終，終身也者，非終父母之身，終其身也。是故父母之所愛亦愛之，父母之所敬亦敬之。至於犬馬盡然，而況於人乎！」〔註4〕孝順的子女在奉養父母的時候，要使父母心情快樂，不違背父母的意志，要使父母耳目愉悅，休息起居安逸無憂，說父母愛聽的話，把好吃的好看的先給父母享用。侍奉父母要忠心耿耿，始終如一，直到自己生命結束。從這段話中可以看出，娛親（「致其樂」）要做到三個方面：第一，「忠」。「忠養」即「中心養之」，以發自內裏的誠敬之心奉養雙親。對父母之「忠」，是沒有時間期限的。子女長大成才不再依賴父母的時候，父母年老疾病纏身變成「拖油瓶」的時候，甚至是父母離世之後，只要自身在世，子女對父母之誠敬就不能鬆懈半分，直至自身生命終結。第二，察言觀色。「樂其心」「樂其耳目」，指要細心觀察，從父母的需求出發，盡己所能地滿足父母的需求，投其所好，所做之事要順心，所說之話要順耳，所見之物要順眼。以此事親之心事君，無往不利。可惜而今有些本木倒置，侍奉領導，察言觀色，溜鬚拍馬，竭盡所能，而對雙親則用心較少，其中堪稱孝子的大多也只是從子女自身的角度出發，如同《莊子・外篇・至樂第十八》〔註5〕中魯侯對待海鳥一樣，此以己養養親也，非以親養養親也。第三，愛屋及烏。愛父母之所愛，敬父母之所敬，道理很簡單，但做起來很難。此句的另一層意思是

〔註3〕因爲唐代出嫁女（尤其是上層女性）與本家保持著千絲萬縷的聯繫，以及諸多「男從女居」的居住形式，使得母親所在家族的影響力不容忽視。

〔註4〕《十三經注疏・禮記正義》，第854頁。

〔註5〕《莊子・外篇・至樂第十八》：「昔者海鳥止於魯郊。魯侯御而觴之於廟，奏《九韶》以爲樂，具太牢以爲膳。鳥乃眩視憂悲，不敢食一臠，不敢飲一杯，三日而死。此以己養養鳥也，非以鳥養養鳥也。」

恨父母之所恨，惡父母之所惡。如果子女與父母所愛所敬不同，或是子女之所愛敬正是父母之所恨惡，那麼子女違逆自己的本心而順應父母之志將是情感上的兩難選擇。

　　歷史上較爲有名的孝子娛親故事是「老萊娛親」〔註6〕。春秋時期，楚國賢士老萊子爲躲避世亂，與父母、妻子隱居，自耕自種，自給自足。〔註7〕老萊子非常孝順父母，總是千方百計地討父母的歡心。隱居生活清苦，他便尋找各種味美的食物給父母品嘗；隱居生活寂寥，他便養些聲音清脆的鳥鳥爲父母解悶。家庭和睦人長壽，老萊子70多歲的時候，父母都還健在。人生70古來稀，可是老萊子從不自稱年老，甚至故意穿色彩斑斕的衣服像頑皮的小孩子一樣逗父母開心，希望他們樂以忘憂，不知老之將至。有一次，老萊子挑水經過堂屋的時候，不小心跌倒扭到了腳，恰巧父母也在堂屋見到了這一幕，老萊子擔心父母知道腳跌了的實情後會傷心，就乾脆忍痛將身體僵硬地倒地，誇張地像嬰兒一般在地上啼哭，父母以爲他是故意跌倒做秀的，也就不以爲意，於是腳跌一事就巧妙地掩飾過去了。這個故事的主旨是，爲人子女，應該多替父母著想，爲父母解憂，盡可能地讓父母心情舒暢。可是「老萊娛親」的故事卻讓魯迅覺得不解和反感，他認爲一個應該拄著拐杖的老頭子竟然拿著「搖咕咚」在父母面前裝可愛，太「裝佯」了，而且後之君子將其改得「詐」起來，將其孝行極端化，有點過猶不及，讓人心裏不舒服。〔註8〕恢復故事可能的本來面目，老萊子並不是個讓人反感的人，似乎是個人老心不老的「老頑童」，雖然沒有成就一番事業以顯父母，但卻竭盡所能忠養雙親，「致其樂」。

〔註6〕「老萊娛親」的故事有多個版本，現在廣爲人知的是編錄於元代的《二十四孝》中「戲彩娛親」的版本。該書成書較晚，故事經改編之後，省略了一些銜接的細節，有些地方讀起來比較突兀。本書「老萊娛親」故事的改編綜合了以下三個版本：1、《藝文類聚·卷二十·人部四·孝》：「《列女傳》曰：「老萊子孝養二親，行年七十，嬰兒自娛，著五色彩衣，嘗取漿上堂，跌僕，因臥地爲小兒啼，或弄鳥鳥於親側。」2、《太平御覽·卷四百一十三·人事部五十四》：「師覺授《孝子傳》曰：老萊子者，楚人。行年七十，父母俱存，至孝蒸蒸。常著班蘭之衣，爲親取飲。上堂腳跌，恐傷父母之心，因僵僕爲嬰兒啼。孔子曰：『父母老，常言不稱老，爲其傷老也。』若老萊子，可謂不失孺子之心矣。」3、《二十四孝·戲彩娛親》：「周老萊子，至孝。奉二親，極其甘脆。行年七十，言不稱老，常著五色斑斕之衣，爲嬰兒戲於親側。又嘗取水上堂，詐跌臥地，作嬰兒啼，以娛親意。」
〔註7〕源自劉向《列女傳·楚老萊妻》。
〔註8〕魯迅，魯迅全集（第二卷）〔M〕，北京：人民文學出版社，2005：262。

　　娛親是孝的一種外在表現形式，其核心是誠敬之心。曾子曰：「孝有三：大孝尊親，其次不辱，其下能養。」〔註9〕孝順父母有三種境界：最高境界是從內心深處尊敬父母，使父母打從心底裏感到高興；其次是立身行道，揚名後世，爲父母爭光，不使父母蒙受恥辱；再次是讓父母吃飽穿暖，爲其養老送終，這是孝子的基本要求。明代徐皇后的《內訓·事父母章第十二》中說：「若夫以聲音笑貌爲樂者，不善事其親者也，誠孝愛敬，無所違者，斯善事其親者也。」清代王相的箋注補充說明：「訓言子女無誠敬之心，但以聲音笑貌爲娛親之飾，未足以爲孝心也。孝出於至誠，敬生於至愛，無所違逆，斯云善矣。」意思是說，子女奉養父母親，只有娛親的外在表現，而無內在的誠敬之心，並不能稱爲孝。老萊子之所以有穿彩服哄父母開心、詐跌讓父母寬心、父母在而不言老等娛親表現，都是出於他對父母的至誠至愛之心，所以看似滑稽的可愛之舉能流傳千古，善以示後。

　　而唐高宗之女太平公主同樣以表演娛親，卻並沒有被認爲是孝的表現：太平公主女扮男裝在父母面前歌舞，從結果上說雖博得了父母的開心顏，達到了娛親之效，但是她並無誠敬之心，其本意並非爲了孝而「致其樂」，而是想趁著父母高興的時候好提要求，達成一己之私，早點嫁人。〔註10〕

　　《禮記·祭義》曰：「孝子之有深愛者，必有和氣。有和氣者，必有愉色。有愉色者，必有婉容。」〔註11〕雖然相由心生，外表在一定程度上能反應著人的內心狀態，但是大多數人難以明辨「相」與「心」之間的異同，有善於僞裝者，有不善於表達者，眼見未必爲實，「婉容」「愉色」「和氣」有時未必爲「深愛」，人心難辨，非日久難知馬力。比如鄭義宗的妻子盧氏，出身士族，娘家顯貴，她在夫家的地位相對較高，平日與婆婆相處之時，兒媳事舅姑之禮難免不足，所以婆婆對兒媳的孝心並沒有特別感受，甚至稍有微詞，可直至危難之時兒媳冒死相救後，婆婆才感歎：「古人稱歲寒然後知松柏之後凋也，吾今乃知盧新婦之心矣！」〔註12〕因爲娛親的孝行是否內含誠敬之心並

〔註9〕　《十三經注疏·禮記正義》，第1332頁。

〔註10〕　《新唐書·列傳第八·諸帝公主·太平公主》：「久之，主衣紫袍玉帶，折上巾，具紛礪，歌舞帝前。帝及后大笑曰：『兒不爲武官，何遽爾？』主曰：『以賜駙馬可乎？』帝識其意，擇薛紹尚之。」

〔註11〕　《十三經注疏·禮記正義》，第1319頁。

〔註12〕　《舊唐書·列傳一百四十三·列女·鄭義宗妻盧者》：「鄭義宗妻盧氏，幽州范陽人，盧彥衡之女也。略涉書史，事舅姑甚得婦道。嘗夜有強盜數十人，持杖鼓譟，逾垣而入，家人悉奔竄，唯有姑獨在室。盧冒白刃往至姑側，爲

非一時三刻能察知，所以世人更爲看重的是娛親的外在之形而非內在之心，子女以聲音笑貌「哄」父母開心，父母也圖個一時的心情愉悅，彼此都放鬆了要求。

二、娛親難在「曲從」

奉養父母，既要誠敬，又要順意娛親使其安樂無憂，那麼從父母之令而不爭的絕對服從就是孝嗎？

在《孝經·諫爭章》中，曾子問孔子：「敢問子從父之令，可謂孝乎？」〔註13〕孔子認爲：「父有爭子，則身不陷於不義。故當不義，則子不可以不爭於父，臣不可以不爭於君。故當不義則爭之，從父之令，又焉得爲孝乎？」〔註14〕當父母有過失的時候，子女應當諫爭，「有非而從，成父不義」，不諫爭的話，反而害了父母，陷父母於不義。孔子反對將孝理解爲唯父母之命是從，那麼孝子應該怎樣勸諫呢？曾子在《禮記·內則第十二》中說：「父母有過，下氣怡色，柔聲以諫。諫若不入，起敬起孝，說則復諫。不說，與其得罪於鄉黨州閭，寧孰諫；父母怒、不說，而撻之流血，不敢疾怨，起敬起孝。」〔註15〕父母有過錯的時候，子女應當察言觀色，選擇一個恰當時機，和顏悅色、低聲細氣地加以勸諫。若是諫言不被採納，應仍像往常一樣孝敬父母，等父母高興了再借機勸諫。如果犯顏諫爭讓父母不高興，與其得罪於鄉黨州閭陷父母於不義，不如硬著頭皮再多加勸諫；如果父母因此發怒而打了自己，不能心存怨恨，應仍像往常一樣孝敬父母。曾子認爲，「父母有過，諫而不逆」〔註16〕，父母有過失時，應該順而諫之，而不是忤逆，「父母惡之，懼而無怨」〔註17〕，被父母所厭惡時，對父母應該心存畏懼而不是怨恨。

賊捶擊之，幾至於死。賊去後，家人問曰：『群凶擾橫，人盡奔逃，何獨不懼？』答曰：『人所以異於禽獸者，以其仁義也。昔宋伯姬守義赴火，流稱至今。吾雖不敏，安敢忘義！且鄰里有急，尚相赴救，況在於姑，而可委棄！若萬一危禍，豈宜獨生！』其姑每歎云：『古人稱歲寒然後知松柏之後凋也，吾今乃知盧新婦之心矣！』貞觀中卒。」（《新唐書·列傳第一百三十·列女·鄭義宗妻盧者》亦載入）

〔註13〕《十三經注疏·孝經注疏》，第 47 頁。
〔註14〕《十三經注疏·孝經注疏》，第 48 頁。
〔註15〕《十三經注疏·禮記正義》，第 838 頁。
〔註16〕《十三經注疏·禮記正義》，第 1334 頁。
〔註17〕《十三經注疏·禮記正義》，第 1333 頁。

　　如果諫爭了，但父母並不聽取諫言的話，怎麼辦呢？曾子認爲，事父母之道，「愛而敬。父母之行若中道，則從；若不中道，則諫。諫而不用，行之如由己。從而不諫，非孝也；諫而不從，亦非孝也。孝子之諫，達善而不敢爭辯」〔註18〕。父母行爲如果合乎正道，就應聽從之；如果不合乎正道，就應勸諫之。諫言若不被採用，父母不義行爲的後果，就像是自己造成的一樣。聽從父母而不勸諫是不孝，勸諫父母無效卻不再跟隨父母也是不孝。孝子勸諫，是爲了向父母講明道理，而不是爭辯好勝。如果父母一直不採納諫言，是不是應該不折不饒地繼續勸諫下去呢？《禮記・曲禮》曰：「子之事親也，三諫而不聽，則號泣而隨之。」〔註19〕親子之禮與君臣之禮不同，君主若不義，臣下再三勸諫而君主不聽取的話，臣下可以罷官離去，而親子關係是不能改變的，諫言不被採納也只能心懷悲切地留在父母身邊，繼續盡忠盡孝，希望有朝一日能感動父母，棄惡從善。孔子認爲：「事父母幾諫，見志不從，又敬不違，勞而不怨」（《論語・里仁》），「君子弛其親之過，而敬其美」（《禮記・坊記》）。若是婉言勸告沒有效果，子女應該多看父母的優點少看他們的過錯，應像之前一樣精心侍奉父母，不能私存忤逆之心。事父母之道，雖然鼓勵諫爭，但不主張力爭，最終落腳點在「有隱而無犯」〔註20〕，不能忤逆，應當曲從。

　　曲從包含兩層意思：一是委屈順從。子女有時候會迫於壓力違背自己的本心而屈服順從，其義近似於屈從，在古代頗爲常見。《禮記・內則》曰：「子有二妾，父母愛一人焉，子愛一人焉，由衣服飲食，由執事，毋敢視父母所愛，雖父母沒不衰。子甚宜其妻，父母不說，出；子不宜其妻，父母曰：『是善事我。』子行夫婦之禮焉，沒身不衰。」〔註21〕若違父母之志，就會背上不孝的名聲，很多時候子女都會選擇屈從，比如漢樂府《孔雀東南飛》中劉蘭芝與焦仲卿的故事，焦母不喜歡兒媳婦劉蘭芝，百般挑剔，強逼焦仲卿休妻，焦仲卿爲夫人求情反被認爲「小子無所畏，何敢助婦語」，焦仲卿懾於寡母的權威，不敢再言語，只能屈從母命休妻。二是變通順從。父母之令有時候是反覆無常相互矛盾的，子女並不需要句句遵旨照辦，圍繞其核心主旨從

〔註18〕　《大戴禮記・曾子事父母第五十三》。
〔註19〕　《十三經注疏・禮記正義》，第 151 頁。
〔註20〕　《十三經注疏・禮記正義》，第 169 頁。
〔註21〕　《十三經注疏・禮記正義》，第 838～839 頁。

事即可。比如舜孝感動天的故事，舜的父親、繼母和弟弟想要殺害舜，幾次合謀陷舜於險地，但舜每每機智地化險爲夷了。舜知道了父母兄弟的惡行之後，並沒有因此埋怨他們，仍然一如既往地遵循「孝悌」之道，仁厚待之。父母之命乃是讓舜亡，若是屈從，舜一則可以不反抗順勢而亡，二則可以自殘或是自殺以求父母安心，但舜並沒有這麼做。舜的避禍既可理解爲是出於人求生的本能，也可認爲是舜大孝的體現。舜若身亡了，就會陷父母於不義，他們將會受到輿論、道德和良心的譴責（雖然其父母在策劃謀害他的時候已經不在乎義或不義了，也無良心可言，但事後如若良心發現，而人死不能復生，難免會追悔莫及），舜是有所不從以成父母大義，以德報怨，讓仇恨止於智者。又如兩《唐書》中的李德武妻裴氏，丈夫因受叔父之罪的牽連而被流放後，父親則強迫他倆離婚，並私下將她許配他人，欲奪其志逼其改嫁。裴氏在父權壓力之下，選擇了妥協離婚，但「裴與德武別後，容貌毀悴，常讀佛經，不禦膏澤」，婚期將至的時候，她「乃以翦刀斷其髮，悲泣絕粒。矩不可奪，乃止」，她以自己的守貞之行感動了父親，避免了改嫁他人。裴氏聽從了父親的離婚之令，卻沒有聽從改嫁之令，最後有個圓滿的大結局，丈夫被赦返回後，與其復婚，並生了三男四女，幸福終老。〔註22〕命其離婚或是改嫁，父親皆是希望女兒能婚姻幸福，裴氏以自己的方式有所變通地達成了父親的願望。

　　曲從的最終目的，在很大程度上，是爲了順父母之意，成父母大義，達到娛親（「致親樂」）之實效。

〔註22〕《舊唐書·列傳第一百四十三·列女·李德武妻裴氏》：李德武妻裴氏，字淑英，戶部尚書、安邑公矩之女也。性婉順有容德，事父母以孝聞。適德武，經一年而德武坐從父金才事徙嶺表。矩時爲黃門侍郎，奏請德武離婚，煬帝許之。德武將與裴別，謂曰：「燕婉始爾，便事分離，方遠投瘴癘，恐無還理。尊君奏留，必欲改嫁耳，於此即事長訣矣！」裴泣而對曰：「婦人事夫，無再醮之禮。夫者，天也，何可背乎！守之以死，必無他志！」因操刀欲割耳自誓，保者禁之，乃止。裴與德武別後，容貌毀悴，常讀佛經，不禦膏澤。李氏之姊妹在都邑者，歲時朔望，必命左右致敬而省焉。裴又嘗讀《烈女傳》，見稱述不改嫁者，乃謂所親曰：「不踐二庭，婦人常理，何爲以此載於記傳乎？」後十餘年間，與德武音信斷絕。矩欲奪其志。時有柳直求婚，許之。期有定日，乃以翦刀斷其髮，悲泣絕粒。矩不可奪，乃止。德武已於嶺表娶爾硃氏爲妻，及遇赦得還，至襄州，聞裴守節，乃出其後妻，重與裴合。生三男四女。貞觀中，德武終於鹿城令，裴歲餘亦卒。

三、唐代女兒娛親類型

娛親一方面是爲了孝，感念父母養育之恩，另一方面是爲了贏得父母對自己喜歡。古代沒有計劃生育，一般家庭子女人數較多，如何在眾多同輩中贏得更多關愛和重視，就必須讓尊長關注和認可自己，這是一種競爭的結果。娛親，淺顯地說，就是讓父母高興。但父母因何而高興，偏愛哪一個，有時候是女兒可通過主觀努力贏得的，而有時候卻是機緣偶合。

據兩《唐書》記載，女兒娛親的事例很多，大概可以分爲以下四類：第一類，因爲血親天性，受寵女兒的任意可愛之舉，都能博得父母歡顏。比如太平公主，她是唐高宗和武則天的最後一名子女，作爲最小的女兒，「后愛之傾諸女」，其受寵原因大致有四個方面：第一，唐高宗共有三個女兒，前兩個女兒是高宗與蕭淑妃所生的義陽公主與宣城公主，而蕭淑妃在後宮爭寵中落敗，被武則天折磨致死，其女兒義陽、宣城二公主也因之失寵，被幽禁在掖廷，〔註23〕所以太平公主在三個女兒中佔據著絕對的身份優勢。第二，武則天當上皇后之後，對後宮控制較嚴，唐高宗後來的子女都是武則天所生，在武則天親生的子女中，太平公主最小，她上面有四個哥哥（弘、賢、中宗皇帝、睿宗皇帝），她是唯一且最小。第三，武則天早年在爭寵之時，夭喪了一個女嬰，諸多資料顯示是武則天親手將其殺害，不管怎樣，女兒的去世對母親的心理都將造成一定的傷害和陰影，太平公主出生之後，或許出於某種補償心理，武則天會對太平公主格外關愛。第四，太平公主長相和性格都像母親武則天，所以武則天重用她，與其商討政事〔註24〕。因爲諸多原因，太平公主寵極一時，受寵女兒要哄父母高興是件較爲容易的事情，公主女扮男裝在父母面前歌舞，不僅贏得「帝及后大笑」，還借機大方地表示自己希望早點出閣婚配，她的舉止雖違背了儒家倫理規範，卻博得了父母的開心顏，最後還達成了自己的願望。〔註25〕

又如安樂公主，她是唐中宗李顯與韋后所生，也是中宗最小的女兒，她

〔註23〕《新唐書・列傳第六・三宗諸子・高宗八子・弘》：「義陽、宣城二公主以母故幽掖廷，四十不嫁。」

〔註24〕《新唐書・列傳第八・諸帝公主・太平公主》：「主方額廣頤，多陰謀，后常謂『類我』。而主內與謀，外檢畏，終後世無它譽。」

〔註25〕《新唐書・列傳第八・諸帝公主・太平公主》：「久之，主衣紫袍玉帶，折上巾，具紛礪，歌舞帝前。帝及后大笑曰：『兒不爲武官，何遽爾？』主曰：『以賜駙馬可乎？』帝識其意，擇薛紹尚之。」

「光豔動天下」，「請爲皇太女」。她受寵原因有三：其一，她生於父親帝位被
廢貶謫房陵的途中，困頓苦悶交加卻迎來了新生命，似乎預兆著李顯恢復帝
位的新希望，李顯對她尤爲疼愛，並脫下自己的衣服包裹住小嬰兒，萬般疼
惜，取名爲裹兒。〔註 26〕其二，其生母韋氏與李顯患難與共，她與父母在房
陵一待就是 14 年（684～698 年），建立了深厚的患難之情。其三，「姝秀辯敏，
后尤愛之」，她秀美聰慧，有「唐朝第一美人」之稱，而且能言善辯，深受母
親喜愛。安樂公主也善於利用父母對自己的寵愛哄父母高興達成自己的目
的，「嘗作詔，箝其前，請帝署可，帝笑從之」，嬌美嗲氣的她模仿著朝臣刻
板嚴肅的樣子，雙手奉上詔書請父親簽署通過，此時父親並沒有因爲她干涉
朝政而發怒斥責，反而因其舉止反常可愛而笑著聽從。安樂公主的娛親手段
反覆奏效，父親對其縱容一而再、再而三，以致她做事毫無忌憚、胡作非爲、
窮奢極欲、不守婦道，最後禍及自身，毒殺父親，串謀奪權，被人誅殺，不
得善終。

　　愛女有要求，尊長是否言聽計從，有時候既與女兒娛親方式有關，還與
尊長自身能力素質有關。比如民間「醉打金枝」故事裏面的唐代宗之女昇平
公主（齊國昭懿公主），由於郭曖的父親郭子儀「權傾天下而朝不忌，功蓋一
代而主不疑」，唐代宗對郭子儀十分敬重，眼見自小嬌慣的愛女在婆家挨打後
回娘家哭訴尋找靠山，可不再強勢的父親只能忍著氣憤之情查明前因後果，
爲了不弄僵與郭家的關係，只好在「和稀泥」的過程中讓自己的女兒吃點虧。
比挨打更爲嚴重的是唐太宗之女新城公主，被老公家庭暴力致死〔註 27〕，雖
然其皇帝哥哥將兇犯追拿歸案讓其伏罪被殺，但是人死不能復生，父兄之尊
威連其性命安全都無法保障。此外，若是尊長賢明，即使是愛女的請求，若
是違背原則，也可有所不從。比如《新唐書》中的齊國昭懿公主：

> 下嫁郭曖。大曆末，畿內民訴涇水爲磑壅不得溉田，京兆尹黎
> 幹以請，詔撤磑以水與民。時主及曖家皆有磑，丐留，帝曰：「吾爲
> 蒼生，若可爲諸戚唱！」即日毀，由是廢者八十所。〔註 28〕

與「醉打金枝」故事中唐代宗的形象相比，這則傳記強調的是唐代宗的賢明，

〔註 26〕　《新唐書·列傳第八·諸帝公主·安樂公主》：「帝遷房陵而主生，解衣以褓
　　　　之，名曰裹兒。」
〔註 27〕　《新唐書·列傳第八·諸帝公主·新城公主》：「更嫁韋正矩，……遇主不以
　　　　禮，俄而主暴薨。」
〔註 28〕　《新唐書·列傳第八·諸帝公主·齊國昭懿公主》。

以國家社稷爲中，面對愛女的無理要求，不因一己之私而包庇皇親國戚，不顧百姓蒼生利益。〔註29〕

雖然俗話說「沒事獻殷勤，非奸即盜」，但此言差矣，不僅辱沒了娛親單純的一面，還誇大了其功利的一面。出於血親，子女在很多時候總是單純地希望父母能高興快樂，有時候巧言令色善於討好娛親的女兒並非總是惡女，娛親本身並無善惡之分，娛親能否具有交換價值在很大程度上取決於被「娛」之人的定力和原則性。

第二類，跟現代父母一樣，唐代父母也喜歡有學識的孩子，因爲唐代女子讀書不是第一要務，所以聰慧明理有才情的女兒更討父母歡心。比如唐太宗之女臨川公主，「主工籀隸，能屬文。高宗立，上《孝德頌》，帝下詔褒答」〔註30〕，唐玄宗之女新平公主，「幼智敏，習知圖訓，帝賢之」〔註31〕。又如高祖太穆皇后竇氏：

> 后生而髮垂過頸，三歲與身齊。周武帝特愛重之，養於宮中。時武帝納突厥女爲后，無寵，后尚幼，竊言於帝曰：「四邊未靜，突厥尚強，願舅抑情撫慰，以蒼生爲念。但須突厥之助，則江南、關東不能爲患矣。」武帝深納之。毅聞之，謂長公主曰：「此女才貌如此，不可妄以許人，當爲求賢夫。」乃於門屏畫二孔雀，諸公子有求婚者，輒與兩箭射之，潛約中目者許之。前後數十輩莫能中，高祖後至，兩發各中一目。毅大悅，遂歸於我帝。及周武帝崩，后追思如喪所生。隋文帝受禪，后聞而流涕，自投於床曰：「恨我不爲男，以救舅氏之難。」毅與長公主遽掩口曰：『汝勿妄言，滅吾族矣！』〔註32〕

> 后生，髮垂過頸，三歲與身等。讀《女誡》《列女》等傳，一過輒不忘。武帝愛之，養宮中，異它甥。時突厥女爲后，無寵，后

〔註29〕 史書的敘述往往會美化帝王，而民間流傳的故事有時會刻意醜化帝王以增茶餘飯後之笑料。「醉打金枝」故事中的唐代宗形象，既可理解爲他不再強勢，只能委屈女兒以求全，也可理解爲他很賢明，不會包庇自己女兒，勸女兒孝順舅姑，與丈夫和睦相處，不要耍公主脾氣。

〔註30〕 《新唐書·列傳第八·諸帝公主·臨川公主》。

〔註31〕 《新唐書·列傳第八·諸帝公主·新平公主》。

〔註32〕 《舊唐書·列傳第一·后妃上·高祖太穆皇后竇氏》。

密諫曰：「吾國未靖，虜且強，願抑情撫接，以取合從，則江南、關東不吾梗。」武帝嘉納。及崩，哀毀同所生。聞隋高祖受禪，自投床下，曰：「恨我非男子，不能救舅家禍。」毅遽掩其口，曰：「毋妄言，赤吾族！」常謂主曰：「此女有奇相，且識不凡，何可妄與人？」因畫二孔雀屏間，請昏者使射二矢，陰約中目則許之。射者閱數十，皆不合。高祖最後射，中各一目，遂歸於帝。〔註33〕

　　竇氏的母親是北周武帝宇文邕的姐姐襄陽長公主，父親是武帝的大將，竇家與宇文家往來密切，關係甚近；北周武帝自己有七男三女，身邊並不缺兒女之樂，但他卻特別喜愛這個外甥女，並將她留在自己的宮中撫養。這不禁讓人納悶，竇氏究竟具有怎樣的品質竟讓舅父如此喜愛？

　　經比較分析，新舊《唐書》對竇氏事跡的記載有衝突之處：竇氏與高祖許婚之時，是在北周武帝去世之前還是之後？據《舊唐書》載，竇氏與高祖許婚在武帝去世之前，而《新唐書》認為是在武帝去世之後。而北周武帝在位年間為 560 年至 578 年；竇氏享年四十五歲，生卒年大約是 568 年至 613 年〔註34〕；李淵生卒年為 566 年至 635 年；唐高祖的長子李建成出生於 589 年（竇氏此時 21 歲左右）。依此推算，竇氏入住舅父宮中在其三歲或是三歲之後十歲之前（大概在 571～578 年間），不到十歲向舅父進言，並且諫言被舅父採納；北周武帝戰敗而亡時（578 年），竇氏大概 10 歲左右，唐高祖李淵大概 12 歲左右；隋文帝於 581 年登基，竇氏此時大約 13 歲，李淵 15 歲；竇氏父親竇毅於 582 年去世，竇氏此時 14 歲左右，李淵 16 歲。若如《舊唐書》所言，他倆談婚論嫁似乎有點早，但並非不可能，「十五而笄，二十而嫁」，一般指婚嫁的最晚年齡，而非最早年齡，古人大多訂婚很早，比如指腹為婚、娃娃親等，從訂婚到嫁入夫家生活，期間一般有幾年時間緩衝，這段時間女兒仍生活在娘家，舅父武帝去世之時，以及隋文帝登基之時，竇氏應該仍生活在娘家，竇氏嫁入李淵家應該在其服完父喪三年之後，這也可解釋她到 21 歲才生育長子李建成；竇氏與李淵訂婚之時，武帝在世，兩人身份一是皇親國戚縣主，一是隴西士族唐國公，相婚配門當戶對。若如《新唐書》所言，竇氏視舅父如生父，聞知殺父仇人登基（581 年），悲憤之情不能已，只恨自

〔註33〕《新唐書·列傳第一·后妃上·太穆竇皇后》。
〔註34〕大業九年（即 614 年）。唐高祖已遭猜忌，才記起竇氏生前的提醒，開始行賄保官保命，據此推算竇氏應該在 613 年左右去世。

己是女兒身，不能救舅家之禍，而竇氏父親必然是在生前（582 年）爲女兒安排「雀屛」選婿一事，如此推算的話，竇氏如喪考妣與喜迎新婚幾乎在同一年，其之前的「哀毀如生」的孝心就大打折扣了；竇氏與李淵訂婚之時，武帝已去世，竇氏失去了皇親國戚的身份，此時其父親竇毅的官職只是定州總管，與李淵的身份〔註35〕相比，門戶相差太遠。因此，《舊唐書》之說較爲可信。由是推之，舅父如此鍾愛竇氏，以及父親誇讚她「才貌如此」或「有奇相，且識不凡」，一是指竇氏頭髮異長，剛出生時便髮長過頸，三歲的時候便與身高等長，這是一種異象，而異象的出現往往是某種重大事件的徵兆，此處可能是預示她所嫁之人將成爲大唐王朝的開國皇帝；二是指竇氏那番曉之以理動之以情的諫言，小小年紀就有如此胸襟、眼見、謀略和膽識，實在讓父母大爲歡喜，可惜她在丈夫榮登帝位之前就已去世。

　　第三類，父母喜歡懂得察言觀色的機靈女兒。古代帝王政務繁忙，且子女眾多，女兒要得到父親的認可是很不容易的。爲爭得父親的寵愛，女兒們需機智聰明，瞭解父親脾性，各顯其能。唐太宗之女晉陽公主，「未嘗見喜慍色。帝有所怒責，必伺顏徐徐辯解，故省中多蒙其惠，莫不譽愛。」〔註 36〕唐代宗之女華陽公主，「韶悟過人，帝愛之。視帝所喜，必善遇；所惡，曲全之。」〔註 37〕晉陽公主是唐太宗最寵溺的女兒，由唐太宗親自撫養長大。晉陽公主內斂有急智，瞭解父親是一位從諫如流的賢君，所以她能夠見機行事，像長孫皇后一樣迂迴委婉進言，在一定程度上，既保護了挨罵的臣子，也助成了父親的帝業。唐代宗即位之時，唐朝已呈現衰敗之勢，安史之亂、藩鎮割據、吐蕃迴紇侵擾，內憂外患，一波未平一波又起，唐代宗可謂心力交瘁，其身邊的人皆需小心謹慎，一言不慎就可能觸怒龍顏。華陽公主要討好父親，就必須細心觀察父親的喜惡，投其所好，避其所惡，曲意逢迎，戰戰兢兢如履薄冰，不能再如晉陽公主一般從容諫爭。若不懂得察言觀色，有時候討好之舉會適得其反，比如唐代宗之女齊國昭懿公主因爲不懂得皇帝當時的喜

〔註35〕李淵的母親與隋文帝的皇后是親姐妹，所以李淵很受重用，屢居要職。《舊唐書·高祖本紀》：「文帝獨孤皇后，即高祖從母也，由是特見親愛，累轉譙、隴、岐三州刺史。」《新唐書·高祖本紀》：「隋文帝獨孤皇后，高祖之從母也，以故文帝與高祖相親愛。文帝相周，復高祖姓李氏，以爲千牛備身，事隋譙、隴二州刺史。」
〔註36〕《新唐書·列傳第八·諸帝公主·晉陽公主》。
〔註37〕《新唐書·列傳第八·諸帝公主·華陽公主》。

惡，「憲宗即位，獻女伎，帝曰：『太上皇不受獻，朕何敢違？』還之」〔註38〕，拍馬屁拍到了馬腿上。

　　第四類，父母喜歡光耀門楣的女兒。《孝經》中說，「孝之終」是「立身行道，揚名於後世，以顯父母」，那麼怎樣才能「光榮其親」呢？南朝的皇侃說：「若生能行孝，沒而揚名，則身有德譽，乃能光榮其父母也。」〔註39〕《禮記·內則》曰：「父母雖沒，將為善，思貽父母令名，必果；將為不善，思貽父母羞辱，必不果。」即使在父母去世以後，子女仍需考慮到自己的德行是否有辱父母名聲，所以要「擇其善者而為之，擇其不善而改之」。唐代女性結婚之後，雖以夫家為主，但與本家（父母家，或說娘家）仍有緊密的聯繫，女子離婚，或是無子守寡之後，按唐律，是要歸宗的，也就是回父母家，若是犯了「七出」而被休，不僅女子沒有顏面，也會讓娘家人沒有顏面，父母會以她為恥。所以，女兒出嫁之後，父母仍關注女兒在夫家的表現，而女兒在夫家也會盡可能地循規蹈矩不使父母蒙羞。正如班昭在《女誡》的序言中說到：「今四十餘載矣，戰戰兢兢，常懼黜辱，以增父母之羞，以益中外之累」，女子在夫家小心謹慎地服侍，時常擔心自己做得不夠好而被夫家遣退，貽羞於父母。帝王家的女兒比較特殊，有的依仗自己特殊的身份，在夫家恣意妄為，雖然夫家不敢管束公主，但皇帝會對辱沒家風的公主嚴加懲治，比如唐德宗的女兒魏國憲穆公主，「下嫁王士平，主恣橫不法，帝幽之禁中」；唐順宗的女兒襄陽公主（始封晉康縣主），「下嫁張孝忠子克禮。主縱恣，常微行市里。有薛樞、薛渾、李元本皆得私侍，……穆宗幽主禁中。」如果公主在夫家「以孝聞」，則會得到皇帝的表彰，如唐太宗的女兒襄城公主，「下嫁蕭銳。性孝睦，動循矩法，帝敕諸公主視為師式」〔註40〕。此外，女性不惜生命的孝烈之舉，也與光耀門楣有關，比如《新唐書》中彥昭的女兒高愍女妹妹年僅七歲，絕不忍辱偷生，堅持與母親兄長一起受刑，並向父親所在的方向跪拜然後受死，不給父親留下後顧之憂，以成就父親忠君大義；《新唐書》中殷保晦的妻子封氏，被叛賊俘獲，「賊悅色，欲取之」，她嚴詞拒絕，並罵叛賊說：「我，公卿子，守正而死，猶生也，終不辱逆賊手！」她臨死不懼，誓守家風。

〔註38〕　《新唐書·列傳第八·諸帝公主·齊國昭懿公主》。
〔註39〕　《十三經注疏·孝經注疏》，第4頁。
〔註40〕　《新唐書·列傳第八·諸帝公主·襄城公主》。

在兩《唐書》中，史官著意記錄女兒討父母歡心的德行，或是記錄父母對女兒德行的喜惡態度，是標榜理想的女兒人格典型，以正教化。

第二節　不嫁養親

女兒養親之禮，《禮記·內則》中說：「男女未冠笄者，雞初鳴，咸盥、漱、櫛、縱、拂髦；總角、衿纓、皆佩容臭，昧爽而朝，問：『何食飲矣？』若已食則退，若未食，則佐長者視具。」這是女子在沒有訂婚許嫁之時的事親之禮，重在對父母生活起居的服侍。《女論語·事父母章》用簡單明瞭的語言對女兒養親的義務做了闡述：「女子在堂，敬重爹娘，每朝早起，先問安康，寒則烘火，熱則扇涼，饑則進食，渴則進湯。」女子初婚之時〔註41〕，父母一般較爲年輕，而孀居歸家之後（夫死無子的女性原則上是歸宗），父母可能已經年邁多病了，這時候，侍奉父母應考慮父母憂其光景無多的心情，日常服侍要比初嫁前更加細心，「補聯鞋襪，做造衣裳，四時八節，孝養相當。父母有疾，身莫離床，衣不解帶，湯藥親嘗，禱告神祇，保祐安康」，季節溫度變化之時要及時爲父母準備更換的衣物，勿使父母受寒；父母老人消化較慢，要調理好父母的飲食，不能讓父母過饑或過飽；老人遇節則悲，逢年過節的時候，孝養父母要跟平時一樣好，讓父母樂而忘老；父母生病的時候，要常伴左右，勿使父母感覺寂寞孤老遭人厭棄。這是家有同輩兄弟等男丁〔註42〕的情況下，女兒孝養父母的義務；如果家無男丁，女兒應如何盡孝？

針對這種特殊情況，禮法並沒有規定女性應如何應對。若是「動則合禮」，那麼女子將會手足無措，空受心急憂慮之苦。據兩《唐書》記載，女子在室時，父母若是有疾病或年老，精心侍候，是常理，若遇此種特殊情況，唐代統治階級鼓勵以孝親爲重，使那些爲了奉養親人而不結婚或是結了婚特意離婚的女性名留青史。

一、不嫁之不易

據《禮記·內則》載，女子應「十有五年而笄，二十而嫁，有故，二十三

〔註41〕據萬軍傑《唐代女性的生前與卒後》（p17）一書研究結果，唐代女性初婚年齡最爲集中的是14～19歲。
〔註42〕21歲爲丁，這裡的男丁指成年的健康男性。

年而嫁」〔註43〕，姑娘十五歲左右一般應訂婚，除非先後緊接著居父母之喪才可推遲三年〔註44〕，女子二十歲一般都得嫁人。女兒大了還滯留家中，父母會很著急，輿論壓力很大。此外，嫁到夫家，若是沒有生兒育女的話，女性就可能因「七出」之「無子」而遭夫家休妻，或是勉強接受丈夫納妾，通過撫養妾室的子女來穩固在夫家的地位。從女子自身角度出發，也希望自己能婚姻幸福傳宗接代。在封建社會，女性常被認為是生育工具或是政治聯姻中的棋子，要選擇一種有價值的非婚姻生活，是很難的。即使文明開放如現代，雖然結婚與否被認為是一種個人選擇，但社會仍對逆常理的「不婚族」或多或少有微詞。那麼在封建社會的全盛時期──唐代，女性是不是一定要結婚生育？不婚不育的女性價值何在？社會是怎樣看待這些不婚不育的女性呢？

《周易》曰：「天地之大德曰生」，天地最大的美德是孕育生命，並承載和維持生命的延續，而陰陽和合，男女交媾生兒育女，才能使人類的生命延續下去，生生不息。從類的高度看，女性肩負了人類物種延續之重責。女性婚育問題不再是個人問題，而是人類社會的大問題。在封建社會，人口和戶籍是國家財政收入的重要來源，而冷兵器時代，人口也是一國戰鬥力的重要保障，所以人口的增減是衡量生產發展的重要標誌之一。春秋時，《國語・越語上・句踐滅吳》中記載，越王句踐為了加快人口增殖，「令壯者無取老婦，令老者無取壯妻；女子十七不嫁，其父母有罪；丈夫二十不娶，其父母有罪。將免者以告，公令醫守之。生丈夫，二壺酒，一犬；生女子，二壺酒，一豚；生三人，公與之母；生二子，公與之餼。」〔註45〕女子十七歲、男子二十歲還不嫁娶的話，其父母將受到懲罰，倘若嫁娶，反對老夫少妻或是少夫老妻的模式，這樣不利於人口增殖；政府獎勵多生，生男生女都一樣，並為懷孕分娩婦女提供免費的醫療保障。漢代時，《漢書・惠帝紀》中記載：「女子年十五以上至三十不嫁，五算。」漢代認為，女子的最佳生育年齡是 15 到 30 歲，在這個年齡段如果不嫁人的話，就要交五倍的賦稅，以此法促使人民繁息。西晉時，《晉書・帝紀第三・武帝》中記載：「制女年十七父母不嫁者，使長吏配之」。女子十七歲還沒出嫁的話，地方官員就有權強制為其選擇配偶。

〔註43〕《十三經注疏・禮記正義》，第 871 頁。

〔註44〕十三經中《儀禮注疏・喪服》中作了解釋，父母之喪三年實際上指二十五個月，所以女兒需是先後緊接著居父母之喪才可將嫁人時間延遲到二十三歲。

〔註45〕《國語・越語上・句踐滅吳》。

　　初唐時期，因爲隋末戰亂，人口損失嚴重，統治者通過各種途徑鼓勵人口增殖，使適婚男女最大限度地實現婚配，進行人口生產。據《唐會要‧嫁娶》記載，唐太宗規定：

> 　　男年二十、女年十五已上，及妻喪達制之後，孀居服紀已除，
> 並須申以婚媾，令其好合。若貧窶之徒，將迎匱乏，仰於親近鄉里，
> 富有之家，哀多益寡，使得資送。其鰥夫年六十、寡婦年五十已上，
> 及婦雖尚少，而有男女，及守志貞潔，並任其情，無勞抑以嫁娶。
> 刺史縣令以下官人，若能婚姻及時，鰥寡數少，量准戶口增多，以
> 進考第；如導勸乖方，失於配偶，准戶減少附殿。〔註46〕

唐玄宗開元十九年將結婚年齡下降到「男年十五，女年十三」。爲了人口增殖，唐朝統治者鼓勵早婚、再婚，並將人口增長納入地方官員政績考量的指標。地方官員從自身仕途考慮，除了50歲已上的女性〔註47〕以及少數需要撫養孤兒的寡母和守志貞潔的寡婦外，是不希望女性處於「未婚」狀態〔註48〕的。

　　在唐代，女子的未婚與男子的未婚其意義和性質有所不同，有時配偶雙方，女方聲稱自己「已婚」時，男方卻可聲稱自己「未婚」。男女這種不對等狀態是封建禮法造成的，唐律182條規定，「娶妾仍立婚契」〔註49〕，對女方來說婚契即是「已婚」的證明，從此以夫爲天，不可擅離，但是對男方來說，「妾通買賣」，他只是「買妾」而非「娶妻」，所以家中若是有妾無正娶之妻，男子仍可自稱「未婚」。例如，據《唐代墓誌彙編》‧長慶006《唐故宋州單父縣尉李公招葬墓誌銘並序》記載，李會昌「以官薄未娶」，但卻有二個女兒；據《唐代墓誌彙編續集》咸通043《唐故朝請郎試太常寺協律郎蕭公墓誌銘並序》記載，「蕭弘愈未婚」，但卻有一個兒子可以傳宗接代；據《唐代墓誌彙編》開元350《唐故朝散郎行潞州長子縣尉太原王公墓誌銘並序》記載，王怡

〔註46〕《唐會要》卷八十三《嫁娶》。又見《新唐書‧太宗紀》《通典》卷五九《男女婚嫁年紀議》。

〔註47〕爲什麼女性五十歲已上，就不在督促她們婚嫁了呢？唐人孔穎達在《禮記正義‧內則》的注疏中解釋到：「五十始衰，不能孕也。」（《十三經注疏‧禮記正義》，第859頁。）

〔註48〕「未婚」狀態可分爲兩種情況：一種是終身未婚；一種是有過婚史，因故單身，沒有再結婚。

〔註49〕〔唐〕長孫無忌等撰 劉俊文點校，唐律疏議〔M〕，北京：中華書局，1983：262。（因爲該版本《唐律疏議》引用較爲頻繁，所以在之後的注釋中不再重複責任人、出版社和出版時間。）

發願「必擇賢偶」，所以「竟未結褵」，沒有正式娶妻，但是卻有一個兒子；據《唐代墓誌彙編》天寶 009《唐故吏部常選滎陽鄭公墓誌銘並序》記載，鄭瑨因爲想要「娶於卿相，故逾既立未婚」，但卻有兒子；等等。〔註50〕他們的兒女便是妾（墓誌銘中有時稱「侍巾」）所生，因此有妾無妻並不影響男性家族傳宗接代和人口繁衍。然而，有些家貧的男子並無資財娶妻納妾，所以《唐會要卷八十三·嫁娶》中唐太宗的制度導向主要是資助貧窮男子娶妻，鼓勵未婚和孀居女子早婚、再婚。

此外，唐代有兩種特殊的未婚女性群體——女冠和尼僧，據《新唐書·百官志》記載，唐代道觀有 1687 座，男道士有 776 人，女道士有 988 人；佛教寺院有 5358 座，男僧有 75524 人，女尼有 5576 人。她們受宗教庇護，不受禮法約束，有的社會交往自由，生活作風淫亂，擾亂綱常次序，敗壞社會風氣，致使想行正道的單身女性更難立身處事。

二、不嫁養親類型

按常理來說，女子有適人之道，應該嫁人繁衍生命，所以古代女子不婚不育，不僅女性自身承受著巨大的社會和家庭壓力，與現代相比，更難爲社會所接受。但是在唐代，血親至上的觀念使得社會將對父母之孝擺在第一位，如果家中沒有同輩兄弟，那麼女兒主動承擔起孝養父母的責任是情理之中的。統治階級褒獎因爲孝養親人而不結婚的女性，認可她們放棄追求個人幸福的權利以成就孝道的犧牲奉獻精神，認爲這種不嫁養親的孝行具有極大的社會價值，值得推廣。兩《唐書》中不婚養親的孝行大致可分爲三種情況：

（一）不嫁養母老

父沒母存，家無昆弟，母親老無所依，女兒到了婚齡卻發誓不嫁人，請求在家侍奉母親終老。比如《新唐書》中汴女李氏的例子：

> 汴女李者，年八歲父亡，殯於堂十年，朝夕臨。<u>及筓，母欲嫁之。斷髮，丐終養。</u>居母喪，哀號過人，自庀葬具，州里送葬千餘人。廬於墓，蓬頭，跣而負土，以完園塋，蒔松數百。武后時，按察使薛季昶表之，詔樹闕門閭。〔註51〕

〔註50〕萬軍傑，唐代女性的生前與卒後——圍繞墓誌資料展開的若干探討〔M〕，天津：天津古籍出版社，2010：178。
〔註51〕《新唐書·列傳第一百三十·列女·汴女李》

與《舊唐書·列女傳》相比，《新唐書·列女傳》新編入了 21 位女性，汴女李氏即是《新唐書》中新編入的事例。汴女李氏，類似於時下電視節目「感動中國」中的人物，從八歲到母亡，汴女李氏行孝幾十年如一日，默默無聞且貧困交加，忽然有一日被地方官員發現並重視了，然後受到旌表，從此揚名，她的機遇是本人孝行與社會對此類美德的需求相呼應的產物。從時間上考察，薛季昶是武則天稱帝初年為強化統治破格提拔的酷吏之一，他任河北道按察使的時間大概在萬歲通天元年（696 年）〔註52〕到久視元年（700 年）〔註53〕之間，所以薛季昶上表汴女李氏孝行的時間是在武則天稱帝後內部政權漸趨穩定的時期。而這個時期，統治者非常重視儒家綱常倫理在維護社會穩定中的重要作用，褒揚孝行，為社會樹立典範，希望民心重孝向善。

　　兩《唐書》之前，在唐代修的 8 部正史中〔註54〕，僅李延壽私修的《南史》中記載了一例「不嫁養親」的女性。「會稽陳氏三女」與「汴女李」事跡相類似，書寫風格卻迥異：

> 又會稽寒人陳氏，有三女，無男，祖父母年八九十，老無所知，父篤癃病，母不安其室。遇歲饑，三女相率於西湖採菱蓴，更日至市貨賣，未嘗虧怠。<u>鄉里稱為義門，多欲娶為婦。長女自傷煢獨，誓不肯行。</u>祖父母尋相繼卒，三女自營殯葬，為菴舍居墓側。〔註55〕

兩個事例都包含不嫁、養老、廬墓三個要素，但《南史》中會稽陳氏三女的故事著重描寫三女勤儉營家，其孝行貴在持之以恒毫不懈怠，入情入理，像

〔註52〕武則天萬歲通天元年，夏官郎中侯味虛帶兵討伐北方的游牧民族契丹，吃了敗仗。為了掩飾敗績，侯味虛妄稱契丹行軍打仗有蛇虎為先導，所以無法抵敵。武則天厭惡侯味虛的拙劣詭辯，就派薛季昶為河北道按察史，專門調查這次敗軍事件。

〔註53〕薛季昶出使河北回朝後，遷升御史中丞，不久，又因過失貶遷為定州刺史。久視元年（700 年）。他遷任雍州長史。

〔註54〕唐代所修的 8 部正史：《梁書》《陳書》《北齊書》《周書》《隋書》《晉書》《南史》《北史》，其中前 6 部是唐太宗時期官修的，後兩部是李延壽等人私修的。史官所處時代的價值標準對列女傳記的編寫有一定影響。類似事件，不同的書寫，在一定程度上能反應不同時代的價值標準。《南史》中「會稽陳氏三女」的事例與《新唐書》中「汴女李」的事例極其類似，可書寫風格完全不同。後晉和北宋修的兩部唐史，雖然取材於唐代，但在一定程度上留下了史官所處時代的價值印跡，通過與唐代所修史書的書寫風格比較，希望能更接近唐代對女性規範的原貌。

〔註55〕《南史·列傳六十三·孝義上》。

是鄰家懂事的女兒，讀者熟知其日常生活，整個人物形象很飽滿，而《新唐書》中汴女李氏的故事著重描寫其英烈之舉的細節，比如「斷髮」「哀號過人」「蓬頭，跣而負土」，以其激烈的表現形式來凸顯孝的卓異，傳文不涉及她生活的其它方面，人物形象很乾癟。唐人的書寫較為客觀、周全，強調孝養，宋人的書寫只取可用於教化的片段，凸顯孝烈。

　　由這兩則事例觀之，為父母養老似乎妨礙了女兒追求個人婚姻幸福，那麼，女子結婚與養老是否衝突呢？此種養老方式是不是最符合人情的方式呢？

　　據《唐代墓誌彙編》咸通 107《唐故清河張氏墓誌銘並序》記載：

> 清河張氏，號紫虛。故邕管幕吏廷尉評清河崔府君洧之側室，故左神武將軍王府君寓夫人清河郡君之母也。……所生三女：長適故徐州司馬京兆韋知退，季適前陳州宛丘令遼東李存彥，清河郡君實次女焉。發於孝心，能勤色養，故聖善早依於王氏，甘柔皆備於諸孫。郡君執奠長號，銜恤在疚，以膚情怊子族，盡熟令猷，俾具荒詞，載刊貞石。〔註56〕

張紫虛是崔洧的妾，她有三個女兒，皆嫁給有功名的人，次女婿王寓功名最高，且其次女也被封為清河郡君。又據《唐代墓誌彙編》開成 001《唐故邕管招討判官試左清道率府兵曹參軍清河崔公墓誌銘並序》記載，崔洧家庭並不富裕，負擔很重，為了供養孀姐、幼弟、孤侄，15 歲便參加工作，終身未婚，只有妾室。崔洧死的時候，張紫虛才 31 歲，這時三個女兒年齡與「汴女李」相仿。張紫虛享年 68，共寡居 37 年，在這漫長的寡居時間裏，她勤儉持家，將三個女兒先後嫁給體面人家，自己隨次女（清河郡君）養老。三個女兒既有出息，又非常孝順，在她死後，女兒們運用自己的影響力，使身為妾室的母親能風光地葬進崔氏祖墳，埋在父親塋地的旁邊，雖未同穴合葬，但僅「咫尺之遙」，已是難得。

　　張紫虛的三個女兒無須像「汴女李」一樣為了給母親養老而不嫁人，她們嫁人後也能很好地為母親養老送終，嫁人與養老並不矛盾。但是這種皆大歡喜的事例很難載入史冊，似乎沒有付出一定代價，即使是美好的德行，也很難受到重視，直至今日，這種敘寫模式並未得到徹底改善。出現這種現象，

〔註56〕萬軍傑，唐代女性的生前與辛後──圍繞墓誌資料展開的若干探討〔M〕，天津：天津古籍出版社，2010：179。

不是因爲人們喜歡看到別人受傷受難，或許是因爲某種邪惡的心理平衡：「她（他）憑什麼？」

在「汴女李」與「會稽陳氏三女」兩例中，汴女李的母親見自己的女兒到了婚配年齡，打算將她嫁人，可是汴女李以「斷髮」〔註 57〕的決心向母親發誓寧死不嫁，請求爲母親養老送終；會稽陳氏三女的孝行在當地名聲很好，很多人想娶她們爲妻，可是三女自憐身世，孤苦無依，可能是擔心嫁到夫家後受委屈，不願意結婚。「汴女李」和「會稽陳氏三女」她們不結婚，是一種自主選擇的結果。唐代女性有相對較多的自由，此爲一例證。女子在婚姻問題上有一定的自由，雖然包辦婚姻、媒妁之言仍是主流，但是女子除了結婚生子這一傳統人生模式，還可以選擇不結婚〔註 58〕，無須附屬於男性，具有獨立價值，並在一定程度上按照自己的意志生活。

（二）離婚侍父疾

既嫁夫家，女兒得知父親有疾病，主動提出與丈夫離婚，離開夫家回到娘家，照顧父親終老。比如夏侯碎金的例子：

> 劉寂妻夏侯氏，滑州胙城人，字碎金。父長雲，爲鹽城縣丞，因疾喪明。碎金乃求離其夫，以終侍養。<u>經十五年</u>，兼事後母，以至孝聞。及父卒，毀瘠殆不勝喪，被髮徒跣，負土成墳，廬於墓側，每日一食，<u>如此者積年</u>。貞觀中，有制旌其門閭，賜以粟帛。（《舊唐書·列傳第一百四十三·列女·劉寂妻夏侯氏》）

> 劉寂妻夏侯，滑州胙城人，字碎金。父長雲爲鹽城丞，喪明。<u>時劉已生二女矣</u>，求與劉絕，歸侍父疾。又事後母以孝稱。<u>五年父亡</u>，毀不勝喪，被髮徒跣，身負土作冢，廬其左，寒不綿、<u>日一食者三年</u>。詔賜物二十段、粟十石，表異門閭。<u>後其女居母喪，亦如母行，官又賜粟帛，表其門。</u>（《新唐書·列傳第一百三十·列女·劉寂妻夏侯氏》）

兩《唐書》同時記載了這個例子，可史官對故事有所改編。《舊唐書》中認爲，夏侯碎金精心侍奉病父和後母十五年之久，路遙知馬力，與《新唐書》中的五年相比，更可見其孝心的眞誠；按禮制，爲父居喪三年屬正常，而且廬墓

〔註 57〕斷髮是施加給自己的懲罰，古代有「有割髮代首」的說法。
〔註 58〕唐代女子如果不想結婚，還可以選擇成爲女冠或是尼僧，過一種宗教生活。

現象在唐代已經漸多〔註59〕，《新唐書》中盧墓三年與《舊唐書》盧墓多年相比，並未超越一般的人情範圍；《新唐書》中強調夏侯碎金與丈夫離婚的時候，已經生養了兩個女兒，凸顯夏侯碎金離婚歸宗時情感上的糾結與不易，並爲之後夏侯碎金的女兒仿傚母親的孝行爲母居喪做了鋪墊。

　　史官在記錄這個故事的時候，暗含了對一個倫理難題的價值取向：父親與丈夫，孰輕孰重？女子理應未嫁從父，既嫁從夫，那麼結婚之後，應不應該繼續贍養本家父母？關於這個倫理難題，曾經有一個典故：

　　　　厲公四年，祭仲專國政。厲公患之，陰使其婿雍糾欲殺祭仲。
　　糾妻，祭仲女也，知之，謂其母曰：「父與夫孰親？」母曰：「父一
　　而已，人盡夫也。」女乃告祭仲，祭仲反殺雍糾，戮之於市。厲公
　　無奈祭仲何，怒糾曰：「謀及婦人，死固宜哉！」〔註60〕

雍姬知道丈夫欲圖謀殺害父親，於是問母親，父親與丈夫孰親，母親告訴她，「父一而已，人盡夫也」，父親只有一個，應以父親爲重。這與儒家的婦德觀是相衝突的，《女孝經·三才章第七》中說：「夫者，天也，可不務乎？古者女子，出嫁曰歸，移天事夫，其義遠矣」，女子出嫁之後，就將以父爲天移至以夫爲天，而且要從一而終，不再易天，女子此後與本家的關係就疏遠了。《女孝經》雖是唐人的作品，但在唐時流傳並不廣。唐代女子婚後以夫家爲主在觀念上是深入人心的，但是女性與本家父母之間的感情是自然親情，此情根於人的天性，唐代重人情和血親的觀念爲唐代女性在兩難選擇中偏向於本家提供了思想和情感基礎。此外，因爲婚姻結合的動因是複雜的，本家稍有勢力的女性在出嫁之後仍在一定程度上受到本家的保護和干涉，並未完全脫離本家，仍是娘家的一份子，〔註61〕很多時候夫家也樂意女性與娘家多聯繫以助其仕途的發展和兩家利益關係的穩固。在兩《唐書》中，楊慶妻王氏的事例也屬於丈夫與本家的兩難抉擇：

　　　　楊慶妻王者，世充兄之女。慶以河間王子爲郇王，守滎陽，陷
　　於世充，故世充妻之，用爲管州刺史。太宗攻洛陽，慶謀與王歸唐，
　　謝曰：「鄭以我奉箕帚者，綴公之心，今負恩背義，自爲身謀，可若

〔註59〕盧墓現象將在第二章第三節「哀毀過禮」中具體談到，這裡略寫。
〔註60〕《史記·世家第十二·鄭世家》。
〔註61〕此觀點與陳弱水在《隱蔽的觀景——唐代的婦女文化與家庭生活》一書中的觀點相契合，該書的上卷專門論述了「隋唐五代的婦女與本家」，本書不再重複論證唐代女性與本家之間千絲萬縷的關係。

何？至長安，則公家婢耳，願送我還東都。」慶不聽，王謂左右曰：
「唐勝則鄭滅，鄭安則吾夫死，若是，生何益？」乃飮藥死。慶入
朝，官宜州刺史。〔註62〕

雍姬與楊慶妻王氏的婚姻在很大程度上是一種政治聯姻，本家將其嫁到夫
家，本來就暗含著監視和牽制丈夫之義，女性在情感和道義上選擇更偏向於
本家乃情理之中。可惜的是，雍姬向父親告密之後，父親反過來殺害了她的
丈夫，楊慶妻王氏沒有牽制住丈夫叛逃之行，反而讓自己深陷敵營，最後左
右爲難飮藥自殺。女性在同時盡爲女與爲妻的責任時，很難兩全其美。

　　《新唐書》中「夏侯碎金」的傳文在調和從父與從夫二者的矛盾，將十
五年改爲五年父亡，廬墓積年改爲三年，是爲了說明夏侯碎金照顧父親和爲
父親居喪的時間加起來並不是太長，八年之後，夏侯碎金可能重新回到丈夫
劉寂家，繼續相夫教女，這樣安排的話，夏侯碎金既以血親爲重，盡了爲女
之責，又不忘夫婦之道，盡了爲妻爲母之責。此外，「後其女居母喪，亦如母
行」，說明夏侯碎金歸夫家之後，教女有方，將美好的德行傳承下去了。女子
是孝女的話，就能成爲賢妻良母，男子是孝子的話，就能成爲忠臣，這是統
治階級大力弘揚「孝」的核心所在。

　　《新唐書》看似成功地將其調和成一幅兩全其美的和諧畫面，其實不然。
其一，據唐制規定，在室女服父喪是斬衰三年，服母喪是齊衰三年，服「出
母」（已與父親離婚的母親）喪是心喪三年，〔註63〕夏侯碎金服父喪是斬衰三
年，而「其女居母喪，亦如母行」，不管其女是否出嫁，她爲母親居喪都不可
能「如母行」，因爲「家無二尊，喪無二斬」〔註64〕的原則，即使是以「孝」
的名義，爲母親居喪之禮絕不可超越爲父親居喪之禮，在這裡將其改爲「後
其女居父喪，亦如母行」較爲合乎情理，但是這樣似乎會弱化夏侯碎金孝行
的感染力和「回報」（女兒對其的敬重）。其二，夏侯碎金父親死之時，繼母
還健在，而「繼母如母」，如果夏侯碎金回歸夫家，孤苦無依的寡母誰來孝養？
如果是將繼母接到夫家奉養，這也是一種難得的孝行，史書中應該會順便記
上一筆，可是並沒有做安排。而《舊唐書》避免了這一矛盾，回父親家居住

〔註62〕《新唐書‧列傳第一百三十‧列女‧楊慶妻王》。
〔註63〕喪服的具體分析參見第二章第三節。
〔註64〕《舊唐書‧志第七‧禮儀七》：「且家無二尊，喪無二斬，人之所奉，不可貳
　　　　也。特重於大宗者，降其小宗；爲人後者，減其父母之服；女子出嫁，殺其
　　　　本家之喪」。

十八年以上後，沒有女兒需要掛念，夏侯碎金再歸夫家的可能性極小，爲父親居喪積年之後，仍以至孝奉養繼母，徹底地貫徹了以親情爲重的孝親之舉。

（三）不嫁養姊弟

父母早亡，女子爲了照顧同輩姐弟而不結婚或是不再婚，於親也悌也。

《新唐書‧列傳第一百三十‧列女》中說：「女子之行，於親也孝，婦也節，母也義而慈，止矣。」社會對女子之「孝」有所要求，但對女子之「悌」卻並無要求，那麼儒家「兄友弟恭」式的「悌」僅限於男性嗎？

從詞源上考察，東漢許愼的《說文》對其解釋爲：悌，善兄弟也。在古代經典文獻中「悌」常與「弟」通用，《說文》中說：「弟，韋束之次弟也」〔註65〕。清代文字訓詁學家段玉裁在《說文解字注》中對這句話的注解是：「以韋束物，如輈五束、衡三束之類，束之不一則有次弟也。引申之爲凡次弟之弟、爲兄弟之弟、爲豈弟之弟。」〔註66〕「韋」即皮條或皮繩子，而「束」是捆紮、捆綁的意思，那麼「韋束」就是用皮繩捆綁物品。不同的物品，皮繩束繞的圈數不一樣，以此而有「次弟」，便於分辨物品。後來與其它詞連用，有了新的引申義，如次第之第表次序、兄弟之弟表比自己年齡小的男子、愷悌之悌表和樂平易等。但近代古文字學家朱芳圃在《殷周文字釋叢》一書中認爲：「按弟像繩索束弋之形。繩之束弋，展轉圍繞，勢如螺旋，而次弟之義生焉。許說失之。」〔註67〕朱芳圃認爲，「弟」像皮繩螺旋捆束木椿（「弋」）的形狀，而用皮繩捆束物品，是一圈一圈輾轉纏繞上去的，因而有了次第順序。從這些解釋中可以看出，「弟」本源之義主要是表次弟順序，並不強調男女性別。雖然《說文》中的「悌」是指善事兄長，但從廣義來說，「孝，德之始也，悌，德之序也」（《孔子家語‧弟子行》），孝悌之「悌」可理解爲兄弟姊妹要長幼有序，各安其位，各司其職，各得其所，名實相符。

據《論語‧學而》記載，孔子的弟子有若說：「其爲人也孝悌，而好犯上者，鮮矣。不好犯上，而好作亂者，未之有也。君子務本，本立而道生。孝悌也者，其爲仁之本與！」〔註68〕孝悌是實現仁的根本，孝悌之人，孝於父

〔註65〕〔漢〕許愼撰、〔清〕段玉裁注，說文解字注〔M〕，上海：上海古籍出版社，1981：236。

〔註66〕〔漢〕許愼撰、〔清〕段玉裁注，說文解字注〔M〕，上海：上海古籍出版社，1981：236。

〔註67〕朱芳圃，殷周文字釋叢〔M〕，北京：中華書局，1962：82。

〔註68〕《十三經注疏‧論語注疏》，第3頁。

母，順於兄長，其爲人性必恭順，所以不好犯上作亂，這樣社會才能安定和諧。怎樣才能做到「悌」呢？曾子在《曾子·養老》中說：「夫悌者，不衡坐，不苟越，不干逆色，趨翔週旋，俛仰從命。不見於顏色，未成於悌也。」〔註69〕根據悌的要求，在各種禮儀場合，年幼者對年長者的敬意應在言行舉止間明確地表現出來。此外，「悌」不僅僅指對血親意義上的兄弟姐妹要互敬互愛，孔子在《論語·學而》中說到：「弟子入則孝，出則悌，謹而信，泛愛眾而親仁」〔註70〕，「入則孝，出則悌」不是指在家要孝敬父母，出門要敬重兄長，而是指入則孝悌，出亦孝悌，也就是孔子在《孝經·廣至德章》中說的「教以孝，所以敬天下之爲人父者也。教以悌，所以敬天下之爲人兄者也」〔註71〕，要泛愛眾人，不獨親其親，使孝悌之心超越一般的家庭範圍，推及到宗族、國家以至天下。

然而，男女的社會交往程度是不一樣的，男子有著廣泛的社會交往，「四海之內皆兄弟」（《論語·顏淵》），而女子的交往大多限於家庭成員之間，偶而有家族成員和鄰里之間的交流。所以，從政治教化的高度來談「悌」的重要性，「君子之事親孝，故忠可移於君；事兄悌，故順可移於長；居家理，故治可移於官」〔註72〕，「孝子善事君，弟弟善事長」（《曾子·養老》），「善父母爲孝，善兄弟爲友。夫善於父母，必能隱身錫類，仁惠逮於胤嗣矣；善於兄弟，必能因心廣濟，德信被於宗族矣。推而言之，可以移於君，施於有政，承上而順下，令終而善始，雖蠻貊猶行焉，雖窘迫猶亨焉！自昔立身揚名，未有不偕孝友而成者也」〔註73〕等，主要是對男性而言。那麼，史書中褒獎女性「悌」的德行，其旨向何在呢？女子有「悌」德，在室就會與兄弟姐妹互敬互愛，出嫁就能與叔妹以及丈夫的其它妻妾和睦相處，對外則能睦鄰友好，家到正，則天下興。此外，「君惠臣忠、父慈子孝、兄友弟恭、夫義婦順、朋友有信」這「五倫十教」雖然是指多種不同的具體德行，但它們並不是分離獨立的，而是都圍繞著「仁」這個核心。悌也是如此，悌雖然要「見於顏色」，在具體之行上要表現出來，但是其核心並未停留在現象之行上，而是直指人心，強調修心，旨在人人皆懷仁心。

〔註69〕陳桐生譯注，曾子·子思子〔M〕，北京：中華書局，2009：44。
〔註70〕《十三經注疏·論語注疏》，第7頁。
〔註71〕《十三經注疏·孝經注疏》，第45～46頁。
〔註72〕《十三經注疏·孝經注疏》，第46頁。
〔註73〕《舊唐書·列傳第一百三十八·孝友》。

「孝」「悌」二道是統一的,「悌」是建立在以父母血緣關係為前提的情感基礎上的,「悌」是「孝」一種的延伸,因「孝」而有「悌」。因此,作為女兒,不僅要孝養父母,還要與兄弟姊妹互敬互愛,養親不僅包括奉養父母,還包括對本家兄弟姐妹姊妹的撫養照顧。比如兩《唐書》中賈孝女的事例是不嫁撫養年幼的弟弟:

> 孝女賈氏,濮州鄄城人也。年始十五,其父為宗人玄基所害。其弟強仁年幼,賈氏撫育之,誓以不嫁。〔註74〕

賈氏姐弟相依為命,姐姐發誓不嫁人,撫養年幼的弟弟長大成人,一起共報父仇。又如兩《唐書》中冀州女子王阿足的事例是不嫁照顧年老的姐姐:

> 冀州鹿城女子王阿足者,早孤,無兄弟,唯姊一人。阿足初適同縣李氏,未有子而夫亡。時年尚少,人多聘之。為姊年老孤寡,不能捨去,乃誓不嫁,以養其姊。每畫營田業,夜便紡績,衣食所須,無非阿足出者,如此二十餘年。及姊喪,葬送以禮。鄉人莫不稱其節行,競令妻女求與相識。後數歲,竟終於家。〔註75〕

王阿足姐妹父母早亡,長姐如母,兩姐妹相依為命,情深義重。長大後各為人婦,可之後遭遇卻十分相似。長姐夫亡無子(或子亡),孀居在家,年老無人供養,妹妹雖年輕,但也是夫亡無子,回到娘家,兩姐妹同病相憐,不知流盡了多少眼淚。患難中的姐妹情義重千金,王阿足不忍離開孤苦無依的姐姐,獨自嫁人過幸福生活,所以她決定不再改嫁,像自己年幼的時候姐姐精心照顧她一樣,她要細心照顧年邁的姐姐。二十年如一日,敬養難在堅持,貴在持之以恒,可王阿足做到了。基於這種真摯的姐妹情義,王阿足不嫁養親之舉入情入理。正是這種自然的孝悌之情,能激發人心中的善與美,沒有近乎自殘的孝行表演,也能將孝義詮釋得很完整。

同鄉之人稱讚王阿足的節行,並讓自己的妻女向她學習,不僅因為她照顧姐姐以義,還因為她持家有道。傳文中說她畫耕夜織,白天跟男人一樣下田種地,晚上還做著女紅,這樣兩姐妹才能衣食無憂,而且在姐姐去世後,還能「葬送以禮」。雖然只有四個字,但其中包含了很多內容,可以通過與本節前文提到的「汴女李氏」比較窺知一二。汴女李氏父親死後,母親仍在,可是竟將父親的遺體「殯於堂十年」,這種違背入土為安喪葬習俗的行為並不

〔註74〕 《舊唐書·列傳第一百四十三·列女·孝女賈氏》。
〔註75〕 《舊唐書·列傳第一百四十三·列女·冀州女子王阿足》。

僅僅因爲汴女李氏思念父親不忍下葬〔註76〕，而是因爲她們家貧，無積蓄讓父親「葬送以禮」，此外，在她母親死後，她是「自庀葬具」「跣而負土」，自己準備葬具、挖墳埋土，雖然親自準備這些很難得，但沒有葬儀、葬樂，葬得有點寒酸。她十年朝夕哭喪，將太多的精力耗費在沒有下葬的父親上，以至於耽誤生產勞動，到母親死後也沒有積累家財爲雙親辦個體面的喪事。從這個角度來分析的話，汴女李氏一家在平時並無卓異的表現，甚至有虧婦道，不懂營家，所以傳文中沒有提及汴女李氏一家平日的表現，只記載了她異於常人的過激孝行。

在孝女賈氏與冀州女子王阿足兩例中，她們的孝行，是出於自然親情，還是禮法教育的結果呢？雖然禮法對人的行爲影響很深，但是人的行爲並不總是依照禮法行事，有些時候是依照人的感情來行事。尤其是一些女性，她們可能沒有讀過多少書，也沒有受過系統的禮法教育，其德行有時候僅是因爲人類自然情感，是種人道之舉。那麼，人道是怎樣形成的呢？人道將人性之惡排除出去，只留下了人性之善，並將這種善不斷擴充，以文化習俗的形式經年累月地傳承積澱下來，就成了現在我們認可的人道。時至今日，這種人道是無須反思的，也是經不起反思的。我們不能懷疑：爲什麼對父母要孝？對兄弟姊妹要悌？孝悌之道由最初少數美好的自然情感上升爲禮法的文化高度，又由文化傳播形式融入到大多數人的生活和血液中，變成另一種不爲人察覺的自然情感。文化的理想或許就是，經過歷代努力，人性能因此而淨化，溫存的親情能變得更加自然，人能踐行人道。

第三節　哀毀過禮

「生事愛敬，死事哀戚」，生老病死是人生的基本規律，那麼父母百年之後，「孝女」應如何盡哀戚之情？

〔註76〕牛志平在《唐代婚喪》一書中分析，「靈柩在殯宮停放的時間，似無明文規定，一般說來，達官顯貴和富裕人家因講求鋪張，停靈禮懺，及迷信風水或以久停爲孝等關係，比平民百姓需要較多的時日。……百姓之家由於喪葬簡單，原不需許多籌備的時間。同時停靈在家，不但房舍臨小，出入不便，多停一日多費一日的錢財；而且守靈之人，不得勞作，便要影響一家的生計。因此靈柩不便長停，一般以三日或七日爲限。當然，由於戰爭、病疫、貧困、忌避、親情等種種原因，也有一些『停喪不葬』者。……也有少數是以久停爲孝或積蓄錢財，以事厚葬者。」（西安：三秦出版社，2011：159～160。）

一、女子喪服禮制

古人「不忍言死而言喪」〔註77〕，「黃帝之時樸略尚質，行心喪之禮終身不變」，可到「唐虞之日，淳樸濺虧，雖行心喪，更以三年爲限」，而「三王以將，澆僞漸起，故制《喪服》以表哀情」，黃帝的時候，人心質樸，親人死後，行心喪之禮，內心哀戚之情終身不變，無需其它約束，而堯舜禹三王以後，「大道廢有仁義」，人心不古，所以需制定《喪服》之禮以規範哀情的表現形式，防止虛情假意。子女居父母之喪，服期爲三年〔註78〕，爲何是三年？

孔子的弟子宰我問孔子：「三年之喪，期已久矣。君子三年不爲禮，禮必壞；三年不爲樂，樂必崩。舊穀既沒，新穀既升，鑽燧改火，期可已矣。」宰我覺得服喪三年太久，容易耽誤事，認爲服喪一年就夠了。孔子便問宰我：「食夫稻，衣夫錦，於女安乎？」宰我覺得居喪一年之後，吃好的，穿好的，已經心安理得了。孔子於是對他說：「女安，則爲之！夫君子之居喪，食旨不甘，聞樂不樂，居處不安，故不爲也。今女安，則爲之！」（《論語・陽貨》）「貌以表心，服以表貌」〔註79〕，孔子認爲宰我心中已無哀悼之情，所以沒必要繼續身穿喪服做表面文章。居喪不是強制人去遵行，而是子女痛失至親之情的自然流露。孔子在《孝經・喪親章》中認爲：「孝子之喪親也，哭不偯，禮無容，言不文，服美不安，聞樂不樂，食旨不甘：此哀戚之情也。」〔註80〕子女若是從內心感到喪親之痛的話，就會通過其言行舉止表現出來，當想到自己穿華美的衣服、吃味美的食物而父母已不能享用的時候，心理就會不安，所以會粗衣蔬食，食如嚼蠟，言不成文，反覆跪拜磕頭也不知疼痛，這是一種自然的哀戚之情。宰我離開之後，孔子對其它弟子說：「予之不仁也！子生

〔註77〕　《十三經注疏・儀禮注疏》，第537頁。
〔註78〕　《舊唐書・志第七・禮儀七》：「三年之制，說者紛然。鄭玄以爲二十七月，王肅以爲二十五月。」《儀禮・士虞禮》：「父母之喪期而小祥，又期而大祥，中月而禫。」《唐律疏議・卷第十・職制》一百二十一條的注疏中寫到：「父母之喪，法合二十七月，二十五月內是正喪，如釋服求仕，即當不孝，合徒三年；其二十五月外，二十七月內，是『禫制未除』，此中求仕爲『冒哀』，合徒一年。」父母喪後一週年（即第十三個月）舉行的祭禮叫「小祥」；兩週年（即第二十五個月）舉行的祭禮，叫「大祥」；大祥之後，子女仍穿著喪服，到第二十七個月舉行「禫」的祭祀後才除去喪服。服喪三年，一般指的是二十五個月，大祥之後，子女的飲食起居基本上恢復了正常。
〔註79〕　《十三經注疏・儀禮注疏》，第539頁。
〔註80〕　《十三經注疏・孝經注疏》，第57頁。

三年，然後免於父母之懷。夫三年之喪，天下之喪也，予也，有三年之愛於其父母乎！」（《論語·陽貨》）小孩子三歲才能離開父母的懷抱，三年之喪，是對父母懷抱三年之情的感恩和思念。《禮記·喪服四制》說：「凡禮之大體，體天地，法四時，則陰陽，順人情，故謂之禮。」〔註81〕這是禮儀制度產生的由來，所以從人倫親情出發，將父母之喪期定爲三年。

女子居父喪時，一般是斬衰〔註82〕三年，但因具體情況不同而有細微差別，按其人生歷程，一般可分爲三個階段：未嫁時，出嫁後，歸宗後。女子未嫁之時，《儀禮·喪服》中說：「女子子在室爲父，布總，箭笄，髽，衰，三年。」〔註83〕女子已訂婚許嫁但並未嫁於夫家時，以成人待之，應爲父喪服斬衰三年。

女子出嫁之後，《儀禮·喪服》中說：「婦人有三從之義，無專用之道，故未嫁從父，既嫁從夫，夫死從子。故父者，子之天也。夫者，妻之天也。婦人不貳斬者，猶曰不貳天也。婦人不能貳尊也。」〔註84〕女子的「天」只有一個，未嫁的時候，以父爲天，出嫁之後，以夫爲天，斬衰是爲至尊之人服喪時才有的禮節，所以女子出嫁之後，爲本家父親服齊衰喪，而不是服斬衰喪，表示女子出嫁後，應以夫家爲主，與本家關係應當疏遠。

女子離婚或是守寡歸宗後，「子嫁，反在父之室，爲父三年」，女子若是出嫁後離婚（也包括夫死無子或夫死子亡孀居歸宗的情況）歸宗返回娘家，遭父喪時，禮儀與「女子子在室」時相同；若是遭父喪時未離婚，而在一年喪期之內離婚歸宗，女子在夫家的時候服齊衰，回娘家之後與本家昆弟一樣服斬衰，共服滿三年；若是遭父喪時未離婚，而在一年齊衰期滿後離婚歸宗，

〔註81〕 《十三經注疏·禮記正義》，第1672頁。《舊唐書·志第七·禮儀七》引用了此段文字。

〔註82〕 喪服以其製作樣式和材料的粗細，分爲斬衰、齊衰、大功、小功、緦麻五等，俗稱「五服」通常說來，喪服越粗疏，喪期越長，服制越重，表明與死者關係越親近，反之與死者關係越疏遠。斬衰是「五服」中最重的喪服。《儀禮·喪服》中記載：「《傳》曰：斬者何？不緝也。苴絰者，麻之有蕡者也。苴絰大搹，左本在下，去五分一以爲帶。齊衰之絰，斬衰之帶也，去五分一以爲帶。大功之絰，齊衰之帶也，去五分一以爲帶。小功之絰，大功之帶也，去五分一以爲帶。緦麻之絰，小功之帶也，去五分一以爲帶。」（《十三經注疏·儀禮注疏》，第543頁。）

〔註83〕 《十三經注疏·儀禮注疏》，第557頁。

〔註84〕 《十三經注疏·儀禮注疏》，第581頁。

這時女子已經除去了喪服，而本家昆弟仍著斬衰服，這時女子便無須更服斬衰，因為出嫁女居父喪齊衰已滿一年，已經盡禮了，歸宗後無須更服。〔註85〕

女子居母喪的情況〔註86〕比居父喪的情況要複雜一些，一般是齊衰三年，具體又可分為三種情況：

第一種是「父卒則為母」。這是父親先死母親後死而為母親居喪的情況。若是父服除後而遭母喪（父卒三年之後而母卒），為母齊衰三年；若是父服未除而遭母喪（父卒三年之內而母卒），不能更服為母齊衰三年，應以為父斬衰三年為先為重，父服除後，再接著為母卒服滿三年。〔註87〕「庶子為其母緦麻三月」〔註88〕，如果女子的生母不是父親的嫡妻，妾不如妻，所以只能服緦麻三個月。

第二種情況是「父在為母」。這是父親活著母親死了而為母親居喪的情況。父親在的時候，父尊母卑，就不能為母齊衰三年，而只能齊衰一年而心喪三年〔註89〕，「父必三年然後娶，達子之志也」。在唐高宗時期，武則天提出一項政治改革，認為父親雖在，為人子女者為母居喪仍應齊衰三年。

> 上元元年，天后上表曰：「至如父在為母服止一期，雖心喪三年，服由尊降。竊謂子之於母，慈愛特深，非母不生，非母不育。推燥居濕，咽苦吐甘，生養勞瘁，恩斯極矣！所以禽獸之情，猶知其母，三年在懷，理宜崇報。若父在為母服止一期，尊父之敬雖周，報母之慈有闕。且齊斬之制，足為差減，更令周以一期，恐傷人子之志。今請父在為母終三年之服。」高宗下詔，依議行焉。〔註90〕

武則天認為，母愛與父愛一樣深重，居喪時齊斬之制的差等足可以顯示母卑而父尊，不會出現「二尊」的情況，所以無須在服喪年限上再有差等，所以父在為母居喪仍應齊衰三年。〔註91〕武則天的這項服制改革提議雖然得到了

〔註85〕 《十三經注疏・儀禮注疏》，第 560 頁。
〔註86〕 女子居母喪的具體分析，參看本書第四章第一節，生、嫡、繼、慈、養等諸母的喪服制度，以及為出母、嫁母的喪服制度，在第四章第一節中都有論到，在此便不再一一論及。
〔註87〕 《十三經注疏・儀禮注疏》，第 564～565 頁。
〔註88〕 《舊唐書・志第七・禮儀七》。
〔註89〕 《舊唐書・志第七・禮儀七》：「履冰又上疏曰：『《禮》：父在，為母十一月而練，十三月而祥，十五月而禫，心喪三年。』」
〔註90〕 《舊唐書・志第七・禮儀七》。
〔註91〕 在段塔麗的《唐代婦女地位研究》一書中，作者認為：「修訂後的《開元禮》，

高宗的認可，並下詔施行，但也遭到了很多人的反對，紛議不定，社會反響並不大。歷經三代，高宗去世，中宗退位，睿宗即位，直到垂拱〔註92〕年間，武則天的服制改革提議才被編入《垂拱格》，以法律文書的形式正式頒佈，到武則天親政之後新風俗才得以通行。唐玄宗即位後，很多朝臣批判武則天「牝雞司晨」，力圖撤銷武則天掌權時頒佈的法令，其中就包括父在爲母居喪齊衰三年這一條，主張恢復《周禮》。但也有人支持武則天的服制改革，認爲「夫三年之喪，如白駒之過隙，君子喪親，有終身之憂，何況再周乎！夫禮者，體也，履也，示之以迹」〔註93〕，子女對父母的哀思之情是一輩子的事，而非一天兩天或是一年兩年的事，多加一年又有何不可呢！開元二十年，「中書令蕭嵩等改修五禮，於是父在爲母齊衰三年」〔註94〕，所以在《大唐開元禮》上，仍沿用「父在爲母齊衰三年」，此後唐中後期仍承襲此禮。

第三種情況是「父卒繼母嫁，從」，父親死了，女兒跟著繼母一起改嫁到新家，這種情況，「繼母如母」，女兒應該「爲之服」，以報答養育之恩。〔註95〕如果是父親死後母親改嫁，不從，無須穿喪服，但應該服心喪；如果是父親死後嫡繼母改嫁，不從，「凡非所生，父卒而嫁，爲父後者無服，非承重者杖期，並不心喪，一同繼母」，無須穿喪服，也無須心喪。

女子隨母嫁，爲繼父居喪的情況與爲親生父親居喪的情況大爲不同。《儀禮·喪服》中記載：「同居則服齊衰期，異居則服齊衰三月。必嘗同居，然後爲異居，未嘗同居，則不爲異居。」〔註96〕如果女子隨母親嫁到繼父家時，與繼父一直共同生活在一起，則繼父盡了爲父之道，應該爲繼父卒服齊衰一年；若是與繼父在一起共同生活了一段時間後又分開各自生活，則只需爲繼父卒服齊衰三個月；若是從未跟繼父共同生活在一起，就不需要爲繼父卒服喪。

在父母喪服問題上，雖沿襲武則天《垂拱格》中的新服制，卻有所折衷，即將『父在，子爲母服斬衰三年』，稍改爲服『齊衰』喪三年。服期雖同，但等級輕重有所區別。」（北京：人民出版社，2000：217。）拙以爲，武則天上表之文中已經認可了子女居父喪與居母喪時斬衰與齊衰的差別，她所爭取的是，希望「父卒爲母」與「父在爲母」時爲母居喪可以一致，同爲齊衰三年，而不是因爲顧及父親尚在而必須隱忍喪母之痛，縮短喪期，所以「父在爲母終三年之服」仍是指的齊衰三年，而非斬衰三年。

〔註92〕參見附錄表1。從上元到垂拱，武則天一直是幕後掌權者。
〔註93〕《舊唐書·志第七·禮儀七》。
〔註94〕《新唐書·志第十·禮樂（十）》。
〔註95〕《十三經注疏·儀禮注疏》，第571頁。
〔註96〕《十三經注疏·儀禮注疏》，第583頁。

　　禮法中還有諸多疏漏之處，比如父喪除後，若是母親改嫁，女兒跟隨母親一起到繼父家中，與繼父共同生活，這時繼父尚在時，如何居母喪？母親的「夫之天」已經移到繼父這邊了，那麼女兒的「天」是不是也跟著變成「繼父之天」了呢？這樣的話，不管是齊衰三年還是齊衰一年心喪三年，居母喪的服制都比居繼父之喪的服制重，禮法中「繼母如母」，但繼父卻不如父，對那些盡了為父之道的繼父們，豈不是有失公允。唐宣宗時期，下令有子女的寡婦不能再嫁，此種複雜的情況就減少了很多。

　　唐代主流社會大體延用了儒家的喪禮規範，並以禮入法，用立法來維護它的權威，並對違反者嚴懲不貸，如《唐律疏議・卷第十・職制》規定：

> 120 諸聞父母若夫之喪，匿不舉哀者，流二千里；喪制未終，釋服從吉，若忘哀作樂，自作、遣人等。徒三年；雜戲，徒一年；即遇樂而聽及參預吉席者，各杖一百。……聞期親尊長喪，匿不舉哀者，徒一年；喪制未終，釋服從吉，杖一百。大功以下尊長，各遞減二等。卑幼，各減一等。〔註97〕

> 121 諸府號、官稱犯父祖名，而冒榮居之；祖父母、父母老疾無侍，委親之官；即妄增年狀，以求入侍及冒哀求仕者：徒一年。謂父母喪，禫制未除及在心喪內者。……若祖父母、父母及夫犯死罪，被囚禁，而作樂者，徒一年半。〔註98〕

二、女子居喪哀毀過禮類型

　　據《舊唐書》載：「孝者，畜也，養也，因之以心。小人不恥不仁，不畏不義。服之有制，使愚人企及；衣之以衰，使見之摧痛。以此防人，人猶有朝死而夕忘者；以此制人，人猶有釋服而從吉者。方今漸歸古樸，須敦孝義，抑賢引愚，理資寧戚，食稻衣錦，所不忍聞。」〔註99〕制定喪服制度的初衷，是為了教化愚人，使民風漸歸淳樸，篤行孝義，可是即使立法規定了，還是有人違法行事，親人朝死夕忘，釋服從吉，可見那些依禮舉喪的人是多麼難得。兩《唐書》中，女兒對父母的哀喪之情，有四種情況會受到表揚和稱讚，多哀毀超過了基本的喪禮要求。

〔註97〕《唐律疏議》，第 204～205 頁。
〔註98〕《唐律疏議》，第 206～207 頁。
〔註99〕《舊唐書・志第七・禮儀七》。

（一）幼女知喪

年幼無知的小孩，本以爲她們並不知道生死所謂何事，即使是現代，大人們給小孩解釋某位至親之人去世時，總是委婉地說是睡著了，或是去了很遠的地方，大多數小孩並不懂得悲傷，喪禮之上，大人們可能極盡悲傷之情，可小孩們仍可能嬉鬧於靈柩之旁。如果是大人在服喪期間如此嬉鬧，將會受到道德的譴責，但如果是小孩的話，大家都能理解。也有些聰明的小孩，她們知道死就是一個人生命的結束，死不能復生，因此而哀喪，雖然感到悲傷了，但心情轉換很快，這種哀戚之情難以維持數月或是數年，所以禮法對年幼的小孩居喪並無強制規定。那麼，女子子成人的標誌是什麼呢？

《禮記》認爲，「女子十年不出，姆教婉、娩、聽從，執麻枲，治絲繭，織紝、組、紃，學女事，以共衣服。觀於祭祀，納酒漿、籩豆、菹醢，禮相助奠。十有五年而笄」〔註100〕，女子十歲之前不能嫁人，要在家裏跟隨母親好好學習四德，十五歲盤髮插笄可以許嫁了，一般來說，女子十五歲成年。可《儀禮注疏》在解釋「女子子在室爲父」時說到，「女子子十五許嫁而笄，謂女子子年十五笄，四德已備，許嫁與人，即加笄，與丈夫二十而冠同。死而不殤，則同成人矣。身既成人，亦得爲父服斬也。雖許嫁爲成人，及嫁，要至二十乃嫁於夫家也。」〔註101〕女子是否爲成人，與是否許嫁有關。而據萬軍傑的《唐代女性的生前與卒後》一書對「墓誌所見唐代女性的初婚年齡」的研究顯示，「唐代女性初婚年齡最小者爲 11 歲」，「唐代女性初婚年齡最爲集中的是 14～19 歲」〔註102〕。如此推斷，唐人眼中女子成年的標誌不一定是十五歲時的笄禮，如果在未滿十五歲時就已經許嫁了，人們認爲許嫁女應該「四德已備」，可以以成人視之，但是若是十歲之前訂婚的，人們卻會認爲，這個時期女子正在四德的學習過程中，還不是成人。而男子二十而冠，一般情況下二十歲成人，但如果二十歲之前已經結婚生子，那麼人們就不會再將其認爲是幼童了。

在《舊唐書》中的《孝友傳》中有一則事例，唐太宗表明了嘉獎幼童的原因：

〔註100〕《十三經注疏·禮記正義》，第 870～871 頁。
〔註101〕《十三經注疏·儀禮注疏》，第 557 頁。
〔註102〕萬軍傑，唐代女性的生前與卒後〔M〕，天津古籍出版社，2010：17。

　　　　豫州人許坦，年十歲餘，父入山採藥，爲猛獸所噬，即號叫
　　以杖擊之，獸遂奔走，父以得全。太宗聞而謂侍臣曰：「坦雖幼童，
　　遂能致命救親，至孝自中，深可嘉尚。」授文林郎，賜帛五十段。
　　〔註103〕

唐太宗認爲，許坦雖然年幼，但卻能捨命救親人，這種孝道發自內心，很值
得讚美。大人的孝道，很多時候有矯飾之嫌，或爲禮法所逼迫，或爲聲名而
做作，與此相比，如幼童般純眞的孝道就顯得十分可貴。此外，幼童臨危不
亂，並成功地救下父親，展現了超乎同齡人的智勇，更是值得嘉獎。

　　同樣，幼女本不知生死之義，如果展現了超乎同齡人的喪親之痛，那是
件值得書寫的事情。比如唐太宗的女兒晉陽公主，「后崩，時主始孩，不之識；
及五歲，經后所遊地，哀不自勝」〔註104〕，母親文德皇后去世之時，晉陽公
主因爲太小還不懂得是怎麼回事，不知道喪母之痛；等她長到五歲時，才懂
得生死之事，每次經過母后遊玩過的地方，都會情不自禁地哀戚。又如唐睿
宗的女兒鄎國公主，「三歲而妃薨，哭泣不食三日，如成人」〔註105〕，鄎國公
主的母親崔貴妃去世之時，她才三歲，但她卻向成人一樣因爲母親早逝而哀
痛哭泣的三日不吃飯。而在唐代，「斬衰，三日不食；齊衰，二日不食；大功，
三不食；小功、緦麻，再不食」〔註106〕，服斬衰之喪，三天不吃飯，齊衰兩
天不吃飯，大功隔三頓不吃，小功、緦麻隔兩頓不吃。鄎國公主爲母親服齊
衰，即使是成人，按禮也只需「二日不食」，而對於幼童來說，「不食三日」，
恐傷其性命，所以禮法並不強求幼童遵守此禮。成人「猶有朝死而夕忘者」，
而幼童能守成人之禮居喪，其德行比成人依禮居喪要讓人更爲感慨，更有教
育意義。

（二）哀毀廬墓

　　居父母之喪時，不僅對服飾有要求，對居住也有要求，但是並不要求廬
墓。

　　《禮記‧喪大記》曰：「父母之喪，居倚廬，不塗，寢苫枕凷，非喪事不

〔註103〕《舊唐書‧列傳第一百三十八‧孝友‧許坦》。
〔註104〕《新唐書‧列傳第八‧諸帝公主‧晉陽公主》。
〔註105〕《新唐書‧列傳第八‧諸帝公主‧鄎國公主》。
〔註106〕《新唐書‧志第十‧禮樂（十）》。

言。」〔註107〕居父母之喪，當其靈柩還沒有下葬之時，孝子女不能住在平常的正寢，需要在主屋旁邊不矚目的地方用木頭臨時搭建個簡易的茅廬，茅廬即使透風漏雨也不能塗泥裝修，而且只能枕著土塊睡在茅草上。而唐代的具體規定是「廬在殯堂東廊下，近南，設苫凷。齊衰於其南，爲堊室，俱北戶，翦蒲爲席，不緣；大功又於其南，張帷，席以蒲；小功、緦麻又於其南，設狀，席以蒲。婦人次於西房」〔註108〕，男女必須分區居住，男性的「倚廬」在東南方向，女性的在西方。下葬之後，居住的茅廬可以稍微改善一下，「既葬，柱楣，塗廬，不於顯者；君、大夫、士皆宮之。凡非適子者，自未葬，以於隱者爲廬」〔註109〕，可以在茅廬內側不顯眼的地方塗些泥土以避風寒，但是不能塗在外面醒目的地方。小祥後（居喪一週年，第十三個月），「既練，居堊室，不與人居」〔註110〕，可以「毀廬室爲堊室，設蒲席」〔註111〕，牆體四壁可以用白泥粉刷一下，然後用蒲葉做的席子代替茅草苫席，喪服漸輕，居住條件大爲改善，但是男女仍然不能同住。大祥後（居喪二週年，第二十五個月），「既祥而還外寢，妻妾女子還於寢」〔註112〕，男子回到外室居住，妻、妾、女兒回到內室居住。禫祭（第二十七個月）結束後，除去喪服，飲食起居可恢復正常。在整個喪期內，「婦人不居廬，不寢苫。喪父母，既練而歸」〔註113〕，出嫁的女兒與在室的女兒不同，出嫁女爲父母居喪，不需要「居倚廬」，「寢苫枕凷」，一年以後就可以回歸夫家。荀子認爲，「齊衰、苴杖、居廬、食粥、席薪、枕塊，所以爲至痛飾也」〔註114〕，居喪期間另建居室是以居住條件的簡陋來表現孝子女的喪親之痛。

廬墓也是秉持著這一主旨，以更爲簡陋的居住條件來表現子女更大的孝心。廬墓指的是「廬於墓側」，父母下葬後，在父母的墓地旁邊，搭建一個簡易的居所，陪在父母墓旁盡孝，「事死如事生，事亡如事存」。兩《唐書》的《列女傳》共54位女性的傳文，其中廬墓的女性有7位，比例非常高。比如

〔註107〕《十三經注疏·禮記正義》，第1271頁。
〔註108〕《新唐書·志第十·禮樂（十）》。
〔註109〕《十三經注疏·禮記正義》，第1272頁。
〔註110〕《十三經注疏·禮記正義》，第1273頁。
〔註111〕《新唐書·志第十·禮樂（十）》（凶禮）。
〔註112〕《新唐書·志第十·禮樂（十）》（凶禮）。
〔註113〕《十三經注疏·禮記正義》，第1274頁。
〔註114〕《荀子·禮論》。

夏侯碎金，「及父卒，毀瘠殆不勝喪，被髮徒跣，負土成墳，廬於墓側，每日一食，如此者積年」，「貞觀中，有制銕其門閭，賜以粟帛」；楊紹宗妻王氏，「王乃收所生及繼母屍柩，並立父形象，招魂遷葬訖，廬於墓側，陪其祖父母及父母墳」，永徽中受旌表，並「賜物三十段、粟五十石」；孝女王和子，「行丐取父兄之喪，歸徐營葬。手植松柏，剪髮壞形，廬於墓所」，「節度使王智興以狀聞，詔旌表之」；鄭神佐女，將父親與母親合葬後，「便廬於墳所，手植松檜，誓不適人」，「節度使蕭椒以狀奏之，……詔旌表門閭」；汴女李者，「廬於墓，蓬頭，跣而負土，以完園塋，蒔松數百」，「武后時，按察使薛季昶表之，詔樹闕門閭」。傳文中沒有特別提及她們廬墓的時間長短，按禮的話，一般是在喪期之內，可能是三年。這些女性的廬墓之舉皆得到了官府的旌表，但有一例外，孝女李妙法的父親死後，她「結廬墓左，手植松柏，有異鳥至」，後來母親死了，她「刺血書於母臂而葬，廬墓終身」。傳文中沒有文字顯示李妙法的廬墓終身之舉受到了官府的旌表，在一定程度上可以據此推斷，統治階級鼓勵以廬墓的形式表達孝，但卻不鼓勵終身廬墓，因爲這樣以死傷生，有礙於社會生產。

如果從功利的角度來分析，女子從廬墓受旌表的事例中獲利比男子少得多，女子的獲利多是免除賦稅，少量的精神獎勵和物質獎勵，而男子從中卻獲利很大，有些「孝」子因此特殊的孝道表現方式聞名鄉里，進而被官府任用提拔。廬墓於有些男子而言，像是一塊「體制內」的敲門磚，所以在男子的廬墓事例中，不乏矯飾之徒，這與女子廬墓表孝心的動機和情感相距甚遠。

（三）毀而滅性

居父母之喪時，女子由於過份悲傷而失去本性，禮法並不主張如此。孔子在《孝經・喪親章》中認爲：「三日而食，教民無以死傷生，毀不滅性：此聖人之政也。」[註115] 孔子並不主張喪親之時過份地悲哀以致傷及活著的人，認爲「哀毀過情，滅性而死，皆虧孝道」，所以制定了一系列具體的喪禮，以限制和引導人們有節制地服喪。但兩《唐書》中卻收錄了多例哀毀滅性甚至致死的女性傳文，比如《新唐書》中李妙法：

> 李孝女者，名妙法，瀛州博野人。安祿山亂，被劫徒它州。聞
> 父亡，欲間道奔喪，<u>一子不忍去，割一乳留以行</u>。既至，父已葬，號

〔註115〕《十三經注疏・孝經注疏》，第 57 頁。

> 踊請開父墓以視，宗族不許。復持刀刺心，乃爲開。見棺，舌去塵，
> 髮治拭之。結廬墓左，手植松柏，有異鳥至。後，母病，或不食飮，
> 女終日未嘗視匕箸，及亡，刺血書於母臂而葬，廬墓終身。〔註116〕

這則傳文描寫的畫面慘不忍睹，史官著重以身體的痛楚來凸顯其孝烈，在殘
忍的細節上費了很多筆墨，可是如此背離人性的事例又如何可以樹爲榜樣廣
爲推廣呢？從傳文內容來看，此女並沒有受到當時統治者的旌表，可能是北
宋史官根據當時的地方志收集到的故事，而地方志往往偏愛於這些奇聞異
事。雖然歷朝歷代都有舉止詭異之人，但「孝女李妙法」一例的哀喪之舉實
在太過血腥。孔子認爲，喪親之痛會使人無法如日常一般動則合禮，但基本
常識還在，割下的乳房無法餵養孩子，戰亂細菌叢生，這麼大的傷口母親生
命也很危險，而且「持刀刺心」「舌去塵，髮治拭之」、絕食、寫血書等一系
列舉動太過殘忍，她幾乎完全迷失了本性。讀者不僅無法從中感受到孝心的
可貴，反而覺得後怕。

做孝女的代價太大了，李妙法得知父親的死訊之後，在戰亂中不方便帶
著年幼的兒子奔喪，於是割下一側的乳房留給兒子，獨自一人離開。傳文中
沒有提到她的丈夫或是其它可以照顧小孩的家人，也沒提到父喪之後她去找
尋兒子，這無疑是置孩子於死地。李妙法在爲母之責與爲女之責相矛盾時，
毅然選擇了以孝親爲重，背棄了爲母之道。如果從被李秒法拋棄的兒子的角
度來說，李妙法是個瘋狂而不負責任的母親，爲了已死的父親而置活著的兒
子於死地，他若有幸長大，不僅會恨那個拋棄他的母親，可能還會仇恨整個
宗法體制。這則故事比郭巨「埋兒奉母」的故事更讓人情感上難以接受，正
如魯迅在《朝花夕拾·二十四孝圖》中說的：「我最初實在替這孩子捏一把汗，
待到掘出黃金一釜，這才覺得輕鬆。然而我已經不但自己不敢再想做孝子，
並且怕我父親去做孝子了」。〔註117〕

哀毀致死更是種不孝之舉，但史書中卻將其認爲是一種孝行在推廣。比
如于敏直妻張氏，聞父親之喪而哀毀致死：

> 于敏直妻張氏，營州都督、皖城公儉之女也。數歲時父母權有
> 疾，即觀察顏色，不離左右，晝夜省侍，宛若成人。及稍成長，恭
> 順彌甚。適延壽公于欽明子敏直。初聞儉有疾，便即號踊自傷，期

〔註116〕《新唐書·列傳第一百三十·列女·李孝女妙法》。
〔註117〕魯迅，魯迅全集（第二卷）〔M〕，北京：人民文學出版社，2005：263。

於必死。儉卒後，凶問至，號哭一慟而絕。高宗下詔，賜物百段，

仍令史官錄之。〔註118〕

張氏未出閣之時就非常孝順父母，嫁給于敏直後，知道家父病重，差點號哭至死，後來聞知父親死訊，便慟哭而死。這種喪親之法已然超越了禮的規範，雖顯對父親的至孝之情，但「以死傷生」，是有虧孝道的，其母尚存，夫死女亡，情何以堪。在「樊會仁母敬氏」一例中，敬氏認為，即使父死夫亡子卒，若母親還健在，就不能輕生：

樊會仁母敬氏，字像子……後會仁年十八病卒，時像子母已終。既葬，像子謂其所親曰：「吾老母不幸，又夫死子亡，義無久活。」於是號慟不食，數日而死。〔註119〕

可是當親人都已離去，敬氏心中再無牽掛，自覺失去了活下去的意義，絕食而死。又如段居貞的妻子謝小娥知道父親與丈夫被賊人殺害後，便痛不欲生投江自盡（未遂）；饒娥的父親在江中打漁時因風浪遇難，「哭水上，不食三日死」。

以美好的孝行載入史冊的女性，得善終者少，而同樣是因孝載入史冊的男性，死孝者少，大多還因孝受惠，被官府重用。然而在官員群體中，恪守孝道之人並不多。《唐律》規定，官員遭父母喪，必須卸職回家居喪三年，喪期結束之後，才能重新復職，在服喪期間，朝廷可視情況起復喪期未滿的官員任職。於是很多官員在朝廷並無起復之命的時候，利用制度之間隙，想方設法謀起復，實在是有傷風化。喪禮制定的初衷似乎是勸人不要哀傷過度，可實際情況是禮崩樂壞，民風不淳，需要從禮法層面規範人們的喪親儀禮，以重建孝道和國家宗法倫理綱常秩序。所以民間女子能真誠守喪並哀毀至死尤為可貴。

于敏直妻張氏受旌表是在唐高宗時期，而高宗本人在孝道方面並沒有以身作則，在做太子的時候趁父親生病與後母武則天發生了感情，登基之後居父喪的他與居夫喪的武則天私通，很難說是一個孝子。可是歷代統治者登基之後，幾乎無一例外地重視孝道，這並不是出於自身對孝道的認可遵行，而是出於統治的需要，因為孝道是維護社會等級秩序、培養忠臣順民的重要政治工具。

〔註118〕《舊唐書・列傳第一百四十三・列女・于敏直妻張氏》。

〔註119〕《舊唐書・列傳第一百四十三・列女・樊會仁母敬氏》。

兩《唐書》中標榜這些「哀毀過禮」的女性，是因爲其核心價值觀以血親爲重的「孝親」，這在全書中一以貫之。現代，我們雖然也強調血親關係，但反對極端地守孝行爲，認爲當父母在世時盡心地孝順他們，讓他們盡享天倫之樂，才是正當地子女盡孝方式。

（四）尋親歸葬

如果父母亡於外地，家中又無昆弟可以仰仗，女子應將父母的靈魂或是遺體尋回，使父母能葉落歸根，埋於桑梓地，歸祔先塋。

葬禮是人類社會生活的一個重要組成部份，葬俗在孔子之前就已經存在，主要是因爲古人普遍存在著祖先崇拜的觀念，認爲祖先的亡靈還能以另一種形式存在，並能保祐後代。祖先崇拜產生的社會基礎和心理基礎是很複雜的，梅新林認爲，祖先崇拜是圖騰崇拜、生殖崇拜和靈魂崇拜復合而成的原始宗教。〔註 120〕在遠古生產水平極爲低下和生存條件極爲惡劣的情況下，祖先崇拜起到了群體統協的社會功能，增強了氏族、民族的凝聚力和向心力，是有效地進行物質資料生產和人類自身生產不可或缺的精神力量，在人類文明發展史上產生了極爲廣泛而深遠的影響。鬼神、祖先的靈魂是否真實存在，並不重要，重要的是人們願意相信這種超自然之力的存在，有些人即使自身並不相信，卻樂於利用人們相信的心理大做文章。孔子認爲「敬鬼神而遠之」，但並不摒棄葬俗，而是加以利用，將其重要性建立在「慎終追遠」的思想基礎上，以求「民德歸厚」，成爲教化之方。曾子在《論語·學而》中說：「慎終追遠，民德歸厚矣。」朱熹在《論語集注》中注解說：「慎終者，喪盡其禮；追遠者，祭盡其誠。民德歸厚，謂下民化之，其德亦歸於厚。」〔註 121〕楊伯峻在《論語譯注》中解釋到：「謹愼地對待父母的死亡，追念遠代祖先，自然會導致老百姓歸于忠厚老實了。」〔註 122〕唐代葬俗既沿襲了儒家傳統，也與融合了諸多少數民族和地方的葬俗，總的來說，唐代流行合葬。這種合葬習俗包含兩層意思：一是指夫妻同穴或同室合葬，一是指家族合葬於同一墓群。這種葬俗也可以說是「事死如生」文化在葬文化中的演繹，比如夫妻恩愛，就希望「生則同寢，死則同穴」，鼓勵數代同堂同塋，不分財，生前一大家族

〔註 120〕梅新林，祖先崇拜起源論〔J〕，民俗研究，1994（4）：70～75。
〔註 121〕朱熹，四書集注：論語集注〔M〕，瀋陽：遼寧教育出版社，1998：7。
〔註 122〕楊伯峻，論語譯注〔M〕，北京：中華書局，1980：6。

的人住在一起，死後也是一大家族的人埋在一起。

因爲有合葬的習俗，所以如果親人客死他鄉，那麼子女就有義務將亡於異地的親人歸葬祖塋。從兩《唐書》中考察，客死他鄉的原因大致有三種：一是戰亂，唐代從建國到亡國，戰事不斷，尤其到了唐中後期，內憂外患，戰死沙場者頗多，也有因逃避戰亂離開家鄉客死異鄉者。二是獲罪處以「流刑」，據《唐律疏議‧卷第一‧名例》中記載，「流刑」有三種，即二千里、二千五百里、三千里，「大罪投之四裔，或流之於海外，次九州之外，次中國之外。蓋始於唐虞。今之三流，即其義也」〔註123〕，三流均居役一年，普通罪犯居役一年後，附籍當地，流限一般爲六年，不應流而特流者爲三年，期滿，即可返回原籍，許多人在「流刑」期間客死他鄉。三是異地任官制度，爲了促進官員廉潔奉公，防止門閥勢力過大，相互勾結，貪腐叢生，消弱中央集權，唐代規定，地方州縣長官職應迴避本籍，原則上一律不得在本籍及臨近州縣任職，有些官員死於任期內，需要運回靈柩歸葬祖塋。如果不歸葬的話，死於異鄉的祖先就得不到正常的祭祀供奉，這是種不孝，所以不爲親歸葬者爲世人所不齒。

兩《唐書》中，女兒爲父親歸葬的事例很多，官府嘉獎那些不遠萬里尋親歸葬的女性。比如「楊紹宗妻王氏」一例：

> 永徽中，詔曰：「故楊紹宗妻王氏，因心爲孝，率性成道。年迫桑榆，筋力衰謝。以往在隋朝，父歿遼左，招魂遷葬，負土成墳，又葬其祖父母等，過此老年，親加板築。痛結晨昏，哀感行路。永言志行，嘉尚良深。宜標其門閭，用旌敏德。」賜物三十段、粟五十石。〔註124〕

楊紹宗妻王氏的父親戰死沙場，不得其屍，所以爲父親進行「招魂葬」，將父親與生母、繼母一起合葬。招魂葬是由招魂習俗演變而來，而招魂習俗由來已久，周代已盛行，在古代禮典中稱爲「復」。道教認爲，人有三魂七魄，魂魄可以出入人的肉體，出則人亡，入則復活，所以人剛死之時，理論上是可以通過招魂使魂魄復歸人體，這樣人就可以活過來。招魂的目的，是生者不忍心其親屬的死去，所以祈求鬼神使之死而復蘇。如《儀禮‧檀弓下》記載：「復，盡愛之道也。有禱祠之心焉，望反諸幽，求諸鬼神之道也。」《禮記‧

〔註123〕《唐律疏議》，第5頁。
〔註124〕《舊唐書‧列傳第一百四十三列女‧楊紹宗妻王氏》。

喪大記》記載了上層貴族招魂儀式的具體方式，但在民間，招魂活動只是傷悼的一種補償形式，為了讓活著的人理智地接受逝者已逝的現實。唐人死後，不僅盛行招魂之俗，還流行「招魂葬」，如唐代張籍在《征婦怨》一詩中說的，「萬里無人收白骨，家家城下招魂葬」，因為死者的屍體不可得，便用其生前所穿戴的衣冠招魂而葬，周紹良先生所編的《唐代墓誌彙編》《唐代墓誌彙編續集》中實行招魂葬法的就有幾十條之多。

相比之下，招魂葬是種較為方便的葬法，但有些孝女不忍心親人的屍骨埋於荒野，於是痛下決心，萬里尋親歸葬，比如王和子〔註125〕和鄭神佐的女兒〔註126〕。這條尋親歸葬之路，對一名女子來說，是十分艱難和兇險的，很多人死在尋親路上，默默無聞。女子往往要求足不出戶，以柔弱為美，能如此堅毅，是難能可貴的。亂世盜賊多，女子一個人行走江湖，必須先喬裝一番，掩藏女性氣質，王和子「被髮徒跣縗裳」，居父喪時，女兒需要穿上喪服縗裳赤足行走，頭髮的要求「布總，箭笄，髽」，而不是披頭散髮，王和子「披髮」是為了喬裝不引人注意，鄭神佐的女兒「剪髮壞形」，也是為了隱藏形跡，預防賊盜欺她柔弱，打她壞主意。

官府鼓勵人們尋親歸葬，並制定了特殊政策，關照那些尋親歸葬的孝子們。唐代宗於大曆十四年（779年）八月下詔，人死亡於外，以棺柩還城者勿禁。唐宣宗大中三年（849年）六月下詔：「先經流貶罪人，不幸歿於貶所，有情非惡逆，任經刑部陳蝶，許令歸葬。」〔註127〕如李玄眞〔註128〕一例：李

〔註125〕《舊唐書·列傳第一百四十三列女·孝女王和子》：「孝女王和子者，徐州人。其父及兄為防秋卒，戍涇州。元和中，吐蕃寇邊，父兄戰死，無子，母先亡。和子時年十七，聞父兄歿於邊上，被髮徒跣縗裳，獨往涇州。行丐取父兄之喪，歸徐營葬。手植松柏，剪髮壞形，廬於墓所。節度使王智興以狀聞，詔旌表之。」

〔註126〕《舊唐書·列傳第一百四十三列女·鄭神佐女》：「又大中五年，兗州瑕丘縣人鄭神佐女，年二十四，先許適馳雄牙官李玄慶。神佐亦為官健，戍慶州。時黨項叛，神佐戰死，其母先亡，無子。女以父戰歿邊城，無由得還，乃剪髮壞形，自往慶州護父喪還，至瑕丘縣進賢鄉馬青村，與母合葬。便廬於墳所，手植松檜，誓不適人。節度使蕭椒以狀奏之曰：『伏以閭里之中，罕知禮教，女子之性，尤昧義方。鄭氏女痛結窮泉，哀深《陟岵》，投身沙磧，歸父遺骸，遠自邊陲，得還閭里。感《蓼莪》以積恨，守丘墓以誓心。克彰孝理之仁，足屬貞方之節。』詔旌表門閭。」

〔註127〕《舊唐書·本紀第十八下·宣宗》。

〔註128〕《舊唐書·列傳第一百四十三列女·女道士李玄眞》：「女道士李玄眞，越王貞之玄孫。曾祖珍子，越王第六男也。先天中得罪，配流嶺南。玄眞祖、父，

　　玄眞的曾祖父李珍子〔註129〕在先天年間〔註130〕犯了罪，被流放到嶺南，她的祖父母和父母都死在嶺南。這時李玄眞已經63歲了，她想將四位親人的靈柩返還故里，與先祖越王合葬在一起，可是她年老家貧無依，無力獨自承擔護送四喪，沿途得到了嶺南節度使的經濟資助才得以成行。唐文宗考慮到李玄眞孝心卓異，而且還是李氏皇家血脈，不僅下詔幫忙尋找越王的塋地，還讓途徑的各級官府資助她。

　　王和子、鄭神佐的女兒和李玄眞尋親歸葬較爲順利，而楊含的妻子蕭氏在將父母的靈柩返還的途中，卻遭遇挫折：楊含的妻子蕭氏的父親故鄉在北方，而在南方任官，父母在其任期內去世，姐妹倆打算走水路將父母的靈柩返還鄉里，可是路程太遠，行至半路，盤纏用完了，載著靈柩的船夫不願意繼續護送，就將她們扔下獨自離去了。姐妹倆只能就地結廬，將父母暫時葬在水邊，日夜哭喪。她們的孝心感動了他人，有人幫助她們重建屋舍，並常送些糧食和布帛給她們。姐妹倆原本美貌賢淑，可是爲了護送雙親的靈柩而毀容，但還是有人向她們求婚，於是蕭氏便以歸葬雙親爲條件。〔註131〕這時楊含罷官回鄉，向她求婚並答應了她歸葬雙親的條件，蕭氏之舉幾似於賣身葬父。

　　蕭氏是官宦人家的女兒，父親是撫州長史，從五品官員，家裏理應殷實，可偏偏卻因爲歸葬耗費之大而落得賣身葬父，那麼，可想而知，身爲普通人

皆亡歿於嶺外。雖曾經恩赦，而未昭雪。玄眞進狀曰：『去開成三年十二月內得嶺南節度使盧鈞出俸錢接措，哀妾三代旅櫬暴露，各在一方，特與發遣，歸就大塋合祔。今護四喪，已到長樂旅店權下，未委故越王墳所在，伏乞天恩，允妾所奏，許歸大塋。妾年已六十三，孤露家貧，更無依倚。』詔曰：『越王事跡，國史著明，枉陷非辜，尋已洗雪。其珍子他事配流，數代漂零，不還京國。玄眞弱女，孝節卓然，啓護四喪，綿歷萬里；況是近族，必可加恩。行路猶或嗟稱，朝廷固須恤助。委宗正寺、京兆府與訪越王墳墓報知。如不是陪陵，任祔塋次卜葬。其葬事仍令京兆府接措，必使備禮。葬畢，玄眞如願住京城，便配咸宜觀安置。』」

〔註129〕李珍子是越王李貞的第六個兒子，而越王李貞是唐太宗李世民的第八個兒子。
〔註130〕唐玄宗的第一個年號，先天（712年八月～713年十一月）。
〔註131〕《新唐書·列傳第一百三十列女·楊含妻蕭》：「楊含妻蕭，父歷，爲撫州長史，以官卒，母亦亡。蕭年十六，與娣皆韶淑，毀貌，載二喪還鄉里，貧不能給舟庸，次宣州戰鳥山，舟子委柩去。蕭結廬水濱，與婢穿壙納棺成墳，蒔松柏，朝夕臨，有馴鳥、縞兔、菌芝之祥。長老等爲立舍，歲時進粟縑。喪滿不釋縗，人高其行。或請昏，女曰：『我弱不能北還，君誠爲我致二柩葬故里，請事君子。』於是，含以高安尉罷歸，聘之，且請如素。蕭以親未葬，許其載，辭其采。已葬，乃釋服而歸楊云。」

家的女兒，王和子與鄭神佐的女兒兩人在尋親歸葬路上的艱辛，肯定比蕭氏更爲困窘，但是史官在傳文中並沒有描述她們是怎樣護送父親的靈柩回鄉的。或許窮人自有窮人之道，千金自有千金之道，不管是通過自己拖著板車一步一行，還是假借他人之力，作爲一名女子，尋親歸葬的孝心甚爲可貴的，值得稱頌。

本章小結

在傳統女性理想人格範型中，雖說理想的女兒人格被概而爲之「孝女」，但是在唐以前，「孝女」一詞卻罕見於史冊﹝註132﹞。因爲女子十五歲左右就要嫁入夫家生活，理論上來說就不再是本家成員，即使女性有驕人的婦德，那也只是針對她們的丈夫和舅姑而言，她們或許會被稱譽爲「貞婦」「義婦」或「孝婦」，但一般不會被稱爲「孝女」。因爲對於女子的親生父母而言，孝養一般是兒子的責任與義務，所以才有「養兒防老」，「無後」指的是沒有男性後代，有些貧窮的家庭甚至不惜溺殺女嬰節約資財以集中養育男性後代。而在唐代，「孝女」卻受到前所未有的重視，武則天編有《孝女傳》二十卷（已佚）、宋若昭姐妹著《女論語》十篇，朝散郎侯莫陳邈之妻鄭氏著《女孝經》等，兩《唐書》中也收錄了 6 列以上「孝女」傳文，有的女子因父母無子或弟妹年幼或長姊年老無人照顧，遂矢志不婚養親，有的萬里尋親歸葬，有的守喪哀毀盧墓……這些「孝女」的孝行能在唐史中大量顯現出來，一方面是因爲這些孝女沒有兄弟或是弟弟太幼，家無男丁撐家，因此，一旦遇到非常情況，這些孝女就有機會顯示她們的內在品德，凸顯孝行以揚名；二是因爲唐人尤爲重視血親關係，女兒即使出嫁了，仍與本家保持著千絲萬縷的關係，所以才有夏侯碎金等孝女拋下丈夫小孩回本家照顧父母的孝行。

﹝註132﹞ 劉向的《列女傳》中強調的是「貞女」「義婦」「賢母」等爲婦爲母爲臣之道，而非爲女之道；《二十四孝》故事中只有一例（「乳姑不怠」）講的是女性的孝舉，可是指的卻是唐夫人以兒媳婦的身份孝順婆婆，而非以女兒的身份孝養自己的父母；班昭的《女誡》講的也是女子出嫁後如何孝養舅姑，而非在家如何孝養父母；「孝女」一詞在《後漢書・列女傳》出現了兩次，《孝女曹娥傳》和《孝女叔先雄傳》，《魏書・列女傳》也記錄了兩個孝女的故事，貞孝女宗和孝女河東姚氏女，《隋書・列女傳》收錄了一例，孝女王舜。從西漢初到隋末，將近八百年，正史所記只不過上述寥寥數位的孝女。（此類觀點還可參見：勞悅強，《孝經》中似有還無的女性 —— 兼論唐以前孝女罕見的現象〔J〕，中國文哲研究集刊（第二十四期），2004：293～330。）

第三章　理想的妻子人格

　　在女性的三種角色中，女兒的角色伴隨終身，但幾乎所有針對女兒的教育，在一定程度上都是圍繞著如何做個好的妻子，如《禮記‧內則》曰：「女子十年不出，姆教婉、娩、聽從，執麻枲，治絲繭，織紝、組、紃，學女事以共衣服。觀於祭祀，納酒漿、籩豆、菹醢，禮相助奠。」〔註1〕用現代的話說，做妻子，是一種職業，夫家，就是女性最重要的職場，做女兒時所受的綜合教育就是崗前培訓。

第一節　唐代「妻」之「名」

　　在古代，「名」是很重要的，其中不僅包含著稱謂、名分，還內含著尊卑地位和責任義務。孔子認為，「名不正，則言不順。言不順，則事不成。事不成，則禮樂不興。禮樂不興，則刑罰不中。刑罰不中，則民無所措手足」（《論語‧子路篇》），所以治理政事，必先「正名」。女性，作為男性配偶，其「名」在很大程度上反應著她與男性關係的性質，以及她在家庭和社會中的尊卑地位與職能分工。直至現代，雖然平等的觀念已深入人心，「名」所代表的尊卑等級觀念大大地削弱了，但「名」仍在一定程度上反應著社會關係性質，比如小三、二奶、情婦等稱謂就表明著她們與男性關係的性質有違道德，不受法律保護，不僅會受到社會的譴責，她們內心也會感覺低人一等，希求「扶正」，力圖使自己的身份名正言順，成為合法的「妻」。「妻」一詞口語中用得較少，一般指比較正式的稱謂。據《中華人民共和國婚姻法》第二條規定，我國實行「一夫一妻」

〔註1〕《十三經注疏‧禮記正義》，第870～871頁。

的婚姻制度，「妻」是一個較爲嚴肅的法律概念，「要求結婚的男女雙方必須親自到婚姻登記機關進行結婚登記」後，女方才將被法律認可爲「妻」，只是一般的同居或是其它兩性關係，即使口頭上叫「妻」，但並不一定是眞的「妻」。《婚姻法》第三條規定：「禁止重婚。禁止有配偶者與他人同居。」現代，在一段婚姻關係中，一名男性只能有一名合法的女性配偶，男女在婚姻之外的其它兩性關係不受法律保護。雖然唐代也施行「一夫一妻」的婚姻制度，唐律也禁止一夫多妻，但是在婚姻生活中，合法的女性配偶卻並不只有一個，一夫一妻多妾多妓的情況普遍存在，但是妾、妓地位極低，正史一般不爲其立傳，她們的身影只是偶而出現在其他人的傳文中，所以以兩《唐書》爲史料，著重談論「妻」。「妻」是一種不分貴賤的通稱，泛指男性的正室，在唐代，不同階層男性的「妻」其「名」不同，以兩《唐書》記載的女性傳記爲根據，大致可分爲三類：一是天子之妃，二是官宦之妃，三是庶人之妃，其中重點介紹常用的后、妃、夫人、媵、妻、妾六種稱謂。

一、「天子之妃」

據《禮記·曲禮下》載：「天子之妃曰『后』，諸侯曰『夫人』，大夫曰『孺人』，士曰『婦人』，庶人曰『妻』。」〔註2〕唐人孔穎達在《春秋左傳》的解釋中說到：「鄭玄以爲后之言後，蓋執治內事在夫之後也；夫之言扶，言能扶成人君之德也；孺之言屬，言其繫屬人也；婦之言服，言其服事人也；妻之言齊，言與夫齊等也。庶人之賤，見其齊等也。以上因其爵之尊卑爲立別號，其實皆配夫，通以妃爲稱。」〔註3〕學界一般認爲，在周代以前，不管是天子、諸侯，還是大夫、士或是庶人，他們的配偶都可以稱爲「妃」，因爲從詞源上考察，《說文解字》曰：「妃，匹也」，即配偶的意思。段玉裁在《說文解字注》中解釋到：「夫婦之片合如帛之判合矣。故帛四丈曰兩，曰匹。人之配耦亦曰匹。妃本上下通偁，後人以爲貴偁耳。釋詁曰：妃，媲也。引申爲凡相耦之偁。」〔註4〕「妃」本來是沒有貴庶之分的通稱，但後人卻以爲「妃」是種尊貴的稱謂，今人也多以爲只有王族的配偶才可稱爲「妃」。《左傳》認爲：「嘉

〔註2〕《十三經注疏·禮記正義》，第147頁。
〔註3〕《十三經注疏·春秋左傳正義》，第34頁。
〔註4〕〔漢〕許慎撰、〔清〕段玉裁注，說文解字注〔M〕，上海：上海古籍出版社，1981：614。

耦曰妃，怨耦曰仇」，「妃」和「仇」在這裡都是匹配的意思，「妃」指匹配的男女關係和諧，「仇」指匹配的男女關係不和諧，所以可以說「妃」一詞中暗含著對和諧等美好意謂的期待，比如唐代皇帝的后妃——貴妃、淑妃、德妃、賢妃，其稱謂不僅表示等級，還內含著對后妃美好德行的期待。

天子之妃曰「后」。從詞源上分析，《說文解字》曰：「后，繼體君也。象人之形。從口。《易》曰：后以施令告四方。」段玉裁注：「后之言後也，開創之君在先，繼體之君在後也。」〔註5〕可見，「后」本是相對開創之君而言的，指的是開創之君之後的君位繼承人，比如中國史書上記載的中原第一個世襲王朝夏朝的君主啓，他繼承了父親大禹的王位，史稱夏后啓〔註6〕，他並不是姓夏或夏后，而是姓「姒」，這是從上古母系社會傳承下來的八大姓之一，「夏」是其以國爲氏，表示其所在分支，「后」表示其是君主。另據《竹書紀年·夏紀》載，夏代多位君主稱呼前冠以「后」字，如「后相」「后少康」「后芬」「后荒（芒）」「后泄」「后昊」「后發」「后桀」〔註7〕，但是到了殷商時，其君主的稱呼中就幾乎不再冠以「后」字，據此推測，「后」的此種用法多用於夏及夏以前的上古社會。據《白虎通》分析，「后者，君也。天子妃至尊，故謂后也。明配至尊，爲海內小君，天下尊之，故繫王言之，曰王后也。」〔註8〕在上古母系氏族部落中，女性可爲至尊，因而「后」可指有權威的女性，而在父系社會，一般認爲君王是至尊，而且只有至尊才能與至尊匹配，所以認爲君王的配偶也是至尊，周朝以後，天子的正妻也可稱爲「后」。秦漢之後，改天子爲皇帝，「尊王后曰皇后」〔註9〕，君王配偶的稱謂及等級制度逐漸開始完善。

據《禮記·昏義》載：「古者天子后立六宮、三夫人、九嬪、二十七世婦、八十一御妻，以聽天下之內治，以明章婦順，故天子內和而家理。天子立六官、三公、九卿、二十七大夫、八十一元士，以聽天下之外治，以明章天下

〔註5〕同上，《說文解字注》，第429頁。
〔註6〕《歸藏·鄭母經》云：「夏后啓筮，御飛龍登於天，吉。」《山海經第十六·大荒西經》云：「西南海之外，赤水之南，流沙之西，有人珥兩青蛇，乘兩龍，名曰夏后開。」「珂案：開即啓也，漢人避景帝（劉啓）諱改。」（袁珂校注，山海經校注〔M〕，成都：巴蜀書社，1992：473。）
〔註7〕方詩銘 王修齡，古本竹書紀年輯證〔M〕，上海：上海古籍出版社，1981：6、7、9、10、12、14、16。
〔註8〕〔清〕陳立撰，吳則虞點校，白虎通疏證〔M〕，北京：中華書局，1994：489。
〔註9〕《漢書·高帝紀下》。

之男教，故外和而國治。故曰：『天子聽男教，后聽女順；天子理陽道，后治陰德；天子聽外治，后聽內職。教順成俗，外內和順，國家理治，此之謂盛德。』」〔註10〕皇后的主要職責是「聽天下之內治」，「內治」指的是「婦學之法」，而婦德最重要的是和順，也就是說皇后要成爲婦德的楷模，並教化天下婦女，使婦德在每個家庭中彰顯，這樣才能家庭和睦，與天子的「外治」相配合，就能家和萬事興。這段話指出天子與后分工不同，一外一內，內外同等重要，天子與后同爲至尊。唐代孔穎達進一步解釋到：「謂之爲后者，后，後也，言其後於天子，亦以廣後胤也。」〔註11〕在古代，「皇后」「后妃」之「后」繁體字是「后」，「後面」之「後」繁體字是「後」，漢字簡化致使二者沒有了分別。「后」包含兩層意思：一是「後於天子」，「蓋執治內事在夫之後也」，其主要職能是在天子背後協理事務；二是「廣後胤」，爲天子繁息後嗣。這個「后」字，同樣顯示出了皇后的地位也在天子之後，雖同爲至尊，但地位卻次一等，是一人之下萬人之上的「至尊」，這也是夫與妻雖齊，但並不是眞的「同尊卑」，父與母雖至親，卻仍有斬衰與齊衰之別。據兩《唐書》載，皇后執掌後宮，雖禮法上要求「不預政事」，但其言論在一定程度上能左右天子的決策，並能在一定程度上輔助天子，間接參政議政，皇后既尊且貴，但是沒有子嗣的皇后卻自覺惶惶不安，常擔心後宮爭寵力微，地位難保，以唐高宗的第一任皇后王皇后與第二任皇后武則天爲例，王皇后無子嗣，自覺後宮地位不穩，又與蕭良娣爭寵敗北，故引狼入室，將武則天接入宮中，本欲拉攏武則天與蕭良娣抗衡，或是至少可以形成三足鼎立之局勢，削弱蕭良娣，可誰知武則天如此強勢，委曲求全，逐漸得勢，打敗二人，獨佔後宮。

《禮記·曲禮》曰：「天子有后，有夫人，有世婦，有嬪，有妻，有妾。」〔註12〕皇帝除了皇后這一正妻之外，其它有名分和地位的配偶大概還有一百多人，在唐代，皇帝配偶的稱謂有所調整：

> 唐因隋制，皇后之下，有貴妃、淑妃、德妃、賢妃各一人，爲夫人，正一品；昭儀、昭容、昭媛、脩儀、脩容、修媛、充儀、充容、充媛各一人，爲九嬪，正二品；婕妤九人，正三品；美人九人，正四品；才人九人，正五品；寶林二十七人，正六品；御女二十七

〔註10〕《十三經注疏·禮記正義》，第 1624 頁。
〔註11〕《十三經注疏·禮記正義》，第 128 頁。
〔註12〕《十三經注疏·禮記正義》，第 128 頁。

人，正七品；采女二十七人，正八品；其餘六尚諸司，分典乘輿服御。龍朔二年，官名改易，內職皆更舊號。咸亨二年復舊。開元中，玄宗以皇后之下立四妃，法帝嚳也。而后妃四星，一爲正后；今既立正后，復有四妃，非典法也。乃於皇后之下立惠妃、麗妃、華妃等三位，以代三夫人，爲正一品；又置芳儀六人，爲正二品；美人四人，爲正三品；才人七人，爲正四品；尚宮、尚儀、尚服各二人，爲正五品；自六品至九品，即諸司諸典職員品第而序之，後亦參用前號。〔註 13〕

在《禮記・曲禮》中，從「后」到「妾」，似乎是按由尊而卑的次序排列，而「世婦」在「嬪」之前，這樣讓人感覺「世婦」似乎比「嬪」尊貴，可在《禮記・昏義》中，「世婦」排在「嬪」之後，在《周禮・天官冢宰》中，「九嬪，世婦，女御，女祝四人，奚八人」，「世婦」也排在「嬪」之後，而在唐初的后妃制度中，沒有世婦之名，從人數上考察，二十七世婦大概可理解爲包括婕妤、美人、才人各九人，排在九嬪之後。八十一御妻大概可理解爲包括寶林二十七人、御女二十七人、采女二十七人，妾指除這些人之外其它被皇帝臨幸過卻沒有名分和地位的宮女，鄭玄在注解中說：「妾，賤者，不入百二十人數。」〔註 14〕開元中，后妃編制縮減，白居易《長恨歌》中描寫唐玄宗時期「後宮佳麗三千人」的盛景，大概是把六宮中所有宮女都認作爲潛在的臨幸對象。唐代后妃雖設了官品，名義上應該從事管理工作，是「高層白領」，但實際上大多都只是虛職，只表示地位的尊卑，無須管理相應的具體事務，具體事務另交六宮女官管理。《禮記・曲禮》曰：「納女，於天子曰『備百姓』，於國君曰『備酒漿』，於大夫曰『備埽灑』。」〔註 15〕「備百姓」「備酒漿」「備埽灑」三者不僅表示天子、國君、大夫娶妻的不同稱謂，同時在一定程度上也反映了他們娶妻之目的與期待，后妃們（尤其是「皇后以下百二十人」）的主要職責既不是「幹事業」，也不是「備酒漿」「備埽灑」，而是取悅皇帝和爲皇帝「備百姓」，生兒育女以廣後嗣。

　　在唐代，皇后在皇帝面前自稱爲「妾」，比如唐太宗的文德長孫皇后對唐太宗說：「妾託體紫宮，尊貴已極，不願私親更據權於朝。漢之呂、霍，可以

〔註 13〕《舊唐書・列傳第一・后妃上》。
〔註 14〕《十三經注疏・禮記正義》，第 149 頁。
〔註 15〕《十三經注疏・禮記正義》，第 166 頁。

爲誠。」〔註16〕

二、官宦之妃

諸侯之妃曰「夫人」。唐人孔穎達認爲：「夫，扶也，扶助其君也。」〔註17〕夫人能「扶成人君之德」，是指夫人有責任和義務幫助夫君完善其德行，使其「不入於非道」。女子從夫，有君臣之義，「夫有惡事，勸諫諄諄，莫學愚婦，惹禍臨身」（《女論語・事夫章第七》），如果夫君行非禮之事，女子理應勸止，否則災禍降臨，累及其夫，禍及全家，正如《女孝經・諫諍章第十五》中說的，「夫有諍妻，則不入於非道」，「夫非道則諫之」。但陳立在《白虎通疏證・嫁娶》卻認爲：「國君之妻，稱之曰夫人何？明當扶進八人，謂八妾也。」〔註18〕古代，諸侯結婚有「一聘九女」的習俗，據《春秋公羊傳・莊公十八年至二十七年》記載：「媵者何？諸侯娶一國，則二國往媵之，以姪娣從。姪者何？兄之子也。娣者何？弟也。諸侯一聘九女，諸侯不再娶。」〔註19〕據《春秋左傳・成公三年至十年》記載，《釋例》曰：「古者諸侯之娶適夫人及左右媵，各有姪娣，皆同姓之國，國三人，凡九女。」〔註20〕以「魯國嫁伯姬於宋」，伯姬尊爲「夫人」，魯國與衛國、晉國同姓，所以兩國各來一媵〔註21〕，而夫人與兩媵各有姪娣，三國各出一名姪女和妹妹陪嫁，所以一而三，三而九，諸侯娶一夫人，陪嫁八女。在古代，女子較爲重要的一種德行是指「不妒」，「妒」會「亂家」，造成家庭不和，而夫人扶進八人，就可顯明夫人的德行要求謙遜寬厚能容人。

夫人是諸侯對其嫡妻的稱謂，「夫人之名，唯諸侯得稱」〔註22〕，其它人不能用此稱呼諸侯之妻，據《論語・季氏》載：「邦君之妻，君稱之曰夫人，夫人自稱曰小童，邦人稱之曰君夫人，稱諸異邦曰寡小君。異邦人稱之亦曰

〔註16〕《新唐書・列傳第一・后妃上》。
〔註17〕《十三經注疏・禮記正義》，第128頁。
〔註18〕〔清〕陳立撰，吳則虞點校，白虎通疏證〔M〕，北京：中華書局，1994：489～490。
〔註19〕《十三經注疏・春秋公羊傳注疏》，第158頁。
〔註20〕《十三經注疏・春秋左傳正義》，第731頁。
〔註21〕《春秋左傳・卷第二十六・成公三年至十年》：成公八年，「衛人來媵共姬，禮也」；成公九年，「晉人來媵，禮也」。（《十三經注疏・春秋左傳正義》，第735，738頁。）
〔註22〕《十三經注疏・禮記正義》，第148頁。

君夫人。」〔註23〕邦君（諸侯）自稱其妻爲「夫人」，夫人在夫君面前自稱爲「小童」，自謙弱小無知；臣民稱己國和他國的諸侯之妻都爲「君夫人」；他國之人來朝見己國諸侯及其妻時，臣民對他國之人稱己國諸侯之妻爲「寡小君」，自謙寡德弱小。又據《禮記・曲禮》記載：「夫人自稱於天子曰『老婦』，自稱於諸侯曰『寡小君』，自稱於其君曰『小童』，自世婦以下，自稱曰『婢子』。子於父母，則自名也。」〔註24〕在大型祭祀活動中，諸侯之妻在助祭時若是見到天子，在天子面前自稱爲「老婦」；諸侯之妻在他國來朝之人面前也自稱爲「寡小君」；在父母面前，女子可以自稱己名。在古代，爲表尊敬，一般不直呼他（她）人之名，爲表謙遜，一般不自稱己名，如《禮記・曲禮》曰：「國君不名卿老世婦，大夫不名世臣侄娣，士不名家相長妾」〔註25〕，國君雖然尊貴之極，但仍應尊敬卿老世婦，不得直呼其名；妾雖賤，但大夫、士也應尊重家族顯貴或是對家庭有重大貢獻的妾，仍不得直呼其名。

　　夫人以下八女也有尊卑，據《禮記・曲禮》記載：「公侯有夫人，有世婦，有妻，有妾。」孔穎達解釋到：「『有世婦』者，謂夫人之侄娣，故《公羊》云，夫人無子，立侄娣子也。……《左氏》亦夫人侄娣貴於二媵，則此世婦者，謂夫人侄娣也，其數二人。『有妻』者，謂二媵及侄娣也，凡六人。『有妾』者，謂九女之外，別有其妾。」〔註26〕世婦指跟隨夫人嫁過來的侄娣，屬於同一國，地位比媵要高，而其它兩國陪嫁過來的二媵及其侄娣六人都只能算是「妻」，妻地位比世婦低，其中二媵的地位比其侄娣四人要高，侄娣之中「娣尊侄卑」〔註27〕。妾比妻地位更爲卑下，一般都不值得書寫，天子有妾，指的是百二十女之外，諸侯有妾，指的是九女之外。

　　唐代沒有設諸侯之爵，據史料記載，周滅商後，周天子分封天下，將當時的土地和連同人民分別授予王族、功臣和貴族等，讓他們建立自己的領地，按期納貢，保衛王室，於是諸侯國林立，諸侯正是源自這種分封制，是中央政權所分封的各國國君的通稱。分封制容易導致權力分散，引起王朝內部叛亂，所以秦漢以來，各朝多推行郡縣制，唐代也不例外，各王皆有封地，但

〔註23〕《十三經注疏・論語注疏》，第 231 頁。
〔註24〕《十三經注疏・禮記正義》，第 147 頁。
〔註25〕《十三經注疏・禮記正義》，第 106 頁。
〔註26〕《十三經注疏・禮記正義》，第 149 頁。
〔註27〕《十三經注疏・禮記正義》，第 107 頁。

不再是相對自治的諸侯國了。在唐代，男性爵位分爲九等〔註28〕，但「婦人無爵，從夫之爵，坐以夫之齒」〔註29〕，婦人的封號皆從夫之官爵高低而定，統稱「命婦」，宮廷外官員之妻稱「外命婦」。唐代外命婦分爲六等：

> 凡外命婦有六：王、嗣王、郡王之母、妻爲妃，文武官一品、國公之母、妻爲<u>國夫人</u>，三品以上母、妻爲<u>郡夫人</u>，四品母、妻爲<u>郡君</u>，五品母、妻爲<u>縣君</u>，勳官四品有封者母、妻爲<u>鄉君</u>。凡外命婦朝參，視夫、子之品。諸蕃三品以上母、妻授封以制。流外技術官，不封母、妻。〔註30〕

王，即親王，唐代指皇帝的兄弟和兒子〔註31〕，是正一品，是九品十八級中的第一級，親王的嫡妻封爲王妃，嫡妻與夫齊體，「共牢而食，同尊卑也」，享受一品待遇，王妃之下又有「孺人二人，視正五品，媵十人，視從六品」〔註32〕。孺人與媵，是不同於妻〔註33〕與妾的存在，其地位在妻之下，妾之上。孺人原指大夫之妃，「孺之言屬，言其繫屬人也」，強調其依附性。孺人雖然在夫家地位不及王妃，但其出身與王妃一樣，皆較爲顯貴，比如睿宗肅明順聖皇后劉氏、昭成順聖皇后竇氏〔註34〕與肅宗韋妃〔註35〕，她們初爲孺人，

〔註28〕 據《新唐書·志第三十六·百官一·尚書省·吏部》載：「凡爵九等：一曰王，食邑萬戶，正一品；二曰嗣王、郡王，食邑五千戶，從一品；三曰國公，食邑三千戶，從一品；四曰開國郡公，食邑二千戶，正二品；五曰開國縣公，食邑千五百戶，從二品；六曰開國縣侯，食邑千戶，從三品；七曰開國縣伯，食邑七百戶，正四品上；八曰開國縣子，食邑五百戶，正五品上；九曰開國縣男，食邑三百戶，從五品上。」

〔註29〕 《十三經注疏·禮記正義》，第815頁。

〔註30〕 《新唐書·志第三十六·百官一·尚書省·吏部》。

〔註31〕 據《新唐書·志第三十六·百官一·尚書省·吏部》載：「皇兄弟、皇子，皆封國爲親王；皇太子子，爲郡王；親王之子，承嫡者爲嗣王，諸子爲郡公，以恩進者封郡王；襲郡王、嗣王者，封國公。」

〔註32〕 《新唐書·志第三十六·百官一·尚書省·吏部》。

〔註33〕 在唐代，妻指的是嫡妻、正室，與《禮記·曲禮》中「有夫人，有世婦，有妻，有妾」之「妻」不同，此點在下文「庶人之妃」中有論及。

〔註34〕 《舊唐書·列傳第一·后妃上》：「睿宗肅明順聖皇后劉氏，刑部尚書德威之孫也。父延景，陝州刺史，景雲元年，追贈尚書右僕射、沛國公。儀鳳中，睿宗居藩，納後爲孺人，尋立爲妃，……文明元年睿宗即位，冊爲皇后。」「睿宗昭成順聖皇后竇氏，將作大匠抗曾孫也。祖誕，大理卿、莘國公。父孝諶，潤州刺史，景雲元年，追贈太尉、邠國公。后姿容婉順，動循禮則，睿宗爲相王時爲孺人，甚見禮異。光宅元年，立爲德妃。生玄宗及金仙、玉眞二公主。」

〔註35〕 《舊唐書·列傳第一·后妃下》：「肅宗韋妃。父元珪，兗州都督。肅宗爲忠

卻身世顯赫，地位尊貴，有「爲嫡之望」，可由孺人升至王妃，隨著丈夫地位
的變化，甚至可做太子妃，亦或是皇后。除了親王之外，其它品級的官員不
得置孺人，但可置「媵」：

> 二品，媵八人，視正七品；國公及三品，媵六人，視從七品；
> 四品，媵四人，視正八品；五品，媵三人，視從八品。凡置媵，上
> 其數，補以告身。散官三品以上，皆置媵。〔註36〕

媵雖然也享有封號，但是與孺人相比，待遇卻是天壤之別。媵作爲陪嫁女，
從進入夫家之日起，就決定了其「備胎」地位，低人一等。據《儀禮·士昏》
記載，賈公彥解釋「媵有二種」：第一種是「諸侯有二媵外別有姪娣」，他認
爲「諸侯夫人自有姪娣，並二媵各有姪娣，則九女是媵，與姪娣別也」，可是
在這裡的「九女是媵」很難解釋通；第二種是「若大夫、士無二媵，即以姪
娣爲媵」〔註37〕，據鄭玄注解，「古者嫁女，必姪娣從，謂之媵」，諸侯娶妻
一聘九女，但大夫與士娶妻並沒有這麼高規格，只有從妻而來的姪娣，也就
是「一妻二妾」〔註38〕，以姪娣爲媵，娣尊姪卑。媵必須是同姓的姪娣，是
爲了「防嫉妒」，減少家庭內部矛盾，如《釋例》中說的，「參骨肉至親，所
以息陰訟，陰訟息，所以廣繼嗣也。當時雖無其人，必待年而送之，所以絕
望求、塞非常也。」〔註39〕唐代「兩娶一門」的婚俗是姪娣從妻而嫁形式的
演變，也可緩解繼室與前室子女之間的矛盾，利於家庭和睦，有的是續娶前
室的妹妹，比如兩《唐書》中的「崔繪妻盧氏」，她是名門之後，在她孀居之
後，她的亡姊之夫李思沖請求續親；有的是續娶前室的姪女，比如馬燧先娶
河南元氏，封爲許國夫人，許國夫人死的時候，幼子馬暢還比較小，於是馬

<hr>

王時，納爲孺人，及升儲位，爲太子妃。」

〔註36〕《新唐書·志第三十六·百官一·吏部》。另外，此段中「國公」與前文中提
　　　　到的「國公之母、妻爲國夫人」、凡爵九等中「三曰國公，食邑三千戶，從一
　　　　品」以及「襲郡王、嗣王者，封國公」不同，此國公爲皇帝對政績突出者的
　　　　獎勵稱號，比如後文提到的張說，唐玄宗封其爲燕國公，實職爲中書令，正
　　　　三品。此處「國公」應與「三品」相當，若爲「從一品」，與前後文按品秩高
　　　　低排序相衝突，故作此判斷。
〔註37〕《十三經注疏·儀禮注疏》，第89～90頁。
〔註38〕在《禮記·曲禮》中，孔穎達轉引到：「熊氏云：『士有一妻二妾，言長妾者，
　　　　當謂娣也。』」（《十三經注疏·禮記正義》，第107頁。）在《毛詩正義·綢
　　　　繆》中，孔穎達在解釋中說到：「大夫一妻二妾」。（《十三經注疏·毛詩正義》，
　　　　第391頁。）
〔註39〕《十三經注疏·春秋左傳正義》，第731頁。

燧「顧託以其姪爲繼室，是爲陳國夫人」〔註40〕。

古代男性雖然擁有諸多侍寢之人，但仍認爲「婦人以眾多爲侈也」〔註41〕，「不再醮」也是男性的一種美德，若是嫡妻死後，則「不更聘，必以姪娣媵繼室，一與之醮，則終身不二，所以重婚姻、固人倫。人倫之義既固，上足以奉宗廟，下足以繼後世，此夫婦之義也。」〔註42〕鼓勵男性不再娶，是爲了「節人情，開媵路」，讓媵有「爲嫡之望」，如果正室死了，就由媵充當繼室，代理內職。但是，媵雖然履行著正室的職責，但卻並不享有正室的封號。

唐代官員合禮擁有的媵的人數明顯比古代增多，但其前途並不如古代光明。唐代，不論男女，都可以離婚、再婚，但是《唐律疏議》規定，「人各有耦，色類須同。良賤既殊，何宜配合」，應「當色爲婦」〔註43〕（「當色相娶」「當色婚嫁」），門當戶對，而且妻妾等級分明，很難逾越。如有違反者，不僅遭世人恥笑，還將受到刑罰，比如在《唐律疏議・卷第十三・戶婚》第178條的注疏中說到：

> 問曰：或以妻爲媵，或以媵爲妻，或以妾作媵，或以媵作妾，各得何罪？答曰：據鬥訟律：「媵犯妻，減妾一等。妾犯媵，加凡人一等。餘條媵無文者，與妾同。」即是夫犯媵，皆同犯妾。所問既非妻妾與媵相犯，便無加減之條。夫犯媵，例依犯妾，即以妻爲媵，罪同以妻爲妾。若以媵爲妻，亦同以妾爲妻。其以媵爲妾，律、令無文，宜依「不應爲重」，合杖八十。以妾爲媵，令既有制，律無罪名，止科「違令」之罪。即因其改換，以告身與回換之人者，自從「假與人官」法。若以妾詐爲媵而冒承媵姓名，始得告身者，依詐僞律：「詐增加功狀，以求得官者，合徒一年。」〔註44〕

在唐代，媵仍是比妻地位低，比妾地位高，但是不能以媵爲妻，媵失去了「爲嫡之望」〔註45〕，此外，從「以媵爲妻」與「以妾爲妻」罪罰相當來看，媵的地位明顯下降，幾與妾同。

〔註40〕 《舊唐書・列傳第八十四・馬燧》《新唐書・列傳第八十・馬燧》中都有記載。
〔註41〕 《十三經注疏・春秋公羊傳注疏》，第 158 頁。
〔註42〕 《十三經注疏・春秋左傳正義》，第 731 頁。
〔註43〕 《唐律疏議》，第 269、240 頁。
〔註44〕 《唐律疏議》，第 256～257 頁。
〔註45〕 《十三經注疏・春秋公羊傳注疏》，第 158 頁。

三、「庶人之妃」

　　庶人之妃曰「妻」。鄭玄認爲，「妻之言齊，言與夫齊等也。庶人之賤，見其齊等也」〔註46〕，這句話中包含著四層意思：其一，「天子有後，有夫人，有世婦，有嬪，有妻，有妾」〔註47〕，「公侯有夫人，有世婦，有妻，有妾」〔註48〕，公侯與天子相比，無「后」與「嬪」，表示君尊臣卑，地位低下者不能僭越，享受超越地位在上者的尺度，庶人只有妻與妾，說明庶人地位更爲低賤。其二，在前兩句中，妻都表示地位較爲低下的男性配偶，根據妻「與夫齊等」的原則，妻與庶人夫的地位是平等，也就表示庶人地位與妻一樣是低賤的，或是說天子妻或是公侯妻或是庶人妻的地位與庶人在社會上的地位一樣是低賤的。其三，唐人孔穎達認爲：「『庶人曰妻』者，妻之言齊也。庶人賤，無別稱，判合齊體而已。尊卑如此，若通而言之，則貴賤悉曰妻，故《詩》曰：『刑於寡妻。』是天子曰妻也」〔註49〕，這裡的「妻」不是指天子的八十一御妻，在《毛詩正義》中，漢人毛亨認爲，「寡妻，適妻也」，鄭玄認爲：「寡妻，寡有之妻，言賢也」，〔註50〕適妻即嫡妻，一陽一陰，一夫一妻制，所以天子只有一位嫡妻，所有說寡有，因此，妻也可以表示至尊的皇后，不只是賤稱，而是個通稱，由此推之，妻與夫齊等，也可泛指所有正室與其丈夫同尊卑，地位基本平等，如皇帝與皇后，至尊配至尊，二品官員，其夫人也是二品。其四，與天子、官宦之嫡妻相比，庶人妻大多沒有婢女或是僕人爲其處理雜事，凡事要親力親爲，所以庶人之妻與夫齊等，意味著庶人妻要承擔的家庭責任更多，幾乎與丈夫相等，既要生兒育女傳宗接代，也要「納酒漿、籩豆、菹醢」，幫助丈夫準備祭祀，不僅要承擔蒸煮炒洗灑掃擦等家務，還要「執麻枲，治絲繭，織紝、組、紃，學女事以共衣服」〔註51〕，賺錢貼補家用。正因爲如此，庶人妻女的生存能力要比官宦家妻女的生存能力強，官宦家一旦頂梁柱倒塌，家道中落，其妻女很多毫無生存技能，只能依附他人，賣身求存，比如第二章第三節中提到的五品官員之女楊含妻蕭氏要歸葬雙親須得嫁做他人婦（還有諸多賣身葬父的例子），而庶民王和子與鄭神佐女卻能依靠自己的力量歸葬親人，後文中提到的霍小玉

〔註46〕　《十三經注疏・春秋左傳正義》，第34頁。
〔註47〕　《十三經注疏・禮記正義》，第128頁。
〔註48〕　《十三經注疏・禮記正義》，第149頁。
〔註49〕　《十三經注疏・禮記正義》，第148頁。
〔註50〕　《十三經注疏・毛詩正義》，第1010頁。
〔註51〕　《十三經注疏・禮記正義》，第870～871頁。

母女則是淪落風塵。

在唐律中，「妻」泛指嫡妻，因此可以說唐代施行「一夫一妻」的婚姻制度，禁止一夫多妻，如《唐律疏議・卷第十三・戶婚》規定：

177 諸有妻更娶妻者，徒一年；女家，減一等。若欺妄而娶者，徒一年半；女家不坐。各離之。【疏】議曰：依禮，日見於甲，月見於庚，象夫婦之義。一與之齊，中饋斯重。故有妻而更娶者，合徒一年。「女家減一等」，爲其知情，合杖一百。「若欺妄而娶」，謂有妻言無，以其矯詐之故，合徒一年半。女家既不知情，依法不坐。仍各離之。稱「各」者，謂女氏知有妻、無妻，皆合離異，故云「各離之」。問曰：有婦而更娶婦，後娶者雖合離異，未離之間，其夫內外親戚相犯，得同妻法以否？答曰：一夫一婦，不刊之制。有妻更娶，本不成妻。詳求理法，止同凡人之坐。〔註52〕

此條與現代婚姻法有相似之處：其一，《中華人民共和國刑法》第二百五十八條規定：「有配偶而重婚的，或者明知他人有配偶而與之結婚的，處二年以下有期徒刑或者拘役」，「有妻更娶」，男方算重婚罪，女方若是在不知男方有妻的情況下被騙婚，女方不入罪，若是女方明知其有妻仍與其結婚，女方入罪，但是唐律規定女方罪責比男方輕，而現代刑罰並沒有特別指出女方應輕判，在合理量刑的範圍內，具體量刑多少就看律師了；其二，後娶之妻，即使有婚契爲證，或是在婚姻登記機關登記了，但其婚姻關係仍不受法律保護，應判無效婚姻。但因爲現代是婚姻自由，必須男女雙方親自去婚姻登記機關登記才是合法婚姻，除了「有證婚姻」，其它姘居關係都不受法律保護，而唐代是以家長包辦婚姻爲主，自由婚姻爲輔，「婚書」「娉財」等都能作爲婚約憑證〔註53〕，所以男女雙方可能在不知情的狀態下就有了婚約對象。男性若是在外「自娶妻」，而

<hr>

〔註52〕《唐律疏議》，第 255 頁。
〔註53〕《唐律疏議・卷第十三・戶婚》第 175 條：「諸許嫁女，已報婚書及有私約，約，謂先知夫身老、幼、疾、殘、養、庶之類。而輒悔者，杖六十。男家自悔者，不坐，不追娉財。……【疏】議曰：許嫁女已報婚書者，謂男家致書禮請，女氏答書許訖。」「皆謂宿相諳委，兩情具愜，私有契約，或報婚書，如此之流，不得輒悔，悔者杖六十，婚仍如約。若男家自悔者，無罪，娉財不追。……【疏】議曰：婚禮先以娉財爲信，故禮云：『娉則爲妻。』雖無許婚之書，但受娉財亦是。注云『娉財無多少之限』，即受一尺以上，並不得悔。酒食非者，爲供設親賓，便是眾人同費，所送雖多，不同娉財之限。若『以財物爲酒食者』，謂送錢財以當酒食，不限多少，亦同娉財。」

「尊長後爲定婚」，那麼「若卑幼所娶妻已成者，婚如法；未成者，從尊長所定」〔註54〕，「已成者」，指的是有婚約憑證；「未成者」，指訂了婚沒成婚，男女在外私定終身而家長不知情的。男女「未成」與「已成」，有時候界限並不清楚，比如唐人蔣防著的《霍小玉傳》中的霍小玉與李益，李益在長安謀官時與霍小玉〔註55〕同居兩年多，情投合意，歸家時留下「死生以之，與卿偕老」的誓言與誓書，可回家後家長便爲他與富家千金盧氏締結了婚約，在這種情況下，婚事尚未上報官府，婚約「已成」與「未成」，並不是看婚約憑證，而是看男方心意，男方若想反悔，輕而易舉，只是「不追娉財」而已，後來李益薄情，拋棄了霍小玉，霍小玉既不算是妾，更不算是妻，所以李益娶了盧氏也不算是重婚。

　　在現代，若是女方有夫更嫁，犯重婚罪，其罪罰與男方在法律上是一致的，但是在唐代，情況就比較複雜：其一，女方接受了「婚書」或「娉財」等，就不能悔婚，也不能「更許他人」，否則就要受處罰，「悔者杖六十，婚仍如約」，若是前夫不同意悔婚的話，女方即使接受了處罰也不能斬斷之前的婚約〔註56〕，若是前夫不娶，女方還了前夫娉財就可與後夫結婚了；其二，即使丈夫自願與他人共妻或共妾，女方不管是否自願，都是重婚，娶有夫之婦的一方與嫁有夫之婦的一方都要接受處罰，而且女方還要與兩任丈夫都離婚〔註57〕，若是女方是被逼迫重婚的，則女方無須受罰徒兩年，受罰的主要

〔註54〕《唐律疏議・卷第十三・戶婚》第 188 條：「諸卑幼在外，尊長後爲定婚，而卑幼自娶妻，已成者，婚如法；未成者，從尊長。違者，杖一百。【疏】議曰：『卑幼』，謂子、孫、弟、姪等。『在外』，謂公私行詣之處。因自娶妻，其尊長後爲定婚，若卑幼所娶妻已成者，婚如法；未成者，從尊長所定。違者，杖一百。『尊長』，謂祖父母、父母及伯叔父母、姑、兄姊。」

〔註55〕霍小玉是霍王之女，由於母親只是霍王的婢女，地位卑賤，霍王死後，母女被趕出霍家，窮困潦倒之際淪落爲娼。《霍小玉傳》：「故霍王小女，字小玉，王甚愛之。母曰淨持。即王之寵婢也。王之初薨，諸弟兄以其出自賤庶，不甚收錄。因分與資財，遣居於外，易姓爲鄭氏，人亦不知其王女。」

〔註56〕《唐律疏議・卷第十三・戶婚》第 175 條：「若更許他人者，杖一百；已成者，徒一年半。後娶者知情，減一等。女追歸前夫，前夫不娶，還娉財，後夫婚如法。【疏】議曰：『若更許他人者』，謂依私約報書，或受娉財，而別許他人者，杖一百。若已成者，徒一年半。後娶者知已許嫁之情而娶者，減女家罪一等；未成者，依下條『減已成者五等』，合杖六十；已成，徒一年。女歸前夫，若前夫不娶，女氏還娉財，後夫婚如法。」

〔註57〕《唐律疏議・卷第十三・戶婚》第 187 條：「諸和娶人妻及嫁之者，各徒二年；妾，減二等。各離之。即夫自嫁者，亦同。仍兩離之。【疏】議曰：和娶人妻及嫁之者，各徒二年。若和嫁娶妾，減二等，徒一年。『各離之』，謂妻妾俱離。『即夫自嫁者亦同』，謂同嫁妻妾之罪。二夫各離，故云『兩離之』。」

是撮合婚姻的主謀〔註58〕；其三，女方擅自離開夫家者，徒兩年，若是自願改嫁者，徒三年，若是被尊長逼迫改嫁者，仍只徒兩年〔註59〕。

唐律雖禁止多妻，但並不限制妾等其它配偶數量。與現代相比，在唐代，不僅妻是「有證」的配偶，妾也是「有證」的配偶，唐律規定「娶妾仍立婚契」〔註60〕，但是妻妾地位懸殊，難以逾越，比如《唐律疏議・卷第十三・戶婚》規定：

> 178 諸以妻爲妾，以婢爲妻者，徒二年。以妾及客女爲妻，以婢爲妾者，徒一年半。各還正之。【疏】議曰：妻者，齊也，秦晉爲匹。妾通賣買，等數相懸。婢乃賤流，本非儔類。若以妻爲妾，以婢爲妻，違別議約，便虧夫婦之正道，黷人倫之彝則，顚倒冠履，紊亂禮經，犯此之人，即合二年徒罪。「以妾及客女爲妻」，客女，謂部曲之女，或有於他處轉得，或放婢爲之；以婢爲妾者：皆徒一年半。「各還正之」，並從本色。……

> 若婢有子及經放爲良者，聽爲妾。【疏】議曰：婢爲主所幸，因而有子；即雖無子，經放爲良者：聽爲妾。問曰：婢經放爲良，聽爲妾。若用爲妻，復有何罪？答曰：妻者，傳家事，承祭祀，既具六禮，取則二儀。婢雖經放爲良，豈堪承嫡之重。律既止聽爲妾，

〔註58〕《唐律疏議・卷第十三・戶婚》第195條：「諸嫁娶違律，祖父母、父母主婚者，獨坐主婚。本條稱以姦論者，各從本法，至死者減一等。【疏】議曰：『嫁娶違律』，謂於此篇內不許爲婚，祖父母、父母主婚者，爲奉尊者教命，故獨坐主婚，嫁娶者無罪。……若期親尊長主婚者，主婚爲首，男女爲從。餘親主婚者，事由主婚，主婚爲首，男女爲從；事由男女，男女爲首，主婚爲從。其男女被逼，若男年十八以下及在室之女，亦主婚獨坐。若男年十八以下及在室之女，亦主婚獨坐，男女勿論。未成者，各減已成五等。媒人，各減首罪二等。」

〔註59〕《唐律疏議・卷第十三・戶婚》第190條：「即妻妾擅去者，徒二年；因而改嫁者，加二等。【疏】議曰：婦人從夫，無自專之道，雖見兄弟，送迎尚不踰閾。若有心乖唱和，意在分離，背夫擅行，有懷他志，妻妾合徒二年。因擅去而即改嫁者，徒三年，故云『加二等』。室家之敬，亦爲難久，帷薄之內，能無忿爭，相嗔蹔去，不同此罪。問曰：妻妾擅去徒二年，因而改嫁者加二等。其有父母、期親等主婚，若爲科斷？答曰：下條：『嫁娶違律，祖父母、父母主婚者，獨坐主婚。若期親尊長主婚者，主婚爲首，男女爲從。』父母知女擅去，理須訓以義方。不送夫家，違法改嫁，獨坐父母，合徒三年；其妻妾之身，唯得擅去之罪。期親主婚，自依首從之法。」

〔註60〕《唐律疏議》，第262頁。(《唐律疏議・卷第十四・戶婚》182條「同姓爲婚」)

即是不許爲妻。不可處以婢爲妻之科，須從以妾爲妻之坐。〔註61〕

妻妾都是良人，色類相同，可一個與夫齊等，一個通賣買，如商品貨物一般，可變賣兌現，也可轉贈他人，爲何地位如此懸殊呢？主要因爲妻妾聘娶方式不同。《禮記·內則》曰：「聘則爲妻，奔則爲妾」〔註62〕，聘指以禮迎娶的意思，「禮」即「士庶親迎之禮，備諸六禮」〔註63〕，「六禮」包括納采（男方託媒人帶著禮品到女方家提親）、問名（詢問女方名字和生辰八字，占卜合婚）、納吉（男方備禮與女方正式訂婚）、納徵（送聘禮）、請期（占卜議定婚期）、親迎（新郎往女家親自迎娶新娘）等程序，這套禮節比較繁瑣，在實際生活中往往要簡略一些，但一般仍離不開「父母之命，媒妁之言」，娶妻是較爲重大事情，孔子認爲，即使是天子、諸侯等尊貴之人，在娶妻之時也應親自迎娶，禮節要做到位，因爲娶妻是「合二姓之好」〔註64〕，是兩個家族或是兩個國家之間長久關係的紐帶，而妾通賣買，男方與妾的娘家之間的關係是臨時的買賣關係，其婚契如同是賣身契，主要是確定女方歸屬於男方，而非與男方齊等，男方對妾無須履行對妻的契約，如「七出三不去」〔註65〕、爲妻之父母居喪服齊衰等等。如果妻子不是禮聘至男方家，而是私奔至家，那麼女方就是自降身份，不僅有辱自家門庭，也很容易被夫家人看不起，比如在白居易的《井底引銀瓶》〔註66〕一詩中，女子未經父母允許，沒舉行正式婚禮就私自與情郎結合，不僅無顏面對娘家人，夫家也因此輕賤她，她在

〔註61〕　《唐律疏議》，第256～257頁。

〔註62〕　《十三經注疏·禮記正義》，第871頁。

〔註63〕　《唐會要》卷八三。

〔註64〕　《十三經注疏·禮記正義》，第166頁。

〔註65〕　《唐律疏議·卷第十三·户婚》第189條：「諸妻無七出及義絕之狀，而出之者，徒一年半；雖犯七出，有三不去，而出之者，杖一百。追還合。若犯惡疾及姦者，不用此律。【疏】議曰：伉儷之道，義期同穴，一與之齊，終身不改。故妻無七出及義絕之狀，不合出之。」

〔註66〕　《井底引銀瓶》：「序：止淫奔也。井底引銀瓶，銀瓶欲上絲繩絕。石上磨玉簪，玉簪欲成中央折。瓶沉簪折知奈何？似妾今朝與君別。憶昔在家爲女時，人言舉動有殊姿。嬋娟兩鬢秋蟬翼，宛轉雙蛾遠山色。笑隨戲伴後園中，此時與君未相識。妾弄青梅憑短牆，君騎白馬傍垂楊。牆頭馬上遙相顧，一見知君即斷腸。知君斷腸共君語，君指南山松柏樹。感君松柏化爲心，暗合雙鬟逐君去。到君家舍五六年，君家大人頻有言。聘則爲妻奔是妾，不堪主祀奉蘋蘩。終知君家不可住，其奈出門無去處。豈無父母在高堂？亦有親情滿故鄉。潛來更不通消息，今日悲羞歸不得。爲君一日恩，誤妾百年身。寄言癡小人家女，慎勿將身輕許人！」

夫家侍奉公婆丈夫達五六年之久，卻仍得不到他們的認可，公婆還對她還挑三揀四，甚至不讓她主持祭祀，女子覺得在夫家無立足之地，本想回娘家，可又自覺羞愧不好意思回去，只能在夫家忍辱苟活。私定終身的夫妻，若是丈夫不保護自己的妻子，妻子在家的地位就會如妾一樣，而在陳玄祐的《離魂記》中，倩娘也是私奔，可丈夫王宙善待她，婚後生活很幸福。妻妾雖然法律地位懸殊，但是名分的定位一般與愛情沒有太多的關聯。鄭玄注《周禮·九嬪》云：「凡御見之法，月與后妃共象也。卑者宜先，尊者宜後。女御八十一人當九夕，世婦二十七人當三夕，九嬪九人當一夕，三夫人當一夕，后當一夕，亦十五日而遍」〔註67〕，似乎名分越高，與丈夫相處的時間越多，得到的愛也會越多，可實際生活並非如此刻板，丈夫冷落嫡妻而專寵姬妾的事例比比皆是，妻妾之間得到丈夫更多寵愛之人往往實際地位也會越高，這正是女人們挖空心思爭寵的主要原因之一。可是即使有些姬妾得到了丈夫更多的寵愛，但有些東西她們卻仍很難得到，比如嫡妻「傳家事，承祭祀」的資格以及嫡妻與孺人、媵從夫之爵的名分和地位。

第二節　事常之道

從事夫的角度看，兩《唐書》中記載的理想妻子的婦德，大多凸顯其事變之道，而非事常之道。所謂事常之道，指的是日常生活中的為婦之道，事變之道，指在常規情況發生變異的時候的為婦之道。由於古代男女分工不同，作為妻子，肯定在操持家務方面貢獻較多，然而這些細微的貢獻往往被認為是過於平凡，常被當作理所當然，只有那些卓異之舉，才能載入史冊。〔註68〕何謂卓異？「失身賊庭，不污非義，臨白刃而慷慨，誓丹衷而激發，粉身不顧，視死如歸」〔註69〕，此可謂之卓異，其節操堪比壯夫義士；而那些操持著平凡的家事幾十年如一日的婦人亦不平凡，也可謂之卓異。

在夫家的日常生活中，婦人之職主要體現在哪些方面呢？《禮記·曲禮》曰：「納女，於天子曰『備百姓』，於國君曰『備酒漿』，於大夫曰『備埽灑』。」〔註70〕「備百姓」「備酒漿」「備埽灑」三者表示天子、國君、大夫娶妻的不

〔註67〕《十三經注疏·禮記正義》，第129頁。
〔註68〕肖群忠，孝與中國文化〔M〕，北京：人民出版社，2001：323。
〔註69〕《舊唐書·列傳一百四十三·列女》。
〔註70〕《十三經注疏·禮記正義》，第166頁。

同稱謂，是由婦人之職「百姓」「酒漿」「埽灑」三者推衍出來的。「於國君曰『備酒漿』」而「不敢言『百姓』也」，國君與天子相比，「轉卑」，「於大夫曰『備埽灑』」，「不得言『酒漿』也」，大夫與諸侯相比，「彌賤也」，「唯及大夫，不及士者，士卑故也。」〔註 71〕雖根據地位尊卑，對婦人之職期待和強調的側重點不同，但是作爲一名合格和理想的妻子，「百姓」「酒漿」「埽灑」三者皆需具備。

一、「備百姓」

「備百姓」主要指生兒育女，傳宗接代。「姓之言生也」，兒女一般以父姓爲己姓，所以多子能「廣子姓」，而「百」並非實數，喻指眾多，史料上記載的子女過百之人並不多。

相傳周文王有百子，此說源於《詩經·大雅·思齊》中的一句話：「大姒嗣徽音，則百斯男」，《思齊》章主要講「文王所以聖也」，所以結合上下文，此句的意思是周文王的嫡妻太姒繼承了文王之母太任、文王之奶奶太姜的美德，「不妒忌而進眾妾」，太姒有十子，那麼文王眾妾之子加起來「則宜百子也」〔註 72〕，太姒的美德成就了文王百子之福，太姒之賢是「文王所以聖」的根本原因之一。

有聖德之人可能有百子，但有百子之人未必有聖德。據《漢書·卷五十三·景十三王傳·中山靖王劉勝》載：「勝爲人樂酒好內，有子百二十餘人。」中山靖王劉勝是漢景帝劉啓的庶子，又是三國時期蜀漢皇帝劉備的第十三世先祖，他爲人好酒色，不務政事，有子一百二十餘人。另據明代王世貞的《皇明盛事述》載：「慶成王生一百子，俱成長，自封長子外，餘九十九人並封鎮國將軍。每會，紫玉盈坐，至不能相識，而人皆隆準。極異事也。」〔註 73〕慶成王朱濟炫是明太祖朱元璋之嫡孫，生子一百人，其中長子朱美埥襲封慶成王，餘九十九人都封鎮國將軍，每次聚會，同父兄弟間竟不相識，但他們都是高鼻梁，於是作爲異事被記錄，而非有豐功偉績。

雖然女性是生命的直接生產者，但「百姓」並非指希望嫡妻能生育百子。據 2001 年吉尼斯世界紀錄記載，按照有官方統計數字的世界上生孩子最多的

〔註71〕《十三經注疏·禮記正義》，第 166 頁。
〔註72〕《十三經注疏·毛詩正義》，第 1009 頁。
〔註73〕〔明〕王世貞，弇山堂別集〔M〕，北京：中華書局，1985：9。

女人，應該是 18 世紀的俄羅斯女農民瓦西里耶夫娜，她在 1725 年至 1765 年 40 年期間，一共生兒育女 27 次，其中包括 16 次雙胞胎、7 次 3 胞胎和 4 次 4 胞胎，共計 69 人，其中有 67 個子女生存下來了。女性的生理規律決定了單個女性很難生育百子，所以推斷，「備百姓」重點要求的是嫡妻的一種美德：不妒忌。

「妒」是唐律規定的「七出」之一，因爲妒忌容易造成家庭不和，亂家敗家，比如唐中宗的女兒宜城公主，「下嫁裴巽。巽有嬖姝，主恚，刵耳劓鼻，且斷巽髮。帝怒，斥爲縣主，巽左遷」〔註 74〕，公主因妒成恨，割掉了丈夫寵愛的美女的耳朵和鼻子，並剪斷了丈夫的頭髮讓他羞於見人，因爲公主身份尊貴，裴巽無法提出休妻請求，但是唐中宗知曉此事後大怒，不僅貶降公主爲縣主，也將其丈夫降職，家庭不和，夫妻都有責任。因爲妒忌，強勢的妻子會限制丈夫臨幸其它女人，從而減少了子女出生幾率，比如唐高宗的皇后武則天，唐高宗共有八子三女，其中四子（後宮劉生忠，鄭生孝，楊生上金，蕭淑妃生素節）、二女（蕭淑妃生義陽公主、高安公主）都是在武則天當皇后之前生的，武則天當皇后之後，四子（弘、賢、中宗皇帝、睿宗皇帝）一女（太平公主）皆是武則天所生，否則唐高宗身在大唐盛世，子女不至於如此凋零。

兩《唐書》中也記載有「不妒」的美德典型，比如唐太宗的長孫皇后〔註 75〕，後宮中妃子宮女有獲罪的，皇后一定會在皇帝憤怒時請求依法治罪，等待皇帝怒氣消解後再慢慢爲她們開脫，最終不會使人有冤枉；一名下嬪（九嬪中地位靠後者）生下豫章公主後去世，皇后雖然已有多名親生子女，但仍收養了豫章公主，並視如己出；媵侍（妾婢）有人生病，皇后就把自己所服用的藥物送給她們。長孫皇后不僅不妒忌後宮諸女分寵，還庇護她們，內治和諧，所以唐太宗才能文治武功，並享有十四子二十一女（其中僅三子四女由長孫皇后所生）之福。

唐代帝王中子女最多的是唐玄宗：三十子，二十九女。〔註 76〕唐玄宗在

〔註 74〕 《新唐書·列傳第八·諸帝公主·宜城公主》。
〔註 75〕 《新唐書·列傳第一·后妃上·太宗文德順聖皇后長孫氏》：「後廷有被罪者，必助帝怒請繩治，俟意解，徐爲開治，終不令有冤；下嬪生豫章公主而死，后視如所生；媵侍疾病，輒所御飲藥資之。」
〔註 76〕 參見附錄表 1。唐代各皇帝的子女人數。

位時，正式冊封的皇后只有王皇后，可是王皇后「久無子」，她既無力像唐高宗李治的皇后武則天一樣約束丈夫寵幸其它嬪妃，也沒有像明憲宗朱見深的萬貴妃一樣毒殺其它嬪妃孕育的龍種，一個並不狠毒卻又不夠賢能的皇后，其結局是：十幾年的夫妻情義，敵不過新寵的千嬌百媚，最終失寵被廢，含怨而卒。而後來的武惠妃地位堪比皇后，但她並沒有繼承太姒「不妒忌」的美德，只是無力管束丈夫，唐玄宗能多子女，與妻之美德無關緊要，主要是因爲他自身的德行與能力，他是開創開元盛世的明君，英明神武，精力充沛，在後宮幾無約束，所以能遍地開花。

有時「不妒忌」的美德還能彌補「無子」的缺憾。「無子」也是「七出」之一，妻子常因「無子」而擔心家庭地位不穩，比如唐高宗廢后王氏，因「無子」而擔心爭寵失利，曲意拉攏武則天卻成了引狼入室，費盡心機牢寵卻事與願違。然而因爲「一夫一妻多妾」的婚姻制度，嫡妻無子並不意味著夫家「戶絕」，「嫡妻無子」一般的解決方式是允許甚至是主動幫助丈夫納妾以傳後，收養庶子或是立庶子中的長子爲嫡。此外，「律云：『妻年五十以上無子，聽立庶以長。』即是四十九以下無子，未合出之」〔註77〕，因「妻無子而出」必須是「妻年五十以上」，這樣雙方年紀都很大了，而且丈夫不會眞的等到嫡妻年五十無子才開始考慮納妾還是休妻，所以眞正是以無子的原因而休妻的情形較少，一般是婚後幾年無子，丈夫或舅姑就會刻意找碴休妻，或是讓女性在夫家生活備受煎熬。唐高宗的王皇后被廢並不是因爲她「無子」，當時她尚年輕，可唐高宗卻較爲寵幸張良娣，她因爲妒忌才會引狼入室引火上身；唐玄宗的王皇后被廢也不是因爲她「無子」，她妒忌受寵的武惠妃，擔心自己被廢，於是病急亂投醫開始迷信巫術，於是唐玄宗找了個藉口把她廢了。唐高宗廢后王氏和唐玄宗王皇后想要有子，並不是從丈夫「廣後嗣」的角度考慮，而是希望有嫡子能承太子之位，然後母憑子貴，穩固自己在後宮中的地位。而唐玄宗的楊貴妃同樣無子，但她卻能贏得「萬千寵愛於一身」，原因主要有兩方面：一方面，楊貴妃無須靠生子來牢寵，楊貴妃是唐代眾多女禍之中最無權謀之人，任性妄爲，三次惹惱唐玄宗而被逐出宮，又三次被原諒；另一方面，可能因爲唐玄宗年邁或是楊貴妃不孕，恰巧造成了楊貴妃無子的局面，而且唐玄宗已有三十子，並且曾感受過來自兒子的威脅，並因聽信武惠妃讒言擔心兒子密謀篡位而一日殺三子（太子瑛，鄂王，光王），或許在他

〔註77〕《唐律疏議》，第 268 頁。

心中，兒子有即可，再多無益。

多子多福，只是古人的一種美好願望，有時候多子並不一定多福。比如，安史之亂後，發生了馬嵬坡兵變，很多資料顯示，這次兵變是太子黨意圖篡位的陰謀，唐玄宗的愛妃楊貴妃被逼賜死，不久太子李亨在靈武宣佈即位，唐玄宗被自己的兒子逼迫退位成為太上皇，從此失勢，晚年淒涼，形同軟禁。

所以，從「備百姓」的角度來考察妻子的德行，講的不僅是女性自身的生育能力，還指女性為了夫家能廣後嗣要寬容地接納丈夫之妾室，主要指妻子「不妒忌」的美德，妻妾能和睦相處，由此種美德推衍開來，才能形成內治，才能家和萬事興。

二、「備酒漿」

《詩經・小雅・斯干》認為，女子「無非無儀，唯酒食是議」〔註78〕，依此推斷，「備酒漿」主要包含兩個方面的意思：一是指備酒食，奉養舅姑與夫君以及待客；一是指納酒漿，禮相助奠〔註79〕。

備酒食指婦人要操持炊飲之類的家務事，既要用酒食善事舅姑與夫君，也要用酒食款待客人，有光門戶。《詩經・小雅・斯干》曰：「乃生男子，載寢之床。載衣之裳，載弄之璋。其泣喤喤，朱芾斯皇，室家君王。乃生女子，載寢之地，載衣之褐，載弄之瓦。無非無儀，唯酒食是議，無父母詒罹。」〔註80〕《斯干》記述了西周宮室在終南山建造落成的情況，這段話通常被認為宣揚了男尊女卑的觀念。班昭在《女誡・卑弱第一》中對這段話做了進一步的解釋：「古者生女三日，臥之床下，弄之瓦磚，而齋告焉。臥之床下，明其卑弱，主下人也；弄之瓦磚，明其習勞，主執勤也；齋告先君，明當主祭祀也。三者，蓋女人之常到，禮法之典教矣。謙讓恭敬，先人後己，有善莫名，有惡莫辭，忍辱含垢，常若畏懼，卑弱下人也。」王相箋注：「寢之床，尊之也。寢之地，臥之床下，卑之也。裳，盛服，貴之也。褐，即褵褓之衣而無加焉，賤之也。璋，半圭，卿大夫所執弄之璋，尊貴之執也。瓦，紡磚之瓦，織紝所用，女子之事，卑賤之執也。齋告，告於宗廟也。」通過對比男女出生之後的各種不同可知，男子出生後，被寄予的期望是出仕任相，於朝廷於天下

〔註78〕 《十三經注疏・毛詩正義》，第 691 頁。
〔註79〕 《十三經注疏・禮記正義》，第 871 頁。
〔註80〕 《十三經注疏・毛詩正義》，第 691 頁。

有所作爲，揚名於後世以顯父母；而女子出生後，只希望她們「唯酒食是議」，「精五飯，冪酒漿，養舅姑，縫衣裳」，「有閨內之修，而無閫外之志」〔註81〕，出嫁後能謹遵禮法，勤於紡織，辛苦營家，不問外事，不讓父母蒙羞。這種美德看似平常，但要長期堅持並受到認可卻並不容易。

　　婦人之事夫，「家常茶飯，供待殷勤。莫教饑渴，瘦瘠苦辛，同甘同苦，同富同貧」（《女論語·事夫章第七》），這是爲妻之本分，可是婦入夫家，雖以夫爲天，但夫有父母，所以夫家之主通常不是夫君，而是舅姑。夫君作爲舅姑之子，又需從父母之令，有的時候能有所諫爭，但大多數時候是曲從，父母的喜好能直接決定著兒子的婚姻離合，所以班昭認爲，「婦人之得意於夫主，由舅姑之愛己也」（《女誡·和叔妹第七》），作爲新婦，第一職責就是要善事舅姑，得舅姑之愛。在兩《唐書》中，善事舅姑的表述有以下幾種形式：楊三安妻李氏「事舅姑以孝聞」，樊會仁母敬氏「事舅姑姊姒以謹順聞」，鄭義宗妻盧氏「事舅姑甚得婦道」，唐太宗之女襄城公主「性孝睦，動循矩法」「事舅姑如父母」，唐憲宗之女岐陽莊淑公主「事舅姑以禮聞」，高祖太穆皇后竇氏「事元貞太后以孝聞」，太宗文德皇后長孫氏「孝事高祖，恭順妃嬪」等。事舅姑強調「孝」，雖說「事舅姑如父母」，但是事舅姑之孝不同於事父母之孝。《女論語》中認爲，事舅姑之禮，「供承看養，如同父母」（《女論語·事舅姑章第六》），在「供承看養」四個方面事舅姑如父母，但在具體所務之事上，商賈宦門貴族之婦與庶民之婦肯定有所差別，比如，有些家庭，備酒食等事皆交由奴婢去做，妻子無須親力親爲，有心即可。除此四個方面外，事舅姑與事父母略有不同，不同之處主要有兩個方面：一方面是新婦與阿翁的關係不同於女兒與父親的關係。《女論語·事舅姑章第六》曰：「敬事阿翁，形容不睹，不敢隨行，不敢對語，如有使令，聽其囑咐。」新婦與阿翁之間，雖然在理上應是阿翁親如父親，但是在舉止間卻有道男女之防的禮之屏障，不可逾越，不可表現出父女間的親昵，所以在兩《唐書》的記載中，無一具體事例描寫新婦如何敬事阿翁，卻有諸多傳文表現女兒如何孝養父親，新婦如何孝養阿姑。另一方面是新婦對舅姑之使令，應委婉聽從，依其囑咐，而無違誤。《女論語·和柔章第十一》曰：「翁姑嗔責，曾如不曾」，舅姑如有言語上對新婦的不滿和責怪，不要記怨在心，如果被舅姑冤枉了，就當他們沒有說過，如果確有不足，那麼謹記其失而改之。舅姑行不義之時，也不主張

〔註81〕　〔漢〕劉向著，古列女傳〔M〕，哈爾濱：哈爾濱出版社，2009：26。

諫爭，而應無條件順從，不同於女兒對父母，可以伺機諫爭，「三諫而不聽，則號泣而隨之」〔註82〕，所以在兩《唐書》的記載中，事舅姑之孝強調的是恭謹順。

　　為得舅姑之愛，除了敬事舅姑之外，「事舅姑之誼，則親愛宜無所不至矣」〔註83〕，新婦需要親愛之人，近之為兄弟娣姒姊妹，遠之為宗族，這是受唐人「同財共居」〔註84〕居住方式的影響。此外，據《唐律疏議・卷十二・戶婚・子孫別籍異財》規定〔註85〕，唐律提倡並強制規定累世同居同財，既是從孝道的角度考慮〔註86〕，也是從經濟的角度考慮〔註87〕，但有利也有弊，家庭成員眾多，人際關係複雜，容易滋生是非。所以，在這種複雜的家庭環境中，新婦為得家主之愛，還必須和其它家人搞好關係，因為婦之臧否毀譽，皆由家人之譽己，掌控輿情與直接孝養舅姑同樣重要。但是，唐代處於宗族勢力漸趨衰落的階段，在實際生活中，累世同居的宗族並不多，凡有一定影響者，多可見於史籍，而據《新唐書》記載，「唐受命二百八十八年，以孝悌名通朝廷者，多閭巷刺草之民，皆得書於史官」〔註88〕，「唐代平民百姓而數世同居者，全國只有 36 個家族」，普遍存在的是「五口之家、八口之家乃至成年後便與父母分家的規模更小的家庭」〔註89〕，所以，大多數婦人在夫家主要親愛對象仍是舅姑與夫君。

　　除了家庭日常生活之用外，酒食的另一主要用途是接待賓客。唐代各種

〔註82〕《十三經注疏・禮記正義》，第 151 頁。

〔註83〕王相箋注《女四書》。

〔註84〕《唐律疏議・卷六・名例》46《同居相為隱》。（《唐律疏議》，第 130 頁。）

〔註85〕《唐律疏議・卷十二・戶婚・子孫別籍異財》：「155 諸祖父母、父母在，而子孫別籍、異財者，徒三年。別籍、異財不相須，下條準此。【疏】議曰：稱祖父母、父母在，則曾、高在亦同。若子孫別生戶籍，財產不同者，子孫各徒三年。注云『別籍、異財不相須』，或籍別財同，或戶同財異者，各徒三年，故云『不相須』。『下條準此』，謂父母喪中別籍、異財，亦同此義。若祖父母、父母令別籍及以子孫妄繼人後者，徒二年；子孫不坐。【疏】議曰：若祖父母、父母處分，令子孫別籍及以子孫妄繼人後者，得徒二年，子孫不坐。但云『別籍』，不云『令其異財』，令異財者，明其無罪。」（《唐律疏議》，第 236 頁。）

〔註86〕雷巧玲，唐人的居住方式與孝悌之道〔J〕，陝西師大學報（哲學社會科學版），1993，22（4）：98～103。

〔註87〕宋娟，唐代同居共財家庭經濟生活探論〔J〕，求索，2012（2）：225～228。

〔註88〕《新唐書・卷二百十八・列傳一百二十・孝友》。

〔註89〕萬建中，周耀明，陳順宣，漢族風俗史，第三卷（隋唐・五代宋元漢族風俗）〔M〕，上海：學林出版社，2004：224。

名目的宴會眾多，與主婦緊密相關的家宴亦種類繁雜，舉設頻繁，婚喪嫁娶、洗兒滿月、誕辰節日、迎送賓朋等場合，大都要舉行家宴慶賀。〔註90〕雖然各家經濟水平高低不一，奢儉習慣不同，規模大小有別，但有客有酒即成宴，而家宴的籌備主要是婦人之職。《女誡‧婦行第四》曰：「專心紡績，不好戲笑，潔齊酒食，以供賓客，是謂婦功。」〔註91〕「婦功」是女子四德之一，《禮記‧昏義》認為，「古者婦人先嫁三月，……教以婦德、婦言、婦容、婦功」，鄭玄注：「婦德，貞順也。婦言，辭令也。婦容，婉娩也。婦功，絲麻也。」〔註92〕「婦功」主要指「執麻枲，治絲繭，織紝、組、紃，學女事以共衣服」〔註93〕。而王相在《女誡‧婦行第四》箋注：「心之所施，謂之德。口之所宣，謂之言。貌之所飾，謂之容。身之所務，謂之功。」〔註94〕婦功不只是指「絲麻」，還包含著婦人其它所務之事，既包括著「紡績」，也包括備酒食待賓客等。《女論語‧營家章第九》曰：「夫有酒物，存積留停，迎賓待客，不可偷侵」，婦人持家要有籌劃，酒食有盈餘的時候，不能浪費，用完之後要及時補充，這樣有不時之賓客拜訪時，才能從容以對，無須著急慌措東拼西借。婦人款待賓客禮儀周到，「五味調和，荣蔬齊楚，茶酒清香」，就會得到丈夫和客人的認可和讚賞，「夫喜能家，客稱曉事」，因此能「有光門戶」。家宴不只是吃飯喝酒，更重要的是人際交往，密切主賓之間的關係。高和在《中國式飯局》一書中說，中國的飯局不在於飯而在於局。與在公共酒家店肆宴請友人相比，在相對私領域的自家住宅中舉辦的家宴，是一種更特殊的局，好的飯局，能搭建一個溝通的橋梁，有個好的結局，反之不然，所以，主婦精心籌備家宴，為夫家贏得好聲名，起到了協助其夫的重要作用。

「備酒漿」另一層意思是指納酒漿，禮相助奠。在「事死如生」的儒家文化影響下，「生則敬養，死則敬享」〔註95〕，不僅用酒漿敬養生者，也用酒漿敬享死者。《唐律疏議‧卷第十三‧戶婚》曰：「妻者，傳家事，承祭祀。」妻的一個重要職能是「承祭祀」，所以「國君取夫人之辭曰：『請君之玉女，

〔註90〕 吳玉貴，中國風俗通史‧隋唐五代卷〔M〕，上海：上海文藝出版社，2001：74。
〔註91〕 《女四書‧女孝經》，第12頁。
〔註92〕 《十三經注疏‧禮記正義》，第1622～1623頁。（原書婦德與婦言之間沒有頓號，本書引用的時候根據文意添加了頓號。）
〔註93〕 《十三經注疏‧禮記正義》，第870頁。
〔註94〕 《女四書‧女孝經》，第11頁。
〔註95〕 《十三經注疏‧禮記正義》，第1312～1313頁。

與寡人共有敝邑，事宗廟社稷。』此求助之本也」〔註96〕，因此女子在出嫁前就開始學習祭禮，「觀於祭祀，納酒漿、籩豆、菹醢，禮相助奠」〔註97〕，學成之後才可出嫁，才不至於有辱家門。那麼，妻在夫家的祭祀活動中，主要承擔哪些職責呢？

首先是精神準備，用「齊敬之心」籌備祭祀。鬼神對祭品很挑剔，並不是任何人獻的祭品都會受饗，《禮記・祭義》曰：「唯聖人爲能饗帝，孝子爲能饗親。饗者，鄉也，鄉之然後能饗焉」〔註98〕，只有聖人才能使天帝饗用祭祀，只有孝子才能使雙親饗用祭祀，因爲「鬼神饗德非饗味也」〔註99〕，聖人、孝子能誠心敬享鬼神和祖先，所以「能使神靈歆饗焉」。

其次是物資準備，籌備足夠的祭品。《禮記・禮運》曰：「夫禮之初，始諸飲食，其燔黍捭豚，污尊而抔飲，蕢桴而土鼓，猶若可以致其敬於鬼神。」〔註100〕祭祀最初以獻食爲主要手段，祭品名目沒有現在這麼豐富，所獻食物質樸簡略，但「有齊敬之心」，所以雖「質略」尤可獻於鬼神。後來隨著生產力的發展，物資充沛，禮法成型，祭祀開始以「嚴威儼恪」的形式來表現生者對死者之敬。《禮記・祭義第二十四》曰：「是故孝子臨尸而不怍，君牽牲，夫人奠盎。君獻尸，夫人薦豆。卿、大夫相君，命婦相夫人。齊齊乎其敬也，愉愉乎其忠也，勿勿諸其欲其饗之也！」〔註101〕孝子在面對代表死者受祭的人時臉色要和悅，主婦有「獻尸並獻祝及佐食」〔註102〕等事。祭祀首日獻尸時要向代表死者的受祭祀之人獻酒三次，一般來說，男主人爲第一獻，主婦爲亞獻，賓長爲終三獻。次日賓尸時，男性負責宰殺處理牛羊豬等犧牲，女性負責酬謝受祭者和賓客的酒食，如《詩・小雅・楚茨》曰：「君婦莫莫，爲豆孔庶，爲賓爲客」。其它具體禮儀用具，《儀禮・士虞禮》中有詳細記載，因爲唐代並非嚴格按照《儀禮》規範來實施，所以在此只記其大體精神旨要。

在祭祀活動中，酒食的多寡、孝子循規蹈矩的顏色和程序化的舉止等並

〔註96〕《十三經注疏・禮記正義》，第 1347 頁。
〔註97〕《十三經注疏・禮記正義》，第 870～871 頁。
〔註98〕《十三經注疏・禮記正義》，第 1313 頁。
〔註99〕《十三經注疏・禮記正義》，第 666 頁。
〔註100〕《十三經注疏・禮記正義》，第 666 頁。
〔註101〕《十三經注疏・禮記正義》，第 1313 頁。
〔註102〕《十三經注疏・儀禮注疏》，第 810 頁。

不是最重要的，《禮記・祭義》曰：「已徹而退，無敬齊之色，而忘本也。如是而祭，失之矣。孝子之有深愛者，必有和氣。有和氣者，必有愉色。有愉色者，必有婉容。孝子如執玉，如奉盈，洞洞屬屬然如弗勝，如將失之。嚴威儼恪，非所以事親也，成人之道也」〔註103〕，關鍵在心中是否有愛敬，有的話，顏色就會自然流露出來，而無須造作矯情。所以，雖然《禮記》中記載的大多是天子、諸侯、士大夫等上層階級的禮儀規範，天子七廟，諸侯五廟，大夫三廟，士一廟，庶人不設廟，在祭祀祖先的具體形式和規模上與庶民遵循的祭禮有所不同，但中心是一致的，「死則敬祭」，表達對死者之敬。由此推之，庶人之妻的主要職責也大致與君夫人、命婦等相似，主要是準備酒食輔助夫君進行祭祀。此外，婦人在祭祀活動中的序次反應著她在家庭和社會中的地位，一般情況下，只有嫡妻才有資格「獻尸」，妾是沒有資格的，因此，女性會竭力爭取在祭祀活動中的一席之地，比如唐中宗的皇后韋氏與女兒安樂公主：

> （神龍）三年冬，帝將親祠南郊，國子祭酒祝欽明、司業郭山
> 惲建議云：「皇后亦合助祭。」太常博士唐紹、蔣欽緒上疏爭之。尚
> 書右僕射韋巨源詳定儀注，遂希旨協同欽明之議。帝納其言，以後
> 為亞獻，仍以宰相女為齋娘，以執籩豆。欽明又欲請安樂公主為終
> 獻，迫於時議而止。〔註104〕

因為韋后德行不佳，太常博士唐紹、蔣欽緒才上疏抗爭不讓韋后做亞獻，但是韋后做亞獻畢竟是禮法認可之事，所以祭祀時，韋后順利成章為亞獻。祝欽明等又籌劃想讓安樂公主做終獻，凸顯了安樂公主想做皇太女甚至想繼承皇位的野心，但這大違禮法，最終迫於輿論壓力而未成行。又如第三章第二節中提到的《井底引銀瓶》中的女子，爭取「主祀奉蘋蘩」的資格而不得，自感在家庭中無地位無歸屬感而落落寡歡。

在日常生活中，「備酒漿」並不是很難做到的事情，班昭認為，「大富由命，小富由勤」，「營家之女，惟儉惟勤」，大富大貴固有天命，而平常人家若要豐衣足食，日用不窮，主要在婦人之勤儉，「勤則家起，懶則家傾，儉則家富，奢則家貧」。所以「備酒漿」一詞中，既包含著對婦人勤儉美德的期待，又包含了婦人在夫家的職責所在。

〔註103〕《十三經注疏・禮記正義》，第1319頁。
〔註104〕《舊唐書・列傳第一・后妃上・中宗韋庶人》。

三、「備埽灑」

「埽灑」本義講的是灑水掃地，清除髒污，保持室內外清潔。《禮記·內則》曰：「凡內外，雞初鳴，咸盥、漱、衣服，斂枕簟，灑掃室堂及庭，布席，各從其事。」〔註105〕此句的意思是，天剛亮就起來，洗漱穿衣收拾鋪蓋妥當後就打掃庭堂院落，常用來指治家過日子要勤謹。孔穎達認爲：「此一經總論子婦之外卑賤之人，爰及僕隸之等，故云『斂枕簟，灑掃室堂及庭』之屬」，這裡指的「灑掃室堂及庭」主要講的是「僕隸」等卑賤之人在早起之後要做的事情，所以說「於大夫日『備埽灑』」，不得言「酒漿」「百姓」，是因爲大夫比諸侯、天子地位更爲卑賤，「埽灑」之職比「酒漿」「百姓」更爲卑賤，所以納女在「名」上也應體現出尊卑之不同。因爲《禮記》所記大多是中上層階級之事，他們家中多有奴婢、僕人或是書童，掃灑無須主婦親自負責，然而大多數庶人家庭並無僕隸，掃灑仍是由主婦承擔。灑掃本是每日必修，清潔的環境染病的毒菌較少，有益於健康，這是出自自身的需求，還有一種是對外樹立的形象，整潔的庭院能反應出一家之家風，有賓客到訪前，常會刻意再掃灑，以免給賓客留下不好的印象，有失體面，爲防不時之客到訪，只有經常保持庭院清潔才能避免意外。

掃灑因爲「彌賤」或是太過日常，在儒家的禮法制度中顯得並不重要，既沒規範如何掃灑，如若是酒食，酒分「五齊三酒」（「五齊」指「泛齊」「醴齊」「盎齊」「緹齊」「沈齊」五種酒，「三酒」指「事酒」「昔酒」，「清酒」三種酒），食分粥飯珍饈等若干種，不同時節，用度不同，也不強調掃灑的重要性，婦人四德之中，雖然有提女子所務之事，但能被特意提及的所務之事，主要是「紡績」和「酒食」，而無「掃灑」，更沒女性因爲日復一復掃灑而載入史冊表彰其辛勤勞作。「掃灑」看起來如此不起眼，除了借用其卑賤之義，似乎再無重要之用，其實不然。

現代人常把太愛乾淨稱爲「潔癖」，其實古人有潔癖者亦不少，比如唐代的王維：據《唐人軼事彙編·卷十三》引《雲仙雜記》記載：「王維居輞川，宅宇既廣，山林亦遠，而性好溫潔，地不容浮塵。日有十數掃飾者，使兩童專掌縛帚，而有時不給。」〔註106〕王維家有十多名僕人管理庭院，並有兩個

〔註105〕《十三經注疏·禮記正義》，第 833 頁。
〔註106〕周勳初主編，唐人軼事彙編（全四冊）〔M〕，上海：上海古籍出版社，1995：691。

童子專司做掃帚，王維還認爲他們有時掃灑不及時，庭院不夠乾淨。古人談起文人雅士的潔癖時，並沒有鄙薄的態度，反而認爲是件添彩的事，因爲，生理潔癖總是與道德潔癖緊密相連，王維厭倦官場的污濁，懷著這樣一顆高潔的心決然離去，長期過著怡然自得的隱居生活。儒家認爲，內聖外王是統一的，掃灑潔淨，也是一個人內心潔淨的反映，內心潔淨，道德潔淨，就會自然在生活中要求生活環境潔淨，工作環境的潔淨，同時，生活和工作環境時刻保持潔淨也能促進個人道德修養，正所謂「一屋不掃何以掃天下」，所以掃灑雖微，卻是修身養性之基礎，這是儒家慎始文化之體現，而婦人每日灑掃庭室，整理婦容，與其「清貞」品格的培養也應相關。

　　兩《唐書》記載的女性中也有「潔癖」者，比如尚宮宋若昭姐妹，「皆性素潔，鄙薰澤靚妝，不願歸人」〔註107〕，她們「素潔」的生理潔癖極端地反映在道德潔癖上，與她們不願意嫁人有著很大關係。不僅如此，婦人的貞潔觀，雖有一部份是社會和禮法對她們的要求，但是在禮法滲透尚不深入的唐代，女性拒辱自殺的原因很大程度上是因爲心理的潔癖在道德上的反映，不願意受辱被玷污，不願意接受非自願的性行爲，比如奉天縣竇氏二女伯娘、仲娘〔註108〕和王泛妻裴氏〔註109〕，她們與接受了《列女傳》等教育恪守從一而終的女性不同，她們選擇捨身取義遵從的是自身的意志，這與被動受死或是爲了外在的道德因素受死相比，更具價值。有此推斷，是因爲唐人對被俘後是否接受賊人的侮辱並沒有絕對好壞的道德評價，比如魏衡妻王氏〔註110〕，王氏被俘後，

〔註107〕　《新唐書·列傳第二·后妃下·尚宮宋若昭》。
〔註108〕　《舊唐書·列傳一百四十三·列女·奉天縣竇氏二女伯娘、仲娘》：「奉天縣竇氏二女伯娘、仲娘，雖長於村野，而幼有志操。住與邠州接界。永泰中，草賊數千人，持兵刃入其村落行剽劫，聞二女有容色，姊年十九，妹年十六，藏於岩窟間。賊徒擬爲逼辱，乃先曳伯娘出，行數十步，又曳仲娘出，賊相顧自慰。行臨深谷，伯娘曰：『我豈受賊污辱！』乃投之於谷。賊方驚駭，仲娘又投於谷。谷深數百尺，姊尋卒；仲娘腳折面破，血流被體，氣絕良久而蘇，賊義之而去。京兆尹第五琦感其貞烈，奏之；詔旌表門閭，長免丁役，二女葬事官給。京兆尹曹陸海著賦以美之。」
〔註109〕　《舊唐書·列傳一百四十三·列女·王泛妻裴氏》：「又有尉氏尉王泛妻裴氏，儀王傅巨卿之女也。素有容範，爲賊所俘，賊逼之。裴曰：『吾衣冠之子，當死即死，終不苟全一命，受污於賊。』賊脅之以兵，逼之以罵，裴堅力抗之。賊怒，乃支解裴氏，至死不屈。季卿亦以狀迹聞。」
〔註110〕　《舊唐書·列傳一百四十三·列女·魏衡妻王氏》：「魏衡妻王氏，梓州郪人也。武德初，薛仁果舊將房企地侵掠梁郡，因獲王氏，逼而妻之。後企地漸強盛，衡謀以城應賊。企地領眾將趨梁州，未至數十里，飲酒醉臥。王氏取

以自己能接受的方式實現自己的意志，假意迎合賊人，最後伺機殺了賊人。唐高祖聞之「大悅」，並沒有因爲其受辱有失婦道而否定她在抗賊時的智勇俠義，還封她爲「崇義夫人」，或許在他認爲，女性被俘伺機復仇比簡單的拒辱自殺更值得欽佩。可惜，撰寫《新唐書》的史官並沒有收錄這則傳文。出於自己的意志和道德潔癖而選擇拒辱自殺的女性還有很多，比如鄒待徵妻薄氏、李湍妻、韋雍妻蘭陵縣君蕭氏、符鳳妻玉英、李廷節妻崔、李拯妻盧、殷保晦妻封絢等。

第三節　事變之道

在古代，女性能在事常之道上做到得體已是理想妻子了，若是有些聰明的妻子還能在丈夫的事業和德行上有所幫助，能協助丈夫應對非常之狀況，那便是難能可貴，更爲理想了。

一、「扶助其君」

夫妻在很大程度上是榮辱共同體，在古代，女性沒有獨立的地位，所以說女子有「從人之義」，不管出於哪個階段，必有所從。然而女子要改變自己的命運，無法同男子一般求學考取功名，或是戰場殺敵立下戰功，絕大多數女子改變命運的唯一方法就是通過嫁人，隨著丈夫地位的變遷而變遷，一榮俱榮，一損俱損。所以女子不僅在生活起居等方面盡心竭力照顧丈夫，也會在情感上事業上幫助丈夫，即使在丈夫危難之際也能夠不離不棄，甚至捨身相救。可是，在爲妻的德行中，強調救夫的高尚性，而在爲夫的德行中，卻並不強調救妻，究其原因，女性從內心深處認同夫爲婦之天的文化，並將這種文化融入自身的價值觀中，從其言行舉止中表現出來，有的女性認識到了這一點，並加以利用，在此基礎上實現自己的願望。

（一）逆境中勉夫

縱觀唐代的王位繼承，由嫡長子繼承占少數，太子也是幾廢幾立，兒時的太子能登基的很少。而且唐中後期，宦官干政，皇子爭權，在這種政局下，處於逆境中的皇子常常很失意，在這個時候出現一位賢妃，能勉勵夫君，從

其佩刀斬之，攜其首入城，賊眾乃散。高祖大悅，封爲崇義夫人，捨衡同賊之罪。」

情感上激勵他，就顯得尤為重要。比如唐中宗的皇后韋氏在丈夫絕望之際，給以安慰鼓舞，獲得丈夫信任並因此掌權：

> 中宗庶人韋氏，京兆萬年人。祖弘表，貞觀中曹王府典軍。帝在東宮，后被選為妃。嗣聖初，立為皇后。俄與帝處房陵，每使至，帝輒恐，欲自殺。后止曰：『禍福何常，早晚等死耳，無遽！』及帝復即位，后居中宮。〔註111〕

中宗一共有兩任嫡妻：第一任嫡妻是趙瑰之女趙氏，是其為英王時的王妃，趙氏的母親是唐高祖之女常樂公主，按輩分來說，趙氏比中宗李顯長一輩，因為武則天與趙氏之母常樂公主之間的矛盾，趙氏捲進了這場政治鬥爭，成了犧牲品。趙氏不僅沒有享受身為王妃的尊榮，而且還是諸多女性傳文中死法中較為淒慘的一人，「妃既囚，扃鍵牢謹，日給飼料。衛者候其突煙數日不出，披戶視之，死腐矣」〔註112〕，趙氏並沒有作奸犯科，只是「武后不喜」，不被當權者接納，所以並沒有囚禁在監牢，而是被軟禁在內侍省管轄的某個院子裏，大門從外面被鎖住了，內無婢女使喚，外有守衛看守。身為丈夫的英王李顯，懦弱不敢忤逆母后，聽任母后對嫡妻的不公正處置。守衛負責將每日食物從門外遞進門內，然而供給趙氏的食物只是簡單粗糙沒有加工的「飼料」，趙氏仍需自己煮熟加工才能食用。門外的守衛看到煙囱里數天沒有冒煙，開門察看，才發現趙氏的屍體已經腐爛了。後宮大多數女性的命運，其榮辱一生，常被外力主宰，有人嘗試著反抗，而有人還沒來得及反抗就已經完全被壓制住了。唐中宗第一次登基後，「神龍元年，追諡妃曰恭皇后」，趙氏雖然活得沒有尊嚴，但卻享有死後尊榮，因為韋氏之過，還能與丈夫合葬於定陵。

　　第二任嫡妻即韋氏，唐史中有名的女禍之一。李顯初封為周王，後改封英王，然而武則天長子太子李弘英年早逝，次子太子李賢逆反被廢，後來終於輪到老三李顯當太子了。當上太子之後，李顯選韋氏為太子妃，中宗第一次登基時（684年），立韋氏為皇后。中宗繼位之後，提拔拉攏韋氏外戚家族，試圖組建自己的幕僚，從母后那裏奪權。武則天深感不安，於是果斷地就將在位不足兩月的中宗廢黜，立四子李旦為睿宗，將李顯逐出長安，貶為廬陵王，並軟禁起來。韋氏地位隨著丈夫身份的變遷而起落，失去尊位，再次淪為妃子，與丈夫在逆境中求生存，嘗盡了世間百味。在這樣艱苦的軟禁環境下，李顯懦弱無

〔註111〕《新唐書・列傳第一・后妃上・中宗庶人韋氏》。
〔註112〕《新唐書・列傳第一・后妃上・中宗和思順聖皇后趙氏》。

能的性格再一次地顯現出來，每當有使者來到謫居之地，他總是惶恐不安，擔心使者是來傳達母后對他的處決，因此精神衰弱，想要自殺。韋氏不時地安慰他說：「禍福變化無常，早晚都是一死，何必如此驚慌！」韋氏此語見識不凡，在複雜環境中能沉著冷靜，忍辱負重，在「夫之天」將要坍塌之時，能有力地支撐住。正是韋氏的鼓勵、幫助和勸慰，中宗才遏止了自殺的念頭，在逆境中堅持到柳暗花明的一天。韋氏正因為在逆境中勉勵過丈夫，勞苦功高，所以丈夫感念這份患難真情，相約「一朝見天日，不相制」。有人認為，中宗復位之後韋氏能掌權並肆意妄為，主要因為此約定，果真如此嗎？

699 年後，武則天「老且病」，中宗被武則天召回京城，「復為皇太子」〔註113〕。705 年，張柬之等大臣不滿武則天的男寵張易之等人把持朝政，率兵討亂，並逼武則天退位，皇太子李顯順理復位。李顯在復為皇太子的這六年中，並未顯現出強烈地推翻武周王朝的願望，而是為了鞏固地位，竭力與武氏家族交好，並通過聯姻來穩定地位，將自己的女兒嫁給武氏家族，永泰公主嫁給了武則天的侄孫武延基，成了魏王武承嗣的兒媳，安樂公主嫁給了武則天的另一位侄孫武崇訓，成了梁王武三思的兒媳。唐中宗能貴為至尊，與其父唐高宗有幾分相似：其一，經歷相似。唐高宗是唐太宗李世民第九子，長孫皇后的第三子，其兩兄長嫡長子皇太子李承乾與嫡次子魏王李泰相繼被廢，唐高宗才有機會成為皇太子，進而繼承皇位；唐中宗是唐高宗李治第七子，武則天第三子，其兩兄長一死一廢，他才有機會成為皇太子，進而繼承皇位。他兩都不是最初的皇位繼承人，其上又有兩位嫡子，大哥是「正牌」，二哥是「備胎」，一般來說，老三成為皇太子的希望很渺茫，所以他們在從小的教育上，自覺學習和努力的方向上，側重點有所不同，榮登大寶之後，帝王所應有的見識胸襟氣魄，難免不足。其二，性格相似。與唐前期其它皇帝相比，唐高宗與中宗並不是因為自己強烈的權欲投入到爭權洪流中成為最後的勝利者，而是被時勢推向至尊之位，比如唐高祖李淵是戎馬一生主動奪取天下；唐太宗是玄武門之變誅殺大哥、三弟，威逼父皇退位，主動奪取天下；唐玄宗通過「唐隆政變」誅殺韋后扶立自己的父親睿宗李旦重新即位有功，所以非嫡非長男的他才被立為太子，進而繼承大統。這三位皇帝登基後都能勵精圖治，與其取得帝位的方式有著莫大的關係，然而高宗與中宗沒有那樣的謀略與膽識，性格懦弱無能，或許正是因為讓這樣準備尚不充分之人登上至尊

〔註113〕《新唐書·本紀第四·中宗》。

之位，所以他們的生命中才能包容得了較爲強勢的女性，形成互補，他們的皇后才能有所爲。睿宗亦如他們，第一次即位，爲母后控制，復位之後，爲妹妹太平公主控制，他們的經歷和性格或許正是他們很容易招惹性格強勢的女性的主要原因之一。女人是禍水，還是男人不中用？牝雞司晨預示的不是國破家亡，而是陰盛陽衰，至於由此導向的是好的結果還是壞的結果，那是不確定的，女人也能治理好國家，男人也能毀了國家。

　　患難時期的一句口頭承諾，是否兌現，以怎樣的形式兌現，變化空間是很大的。大多數女性通過患難之情建立夫妻間的信任，在家庭中贏得尊重，這是人之常情，「糟糠之妻不下堂」，有付出就有收穫，然而男性最後是否受制於這份情，關鍵不在女方，而在男方，比如唐玄宗與王皇后，在玄宗爲臨淄王時，「將清內難，預大計」，王皇后能出謀劃策，參與密計，協助丈夫掃清朝廷內部禍難，而且王皇后之父對唐玄宗還有「脫紫半臂易斗麵，爲生日湯餅」〔註114〕之恩情，王皇后於唐玄宗之情義若此，但仍然逃不過丈夫變心失寵被廢的命運。在夫強妻弱的局面，女性的力量是非常微弱的，但是在妻強夫弱的局面，女性往往能得寸進尺，漸漸掌控局面，男性等到發現事態嚴重想要重新控制局勢的時候，已然養虎爲患，爲時已晚，自己反而受制於她們，比如高宗發現武后「已得志，即盜威福，施施無憚避」，使得自己「舉能鉗勒，使不得專」，〔註115〕於是有了廢后之心，可是反被武則天識破，高宗畏懼退縮，捨卒保車，致使上官儀被殘害致死，從此朝政歸於武后，高宗再也不敢與武則天分庭抗禮；唐中宗不僅駕馭不住韋后，最後還被其毒殺；唐肅宗「內制於后，卒不敢謁西宮」，因爲受制於張皇后，都不敢去西宮看望自己的父親，一解父子相思之苦，只能「泫然涕下」〔註116〕。

（二）困境中幫夫

　　唐人擇偶標準雖因人而異、各有所重，但大體包括門第、功名、錢財、命相、品貌、文才、德行等方面，除了「當色爲婚」等強制性的法律規範外，唐人對婚姻有著怎樣的期許呢？唐代女子擇偶重門第與功名，是因爲女人命運的改變一般只能通過丈夫，所以希望丈夫能夠更出色。不僅女子擇偶重門第，唐代男子擇偶也重門第。從男性的角度來看，《后妃》列傳、《諸帝公主》列傳中

〔註114〕《新唐書・列傳第一・后妃上・玄宗皇后王氏》。
〔註115〕《新唐書・列傳第一・后妃上・高宗皇后武氏》。
〔註116〕《新唐書・列傳第一・后妃上・肅宗廢后張氏》。

的婚姻，大多是政治聯姻，首重門第，婚姻從締結之時起，女性作爲妻子的主要職責就已明確，即以扶助其君爲首要責任。一般來說，日常生活上的照顧以及爲夫家生兒育女傳承後代，幾乎是古代所有已婚女性的義務，無須特別指出，而因門第而寄予的「扶助」期望，主要指事業上的扶助，比如宋庭瑜妻魏氏：

> 宋庭瑜妻魏氏，定州鼓城人，隋著作郎彥泉之後也。世爲山東士族。父克己，有詞學，則天時爲天官侍郎。魏氏善屬文。先天中，庭瑜自司農少卿左遷涪州別駕。魏氏隨夫之任，中路作《南征賦》以敘志，詞甚典美。開元中，庭瑜累遷慶州都督。初，中書令張說年少時爲克己所重，魏氏恨其夫爲外職，乃作書與說，敘亡父疇昔之事，並爲庭瑜申理，乃錄《南征賦》寄說。說歎曰：「曹大家《東征》之流也。」庭瑜尋轉廣州都督，道病卒。魏氏旬日亦殞，時人莫不傷之。〔註117〕

此則傳文寫得有點隱晦，需要重新解說。武則天時期，魏氏的父親魏克己貴爲天官侍郎〔註118〕，也就是吏部侍郎（正四品上）〔註119〕，而當時張說年少，其父官職卑微，在武周朝中幾乎可以說沒有背景，但是張說爲文運思精密，很有造詣，「弱冠應詔舉，對策乙第」〔註120〕，魏克己自身有文詞才學，所以愛才惜才，很器重張說，張說後來能平步青雲，「授太子校書，累轉右補闕」〔註121〕，其中不乏魏克己對其的幫助。唐玄宗先天年間（712 年 8 月～713 年 11 月），魏氏的丈夫宋庭瑜因故降低官職調動（「左遷」），從司農少卿（從四品上）〔註122〕降爲涪州別駕（從五品上）〔註123〕，傳文中沒有記錄宋庭瑜

〔註117〕《舊唐書‧列傳一百四十三‧列女‧宋庭瑜妻魏氏》。

〔註118〕武則天稱帝之後，追溯自己的先祖爲周代天子，所以該年號爲武周，力圖恢復周禮，曾一度熱衷於變更各種官名、地名等，曾將吏部、戶部、禮部、兵部、刑部、工部六部更名爲天官、地官、春官、夏官、秋官、冬官。天官爲六部之首。

〔註119〕《新唐書‧百官志一》：「吏部。尚書一人，正三品；侍郎二人，正四品上。」

〔註120〕《舊唐書‧列傳第四十七‧張說》。

〔註121〕《舊唐書‧列傳第四十七‧張說》。

〔註122〕司農少卿，是司農寺的二把手，掌倉儲委積之事，是中央重要的財務以至政務機構的領導，大約相當於現在分管農業的副部長，從四品上。

〔註123〕涪州（今重慶地區）。開元戶六千九百九，鄉二十六，唐代按人口數的多寡來區分，以四萬戶以上爲上州，二萬戶以上爲中州，不足二萬爲下州，所以涪州屬下州。下州別駕爲從五品上，比從四品上低五檔，中間還有從四品下，正五品上、下，從五品上。

因犯何過而遭貶。從後文中可推知，宋庭瑜被貶之時，魏氏的父親魏克己可能已經去世，因此宋庭瑜遭排擠，地位不保。魏氏隨丈夫去謫居之地上任，沿路奔波傷感，對丈夫遭排擠貶至偏遠的涪州地區任官一事鬱鬱不滿〔註124〕，於是寫了《南征賦》用來抒發情志。713年，張說在唐玄宗李隆基剷除太平公主之黨的事件中立大功，所以在平定了太平公主之亂後，唐玄宗即下召拜張說爲中書令，封燕國公，正三品，貴爲宰相，實際權力很大。魏氏在謫居之地知道張說顯貴了之後，就決定寫信給張說，敍說亡父往事，溫習舊情，又爲丈夫被貶之事申辯抱不平，並抄錄了自己的得意之作《南征賦》。才子間惺惺相惜，張說很欣賞魏氏的文才，又念及其父魏克己早年的知遇之恩，於是開始提拔魏氏之夫。宋庭瑜又一次官運亨通，只用了十多年的時間，從被邊緣化的涪州別駕（從五品上）逐步升遷至慶州都督（從三品）〔註125〕、廣州都督（正三品）〔註126〕，連升數級，成爲掌握實權的軍政主官。從宋庭瑜官場的起落可推知，宋庭瑜因娶名門之女而獲益。魏氏爲山東士族，而宋庭瑜的家族名望可能一般，宋庭瑜之前的地位是因爲岳父的關照，後來的升遷是因爲妻子的斡旋。

此則傳文明爲褒獎魏氏之《南征賦》而入選，可惜魏氏的《南征賦》已軼，無從考察原賦是否文詞典雅優美，是否可與東漢才女班昭的《東征賦》相媲美。或許只是因爲前代有好聲名的才女甚少，抑或是兩詞賦標題與內容又恰屬同一系列，張說才有此讚歎。不管《南征賦》是否如張說所讚歎一般

〔註124〕此句源於「魏氏恨其夫爲外職」一句，雖然異地任職沿途兇險，很多官員死在途中，而且宋庭瑜也死在轉任外職的途中，但此句並非指對異地任官制度不滿，而是專指對丈夫被貶至外地任職不滿。

〔註125〕「慶州中都督府，……貞觀元年，廢都督府及合川縣，仍割林州之華池縣來屬。二年，置洛源縣。四年，復置都督府及北永州，以洛源屬北永州。五年，又罷都督府，以慶州隸原州都督府。八年，又以廢北永州之洛源縣來屬。開元四年，復置都督府。二十六年，升爲中都督府。」（《舊唐書·志第十八·地理一》）下都督府，都督從三品；中都督府，都督正三品。宋庭瑜任慶州都督的具體年限無法確定，慶州由下都督府升爲中都督府是在開元二十六年（738年）。而張說於開元十三年（730）去世，宋庭瑜任慶州都督的時候極可能先於738年（甚或是先於730年）。此時慶州爲下都督府，慶州都督爲從三品。此外廣州都督府爲中都督府，宋庭瑜轉任廣州都督，極有可能是升職，所以推定，宋庭瑜任慶州都督時爲從三品，任廣州都督時爲正三品。

〔註126〕廣州都督府是個中都督府，都督正三品。唐朝時期統轄嶺南地區的行政建置。624年（唐高祖武德七年）設置，轄11州，627年（貞觀元年）改爲中都督府，轄5府。

典美，魏氏僅通過一紙書信，就說動了高官張說，重新建立起了丈夫與張說之間聯繫的橋梁，達成了助夫求官擺脫困境的心願，可見其智謀文才非同一般。助夫求官的例子在兩《唐書》列女傳中僅此一例，而且表現得較爲隱晦，實際上唐代社會生活中廣泛地存在著這種現象，駙馬因娶公主而被委以重任，士人不惜大費婚財而娶名門望族之女以期借助女家的社會影響力，妻子變賣嫁妝供丈夫求取功名等等，這也是唐代女性與娘家關係較爲緊密的主要原因之一。然而《新唐書》中並沒有收錄這則傳文，或許是因爲這則傳文所倡導的價值觀不夠崇高，或許是因爲北宋史官對這種沒有出現流血犧牲付出慘重代價的美德逐漸失去了興趣，眞實原因無從考察。

（三）險境中救夫

唐律規定，妻與夫齊等，這是一種抽象的平等，如同我國現行法律規定男女平等一樣，在實際生活中，男女對夫或妻的角色認同各不相同，兩《唐書》中諸多女性有著以身犯險勇救夫君的覺悟，甚至是爲夫犧牲自己，以及在夫死之後，還不惜一切代價爲夫伸冤報仇，比如《新唐書》中的河南竇烈婦，與丈夫一起躲避亂軍，可是不知自己正好藏在仇人家中，半夜裏強盜進來要殺其丈夫，竇氏哭著遮擋住丈夫，死死拉住賊人的衣袖，被賊人的刀砍中也不放手，爲丈夫爭取了足夠的時間逃走，所幸竇氏最後被救活了；〔註127〕又如《新唐書》中的周迪妻，與丈夫在異地做生意，恰逢黃巢起義大將畢師鐸攻打該地，夫妻錢財不保，無法回家，都快被餓死了，周迪妻見市集上人們互相掠賣而食，爲了保全丈夫，她就把自己賣了錢給丈夫做盤纏，最後她被殺，肉被賣，只剩下個頭骨，丈夫除了「不忍」，沒有悲痛欲絕等其它情感表現，只是將其剩下的屍體帶回家埋葬了；〔註128〕兩《唐書》中的衡方厚妻程氏，丈夫被董昌齡陷害致死，程氏忍辱負重，偷偷地步行到京城

〔註127〕《新唐書・列傳一百三十・列女・竇烈婦》：「竇烈婦者，河南人，朝邑令華某妻。初，同州軍亂，逐節度使李瑝走河中，令匿望仙里，不知所舍乃仇家也。夜半盜入，捽令首，欲殺之，竇泣蔽捍，苦持賊袂，至中刀不解，令得脫走不死，賊亦去。京兆聞之，歸酒帛醫藥，幾死而愈。」

〔註128〕《新唐書・列傳第一百三十・列女・周迪妻》：「周迪妻某氏。迪善賈，往來廣陵。會畢師鐸亂，人相掠賣以食。迪饑將絕，妻曰：『今欲歸，不兩全。君親在，不可並死，願見賣以濟君行。』迪不忍，妻固與詣肆，售得數千錢以奉。迪至城門，守者誰何，疑其紿，與迪至肆問狀，見妻首已在枅矣。迪里餘體歸葬之。」

告狀陳訴冤屈，不惜割耳引起官府重視，最終告倒董昌齡爲丈夫平反。〔註129〕然而，男性傳文中卻少見丈夫勇救妻子或是爲妻子伸冤報仇的事例，在男性遇到危險的時候，妻子是可以兌現的私有財產，如同妾一樣通買賣，有的時候自己無法保護得了私有財產又不想讓他人佔有自己的女人的時候，他們索性殺了自己的妻子。

《列女傳》中很多事跡，因爲前期記錄得不夠詳細，後期又沒有跟蹤記錄，所以很難看到女性的情感與需求以及男性的反應，而《后妃傳》中大多數傳文彌補了這個缺陷。比如肅宗廢后庶人張氏〔註130〕：唐玄宗天寶十四年（755 年），安祿山起兵叛亂，東京洛陽失守；天寶十五年（756 年）六月，西京長安失守。唐玄宗攜楊貴妃、楊國忠、太子李亨以及張良娣等人西逃出長安，在渭河附近的馬嵬驛站休息的時候，陣營從內部瓦解，隨從將士要求將楊國忠、楊貴妃等人處死，史稱馬嵬驛兵變。兵變發生之後，父老鄉親攔住唐玄宗西逃的道路，請求留下太子討伐叛賊收復長安，唐玄宗允許了，並派遣壽王李瑁和內侍高力士告諭太子李亨。太子秉性仁孝，起初因擔心流亡中的父皇不忍離去而不想留下，宦官李靖忠與張良娣審時度勢勸說太子去留之利弊，太子於是同意留下部份兵力北上靈武，準備打回長安去，而唐玄宗繼續西行至成都。雖然太子李亨

〔註129〕兩《唐書》都有記載。《舊唐書・列傳第一百四十三・列女・衡方厚妻程氏》：「衡方厚妻程氏。方厚，大和中任邕州都督府錄事參軍，爲招討使董昌齡誣枉殺之。程氏力不能免，乃抑其哀，如非冤者。昌齡雅不疑慮，聽其歸葬。程氏故得以徒行詣闕，截耳於右銀臺門，告夫被殺之冤。御史臺鞫之，得實，諫官亦有章疏，故昌齡再受譴逐。程氏，開成元年降救曰：『乃者吏爲不道，虐殺爾夫，詣闕申冤，徒行萬里，崎嶇逼畏，瀕於危亡。血誠即昭，幽憤果雪，雖古之烈婦，何以加焉！如聞孤孀無依，晝哭待盡，俾榮祿養，仍賜疏封。可封武昌縣君，仍賜一子九品正員官。』」

〔註130〕《舊唐書・列傳第二・后妃下・肅宗張皇后》：「后辯惠豐碩，巧中上旨。祿山之亂，玄宗幸蜀，太子與良娣俱從，車駕渡渭，百姓遮道請留太子收復長安。肅宗性仁孝，以上皇播越，不欲違離左右。宦者李靖忠啓太子請留，良娣贊成之，白於玄宗。太子如靈武，時賊已陷京師，從官單僚，道路多虞。每太子次舍宿止，良娣必居其前。太子曰：『捍禦非婦人之事，何以居前？』良娣曰：『今大家跋履險難，兵衛非多，恐有倉卒，妾自當之，大家可由後而出，庶幾無患。』及至靈武，產子，三日起，縫戰士衣。太子勞之曰：『產忌作勞，安可容易？』后曰：『此非妾自養之時，須辦大家事。』」《新唐書・列傳第二・后妃下・肅宗廢后庶人張氏》：「時軍衛單寡，夕次，娣必寢前，太子曰：『暮夜可虞，且捍賊非婦人事，宜少戒。』對曰：『方多事，若倉卒，妾自當之，殿下可徐爲計。』駐靈武，產子三日，起縫戰士衣，太子救止，對曰：『今豈自養時耶？』」

被任命爲「天下兵馬元帥，都統朔方、河東、河北、平盧節度使」〔註131〕，但實際上可派遣的兵力很少，當時叛賊已經攻陷京師，路上很不安全。張良娣擔心太子的安危，擔心因護衛軍人數少而有疏漏，所以主動承擔起守護太子之責，如遇突發事件，願親自替夫抵擋災禍，爲太子爭取時間。到了靈武后，張良娣產子剛三天，顧不上坐月子修養身體，就開始爲太子的官兵縫補戰衣，將丈夫事業之成敗榮辱置於個人存亡之先。太子能重拾民心收復長安，與張氏的努力密不可分。天寶十五年（756年）八月，皇太子李亨在靈武即皇帝位，張良娣冊爲淑妃。乾元元年（758年）四月，冊爲皇后。

當然，張氏的犧牲奉獻，並非無償付出，而是用心良苦。張氏當上皇后之後，「寵遇專房，與中官李輔國持權禁中，干預政事，請謁過當，帝頗不悅，無如之何」〔註132〕，唐肅宗以信任、寵幸和縱容報答她，卻落得作繭自縛，「內制於后」〔註133〕。唐肅宗對張皇后不加約束最終害了她，張皇后爲滿足私欲而害人，樹敵無數。張皇后雖然作惡無數，但對唐肅宗卻是眞誠的，沒有像韋后一樣毒殺唐中宗以奪權，而是在肅宗患病的時候，「后自箴血寫佛書以示誠」，皇后自己用針刺血書寫佛經祈禱肅宗早日康復，因爲張皇后知道，她權力的來源，即是她的丈夫，只有丈夫活在至尊之位，她才能同享至尊之權威。果然，唐肅宗病危時，張皇后被人軟禁，肅宗死後，她被褫奪了皇后尊號，並被賜死。

二、「非道則諫」

《女孝經》傲仿《孝經》而作，《孝經‧諫爭章》探討了「敢問子從父之令，可謂孝乎」〔註134〕（這個問題在本書第二章中有所涉及），《女孝經‧諫諍章》探討了「敢問婦從夫之令，可謂賢乎」，這個問題是「在家從父，出嫁從夫」問題的延伸，《女孝經》的觀點亦是延伸了《孝經》中「天子有爭臣七人，雖無道，不失其天下。諸侯有爭臣五人，雖無道，不失其國。大夫有爭臣三人，雖無道，不失其家。士有爭友，則身不離於令名。父有爭子，則身不陷於不義」〔註135〕的觀點，認爲「夫有諍妻，則不入於非道」，並以「衛女矯齊桓公不聽淫樂，齊姜遣晉文公而成霸業」爲例進行說明，又引用《詩經‧

〔註131〕《新唐書‧本紀第五‧玄宗》。
〔註132〕《舊唐書‧列傳第二‧后妃下‧肅宗張皇后》。
〔註133〕《新唐書‧列傳第二‧后妃下‧肅宗廢后庶人張氏》。
〔註134〕《十三經注疏‧孝經注疏》，第47頁。
〔註135〕《十三經注疏‧孝經注疏》，第48頁。

大雅·板》中的「猶之未遠，是用大諫」〔註136〕作爲理論支撐，這種勸諫主要指在「夫非道」時。

「夫非道則諫」〔註137〕並不容易，首先要求妻子識禮義，明道理，這樣才能構建起與男性世界溝通的平臺，甚至是對他們進行勸諫和引導。與明清時期「女子無才便是德」的觀念不同，唐人主張女子應讀書解文字，而且很欣賞有才華的女子，比如高祖太穆順聖皇后竇氏「讀《女誡》《列女》等傳，一過輒不忘」；太宗文德順聖皇后長孫氏「少好讀書，造次必循禮則」，「后嘗撰古婦人善事，勒成十卷，名曰《女則》，自爲之序」；太宗賢妃徐惠「生五月而能言，四歲誦《論語》《毛詩》，八歲好屬文。其父孝德試擬《楚辭》，云『山中不可以久留』，詞甚典美。自此遍涉經史，手不釋卷。太宗聞之，納爲才人。其所屬文，揮翰立成，詞華綺贍。俄拜婕妤，再遷充容」；中宗上官婉兒，「有文詞，明習吏事，則天時，婉兒忤旨當誅，則天惜其才不殺，但黥其面而已」；〔註138〕宋若昭姐妹，其父宋庭芬「始教以經藝，既而課爲詩賦，年未及笄，皆能屬文」，「著《女論語》十篇，其言模仿《論語》」〔註139〕；李德武妻裴淑英，「常讀佛經」，「又嘗讀《列女傳》」〔註140〕等等。唐代女性閱讀的內容大概包括漢代班昭的《女誡》、漢代劉向的《列女傳》、孔子的《論語》、毛亨注的《詩經》等等，唐代詩人李華在《與外孫崔氏二孩書》中說：「汝等當學讀《詩》《禮》《論語》《孝經》，此最爲要也」〔註141〕。有些女子閱讀興趣很廣，經史子集、詩詞歌賦、佛道經典都有涉獵，並且自己能填詞作詩著文，絲毫不遜於男子。那麼女子爲什麼要「讀書解文字」呢？後來爲什麼又提出「女子無才便是德」呢？

《女誡·夫婦第二》曰：「察今之君子，徒知妻婦之不可不禦，威儀之不可不整，故訓其男，檢以書傳，殊不知夫主之不可不事，禮義之不可不存也，但教男而不教女，不亦弊於彼此之數乎。」班昭認爲，不僅應該教男子以禮義，也應教女子以禮義，這樣女子才能明白事夫之義，不至於無禮法可循，因不知

〔註136〕「猶，謀也」，如果天子不能深謀遠慮，爲政既違先王之道，又違天之道，那麼在這種惡政的治理下天下百姓就會遭殃，所以要用「大諫」，「言大諫，謂其諫之深」。（《十三經注疏·毛詩正義》，第1144～1145頁。）

〔註137〕《女孝經·諫諍章第十五》。

〔註138〕《舊唐書·列傳第一·后妃上》。

〔註139〕《舊唐書·列傳第一·后妃下》。

〔註140〕《舊唐書·列傳第一百四十三·列女》。

〔註141〕李華《與外孫崔氏二孩書》，《全唐文》卷315。《李遐叔文集》卷1。

而無禮，非女子之過也，但是當時女教之書較少，所以班昭特此編寫《女誡》供諸女學習，擔心她們「不漸加訓誨，不聞婦禮」，出嫁後「懼失容他門，取辱宗族」。唐代著名文學家李華認爲，「婦人亦要讀書解文字，知古今情況，事父母舅姑，然可無咎。《詩序》云：『哀窈窕，思賢才，而無傷善之心焉，是《關雎》之義也。』《易》曰：『主中饋，無攸遂。』婦人但當主酒食、待賓客而已，其餘無自專之禮。《詩》云：『將翱將翔，佩玉瓊琚。』此奉舅姑、助祭祀之儀也。又曰：『將翱將翔，弋鳧與雁。』此主酒食、待賓客之儀也。」〔註142〕他們認爲，女子主要學習婦禮，即閨閫之內的禮儀，主要是婦德、婦言、婦容、婦功四行，「婦德，不必才明絕異也；婦言，不必辯口利辭也；婦容，不必顏色美麗也；婦功，不必機巧過人也」（《女誡·婦行第四》），四種德行，取中庸之道，「適中無忝，不期其才辯美巧，大過於人」〔註143〕。與對男子「立身行道，揚名於後世，以顯父母」〔註144〕的期待不同，讓女子學習婦禮的目的是讓她們養成「動則合禮，言必有經」的美好德行，才德無須有過人之處，能出嫁後行無咎即可，不求「以顯父母」，但求「不辱宗族」。

如此說來，女子知書達禮應是件極好之事，爲什麼後世會持異見呢？據陳東原在《中國婦女生活史》一書中的考證，證明傳統社會並非一貫地反對「女才」，「女子無才便是德」的說法起源於明末。〔註145〕據現有文獻記載，這句話在晚明兩位文人的著作中均有出現，一個持肯定態度，明代文學家陳繼儒（1558～1639，號眉公）在《安得長者言》一文的序中說：「男子有德便是才，女子無才便是德」，並解釋到：「女子通文識字，而能明大義者，固爲賢德，然不可多得；其它便喜看曲本小說，挑動邪心，甚至舞文弄法，做出無醜事，反不如不識字，守拙安分之爲愈也」〔註146〕；一個持否定態度，馮夢龍（1574～1646）在《智囊·卷二十五·閨智部》中說：「語有之：『男子有德便是才，婦人無才便是德。』其然，豈其然乎？……無才而可以爲德，則天下之懵婦人毋乃皆德類也乎？」〔註147〕。劉麗娟在「女子無才便是德」

〔註142〕李華《與外孫崔氏二孩書》，《全唐文》卷315。《李遐叔文集》卷1。
〔註143〕王相箋注《女誡·婦行第四》。
〔註144〕《十三經注疏·孝經注疏》，第4頁。
〔註145〕陳東原，中國婦女生活史〔M〕，上海：上海書店，1984：189～202。
〔註146〕〔明〕陳繼儒，叢書集成初編第0375冊：安得長者言一卷〔M〕，北京：中華書局，1983。
〔註147〕馮夢龍，智囊全集（全譯珍藏本）〔M〕，北京：中國文史出版社，2011。

考述》一文中對這兩類觀點做了分析，認爲從明末的時代背景來看，「男子有德便是才，女子無才便是德」一句旨在「正德」，而非「反才」，這忠於儒家「德本位」的文化傳統，不管是對男子而言，還是女子而言，儒家有「輕才」的傳統，卻無「反才」的傳統，後世將「女子無才便是德」之說理解爲「才德相害」從而「反才」，既偏離了此話的本意，又違背了儒家正統。〔註148〕直至現代，在傳播「女子無才便是德」這句話的時候，人們往往不辨明其本意就以訛傳訛，以至於成了反對女子有才、阻礙女子受教育的理論依據。

　　唐代很重視女子文化教育，唐群在《唐代教育研究》一書中指出，唐人多主張女子讀書識字，不僅士大夫、書香門第等上層家庭重視女子的文化教育，讓她們讀書識字，學習詩禮，商賈、武人等庶民家庭的女子也有不少習文讀書的。〔註149〕但是，唐人主張女子讀書的目的，並不是爲了開發智力，讓她們能有「自專之道」，而是讓她們學習婦德，教她們生活營家的技能，馴化她們，使她們知曉次序尊卑，學會服從侍奉。

　　在兩《唐書》中，才或德卓異者都能因此載入史冊。儒家文化以德爲先，所以不論男女，史官堅持著重德輕才的品評標準，因此收錄的傳文中有德無才者眾多。「德」有時與一個人的受教育程度並不相關，德性更多的是一種天性、一種根性，比如楊三安妻李氏，「事舅姑以孝聞。及舅姑亡沒，三安亦死，二子孩童，家至貧窶。李晝則力田，夜紡緝，數年間葬舅姑及夫之叔侄兄弟者七喪，深爲遠近所嗟尙。太宗聞而異之，賜帛二百段，遣州縣所在存恤之。」〔註150〕史官沒有因爲李氏有德而擅自加上表明其曾知書識禮的字句，李氏只是一個淳樸善良的村婦，舅姑在世時孝順舅姑，丈夫死後，她並沒有帶著年幼的孩子回娘家撫養（唐時女子「夫亡歸宗」〔註151〕），也沒有改嫁（唐太宗時期，寡婦有子可以改嫁，唐宣宗之後，寡婦有子才不得改嫁），還是以楊三安之妻的角色與夫家叔侄兄弟和睦相處，並在他們去世後一一禮葬。

〔註148〕劉麗娟，「女子無才便是德」考述〔J〕，婦女研究論叢，2009。9（5）：55～60。

〔註149〕唐群，唐代教育研究〔M〕，西安：西安出版社，2009：82。

〔註150〕《舊唐書·列傳第一百四十三·列女·楊三安妻李氏》。

〔註151〕陳弱水，隱蔽的光景——唐代的婦女文化與家庭生活〔M〕，桂林：廣西師範大學出版社，2009：98～107。

　　但人的天性有善有惡〔註 152〕，即使是善的天性也需善的後天環境來保持，惡的天性更需「化性起僞」，在人爲干預下使之向善轉變，所以教育就尤爲重要。從女性傳文的敘述方式中可以看出，史官一方面認爲「才」能引導「德」之形成，比如李德武妻裴淑英，父親裴矩欲奪其志，讓她改嫁，她堅守「婦人事夫，無再醮之禮」，這是其「嘗讀《烈女傳》」，〔註 153〕將外在的道德標準內化爲自身的行爲準則的結果；另一方面又認爲有才未必有德，比如上官婉兒，「有文詞，明習吏事」，是武則天多年的「秘書」、唐中宗的昭容、知名才女，「則天時，婉兒忤旨當誅，則天惜其才不殺，但黥其面而已」，後來在中宗時，「婉兒常勸廣置昭文學士，盛引當朝詞學之臣，數賜遊宴，賦詩唱和。婉兒每代帝及后、長寧安樂二公主，數首並作，辭甚綺麗，時人咸諷誦之」，婉兒死後，「玄宗令收其詩筆，撰成文集二十卷」，但她「專秉內政」，「既與武三思淫亂」，「又通於吏部侍郎崔湜」，〔註 154〕濫用公權，毫無婦德可言。

　　那麼，婦人該怎樣用「才」呢？以一代賢后長孫皇后爲例，長孫皇后死後，唐太宗曾有感而言：「以其每能規諫，補朕之闕，今不復聞善言，是內失一良佐，以此令人哀耳！」〔註 155〕在兩《唐書》中，長孫皇后的「規諫」與「善言」集中體現在她對政事的巧妙干預上。唐太宗曾跟長孫皇后談論到賞罰之事，長孫皇后回答說「牝雞之晨，惟家之索。妾以婦人，豈敢豫聞政事？」太宗堅持和她談論，她就堅持不回答。從這句話中看，長孫皇后似乎是恪守「男不言內，女不言外」〔註 156〕之事業次序的傳統賢婦，不干涉朝政，即使丈夫有意聽取她的意見，她也能以禮自防，主動迴避。但是，長孫皇后眞的不「豫聞政事」嗎？魏徵因忠言逆耳觸怒龍顏的時候，長孫皇后以稱讚太宗賢君有諍臣的方式保住了魏徵；長孫皇后深知兄長長孫無忌善於「曲相誘悅」，並非直言進諫的良佐，所以太宗每欲重用長孫無忌，長孫皇后都力諫勸止；長孫皇后臨死時，力保被貶的房玄齡，唐太宗因此重新重用房玄齡；長孫皇后重病時，勸止了皇上大赦天下以祈福的做法，避免了以一己之私而亂天下之治；長孫皇后的同父異母兄長長孫安業曾經對皇后兄妹不善，可是長

〔註 152〕第四章第三節中探討了人性論。
〔註 153〕《舊唐書・列傳第一百四十三・列女・李德武妻裴淑英》。
〔註 154〕《舊唐書・列傳第一・后妃上・上官昭容》。
〔註 155〕《舊唐書・列傳第一・后妃上・太宗文德順聖皇后長孫氏》。
〔註 156〕《十三經注疏・禮記正義》，第 836 頁。

孫皇后拋棄舊怨，懇請太宗對無德無能的他「厚加恩禮」，身居高位至「監門將軍」，長孫安業歹心難改，參與謀逆，長孫皇后爲其求情，免其死刑，如此任用和寬恕小人、壞人，難免對一方百姓造成極壞的影響……在這些事例中，長孫皇后用勸諫的形式，影響著丈夫在政事上的判斷和決策，雖然史官在敘述中強調，長孫皇后諫爭的出發點是爲了完善丈夫的執政德行，對「貞觀」良好政風的形成和保持功不可沒〔註157〕，但是，她仍然通過勸諫的形式表達著自己的見解，影響著朝廷官員的任免，達成著自身的目的。雖然長孫皇后干預政事，並不是爲了一己之欲或是爲外戚家族謀取私利，但是她也是有私欲的，只不過她的私欲是以夫家利益爲核心，力保魏徵、房玄齡等是爲了夫君能有賢臣輔佐，永保江山，爲了維護夫家權利集中和政權穩定，她主動擯除外戚權力過大的干擾，防微杜漸……這些舉措雖主觀上是私欲私德，卻客觀上爲天下百姓做了好事，但是長孫皇后爲了夫君不被「恃寵以復其兄」的聲名所累而勸君任用無德無能的兄長長孫安業，雖然沒有像唐高宗的武后、唐中宗的韋后、唐肅宗的張后等一般對朝政產生較大的負面影響，但她不顧所轄百姓之生活苦難，所以她的婦德稱不上是胸懷天下之大德，不能摒棄虛名而選賢任能，她終究只是一個以夫爲中心的賢后。而此種婦德正是史官所推崇的價值，女子無須有大德大才，一切以所從之人爲中心，不能有自專之道。即使是婦人之德能已經超過了夫君，理想的妻子應仍是以扶助夫君之德的輔助形式出現，而不能以彰顯女性自身之才能爲出發點。

「非道則諫」是禮法賦予女性的「合法」權利，「合法」權利有時也能引向「非法」之道，天子之妃能以勸諫的形式干預政事，官宦之妃、庶人之妃也能以勸諫的形式間接地影響著外事的決斷，賢能之妻的心智從未受困於閨闈之「百姓」「酒漿」與「灑掃」。以勸諫的形式影響男性權利的運作是古代女性干政的主要形式，這種形式並非婦人一方可造成的，很大程度上是丈夫「謀及婦人」所致。那麼，唐人對「謀及婦人」是怎樣的態度呢？在本書第二章中引用的事例中，厲公認爲雍糾「謀及婦人，死固宜哉」〔註158〕，與婦

〔註157〕秦翠華，長孫皇后對「貞觀」政風的影響〔J〕，北方論叢，1997（5）：37～40。

〔註158〕《史記・世家第十二・鄭世家》：「厲公四年，祭仲專國政。厲公患之，陰使其婿雍糾欲殺祭仲。糾妻，祭仲女也，知之，謂其母曰：『父與夫孰親？』母曰：『父一而已，人盡夫也。』女乃告祭仲，祭仲反殺雍糾，戮之於市。厲公無奈祭仲何，怒糾曰：『謀及婦人，死固宜哉！』」

人商討大事，是很不明智的，甚至會惹禍上身。但是唐人認為，夫有諍妻，與妻子相商，聽從妻子的勸諫，是男性的一種美德，比如高祖太穆皇后竇氏，「常言於高祖曰：『上好鷹愛馬，公之所知，此堪進御，不可久留，人或言者，必為身累，願熟思之。』高祖未決，竟以此獲譴。未幾，后崩於涿郡，時年四十五。高祖追思后言，方為自安之計，數求鷹犬以進之，俄而擢拜將軍，因流涕謂諸子曰：『我早從汝母之言，居此官久矣。』」〔註159〕唐高祖後悔沒有早聽從妻子的勸諫。賢能之君善於聽取勸諫而改過，主導權在自己手中，諫言只是輔助作用，可聽取可不聽取，在一個可控範圍內，但是也有人君因為一時大意，失去控制權，導致自身受制於婦人，比如唐高宗的武后，「后城宇深，痛柔屈不恥，以就大事，帝謂能奉己，故扳公議立之。已得志，即盜威福，施施無憚避，帝亦儒昏，舉能鉗勒，使不得專，久稍不平」〔註160〕，唐高宗儒弱昏庸，武則天利用「枕邊風」之力慢慢地竊取威權，最後肆無忌憚，以至於唐高宗自身的舉動都受到鉗制，不能控制朝政，雖然感到憤恨，想伺機聯合大臣廢黜武皇后，可惜他們的權數與詭計不如武皇后，反被武皇后發現，借機斬斷反抗她之羽翼。

「謀及婦人」，是受益還是受害，並沒有定論。那麼，女性以勸諫的形式而越禮「言外」，其所造成的結果，到底該誰負責？《舊唐書》認為：

> 然而三代之政，莫不以賢妃開國，嬖寵傾邦。秦、漢已還，其流浸盛。大至移國，小則臨朝，煥車服以王宗枝，裂土壤而侯肺腑，洎末塗淪敗，赤族夷宗。高祖龍飛，宮無正寢，而婦言是用，爨起維城。大帝孝和，仁而不武，但恣池臺之賞，寧顧衽席之嫌？武室、韋宗，幾危運祚。東京帝后，歿從夫諡，光烈、和熹之類是也。高宗自號天皇，武氏自稱天后，而韋庶人生有翊聖之名，肅宗欲后張氏，此不經之甚，皆以凶終。玄宗以惠妃之愛，擯斥椒宮，繼以太真，幾喪天下。歷觀前古邦家喪敗之由，多基於子弟召禍。子弟之亂，必始於宮闈不正。故息隱鬩牆，秦王謀歸東洛；馬嵬塗地，太子不敢西行。若中有聖善之慈，胡能若是？《易》曰「家道正而天下定」，不其然歟！自後累朝，長秋虛位，或以旁宗入繼，母屬皆微，徒有冊拜之文，諒乏「關雎」之德。〔註161〕

〔註159〕 《舊唐書・列傳第一・后妃上・高祖太穆皇后竇氏》。
〔註160〕 《新唐書・列傳第一・后妃上・高宗則天武皇后》。
〔註161〕 《舊唐書・列傳第一・后妃上》。

史官從「家道正而天下定」的角度論證，謀慮多的婦人顛倒陰陽，致使家道不正，邦國不興，乃婦人之過。《易·家人卦》（離下巽上）曰：「家人，利女貞。」《象》曰：「家人，女正位乎內，男正位乎外，男女正，天地之大義也。家人有嚴君焉，父母之謂也。父父、子子、兄兄、弟弟、夫夫、婦婦，而家道正，正家而天下定矣。」〔註162〕朱熹認為：「家人者，一家之人。卦之九五、六二，外內各得其正，故為家人。利女貞者，欲先正乎內也，內正則外無不正矣。」〔註163〕女子和順守正就會有利，是說要先在家內守正，內正則外也正。何謂「內正」？朱熹在《詩集傳》中說到：「蓋女子以順為正，無非足矣，有善則亦非其吉祥可願之事也。」〔註164〕女子從人也，無自專之道，應以順為正，不可爭訟好強，順才能與家人和睦相處，家和則萬事興。為什麼不鼓勵「有善」？這讓人想起《世說新語》中「趙母嫁女」的故事：「趙母嫁女臨去教之曰：『甚勿為好。』女曰：『不為好將為惡耶？』母曰：『好尚不可為，其況惡乎？』」婦人並不被期待刻意為好為善，無過不辱宗門即可，班昭認為，婦德「不必才明絕異」，「不必辯口利辭」，「不必顏色美麗」，「不必技巧過人」，王相認為，「四行，但取其適中無忝，不期其才辯美巧，大過於人」，皆是此意。而唐前期，有自專之道的婦人眾多，自武則天稱帝後，更是激發了眾多后妃、公主、命婦參政議政之雄心，一時間大唐上下呈現出陰盛陽衰之景，有作出傑出貢獻者，也有擾亂朝綱者，功過是非，不能僅因為她們是女性參政有違儒家禮法而判定。《詩經·大雅·瞻卬》曰：「哲夫成城，哲婦傾城。」鄭玄箋云：「哲謂多謀慮也。城，猶國也。丈夫，陽也。陽動故多謀慮則成國。婦人，陰也。陰靜故多謀慮乃亂國。」孔穎達疏曰：「由陰陽不等，動靜事異，故俱多謀慮而成傾有殊也。若然，謀慮苟當，則婦人亦成國，任、姒是也。謀慮理乖，雖丈夫亦傾城，宰嚭、無極是也。然則成敗在於是非得失，不由動靜。而云陰陽不同者，於時褒姒用事，干預朝政，其意言褒姒有智，唯欲身求代后，子圖奪宗，非有益國之謀，勸王不使聽用，非言婦人有智皆將亂邦也。」〔註165〕這首雅歌旨在痛斥周幽王受褒姒之迷惑而禍國殃民，這裡的「哲婦」指的是褒姒，並非所有有智婦人皆將亂

〔註162〕楊軍譯，蘇軾講周易：白話《東坡易傳》〔M〕，長春：長春出版社，2010：91～92。

〔註163〕陳鵬，宋卿譯，朱熹講周易：白話《周易本義》〔M〕，長春：長春出版社，2010：60。

〔註164〕〔宋〕朱熹注，詩集傳〔M〕，上海：中華書局，1958：126。

〔註165〕《十三經注疏·毛詩正義》，第1258頁。

邦，文王之母太任、文王之妻太姒等婦人謀慮得當亦可以成國，吳國太宰嚭、楚國佞臣費無極等丈夫謀慮失當也能傾城，所以成敗不在陽陰動靜男女，也不在婦人謀慮多寡，而在是非得失。

《新唐書》認爲：

> 禮本夫婦，《詩》始后妃，治亂因之，興亡係焉。盛德之君，帷薄嚴奧，裹謁不忓於朝，外言不内諸閫，《關雎》之風行，彤史之化修，故淑範懿行，更爲内助。若夫豔嬖之興，常在中主。第禍既交，則情與愛遷；顏辭媚熟，則事爲私奪。乘易昏之明，牽不斷之柔，險言似忠，故受而不詰，醜行已效，反狃而爲好。左右附之，愉壬恭之，狡謀鉗其悟先，哀誓楗於寵初，天下之事已去，而恬不自覺，此武、韋所以遂篡弑而喪王室也。至於楊氏未死，玄亂厥謀；張后制中，肅幾斂衽。吁，可歎哉！中葉以降，時多故矣，外有攻討之勤，內寡嬿溺之私，群閹朋進，外戚勢分，后妃無大善惡，取充職位而已，故列著於篇。〔註166〕

依史官之口吻，似乎是國家之治亂興亡，皆繫於后妃，「賢妃開國，嬖寵傾邦」，尤其是邦家之衰敗，皆因「女子之禍於人」。唐代被認爲是「女禍」迭出，前有「牝雞司晨」改朝換代的武則天，中有肆意專權擾亂朝綱的中宗韋后、太平公主、安樂公主等人，後有「傾城傾國」「幾喪天下」的楊玉環，將過錯推卸到女人身上，而忽略了唐高宗的「儒昏」、唐中宗的「志昏近習，心無遠圖，不知創業之難，唯取當年之樂」〔註167〕和唐玄宗的前賢後愚惑於諂媚。《詩・小雅・斯干》曰：女子「無非無儀」，鄭玄認爲：「儀，善也。婦人無所專於家事，有非非婦人也，有善亦非婦人也」〔註168〕，「言有非有善，皆非婦人之事者，婦人，從人者也。家事統於尊，善惡非婦人之所有耳。不謂婦人之行無善惡也」〔註169〕，婦人是從人者，無自專之道，善惡是非「非婦人之所有」，婦人只是順於夫，以夫之善惡爲婦之善惡，而婦人無專善專惡。那麼，依此而論，「女禍」亦禍不在女子，婦人之言是否被採納，關鍵仍在丈夫。昏君容易被嬖寵迷惑，以致親小人遠賢臣，即使後宮中有賢妃，其諫言也很難進入

〔註166〕《新唐書・列傳第一・后妃上》。
〔註167〕《舊唐書・本紀第七・中宗睿宗》。
〔註168〕《十三經注疏・毛詩正義》，第691頁。
〔註169〕《十三經注疏・毛詩正義》，第692頁。

昏君之視聽，其人也很難獲得寵幸在眾多嬪妃中脫穎而出，而賢君有識人之才德，能欣賞寵幸賢妃，所以在賢君治世時賢妃能青史留名。

　　然而，「紅顏禍水」之說流傳久遠，「女禍」說全是冤枉之言嗎？夫妻之道，有如君臣之義，雖有尊卑之分，但是妻子可以勸諫丈夫，也理應勸諫丈夫，這是禮法賦予女性為妻之權利與義務。在唐代社會生活中，雖然女性很難直接參與重大的政治決策，但並不是「女不言外」〔註170〕，女性可以通過勸諫的形式，影響丈夫的判斷和抉擇，既在丈夫非道時勸諫改過，也在丈夫彷徨時出謀劃策，有的女性甚至利用勸諫的形式影響丈夫做出錯誤的決策達成私欲。「枕邊風」具有怎樣的導向作用，女性的智謀很重要，但落腳點還在男性是否採納，所以關鍵還在男性。所謂「紅顏禍水」之說，對於無法直接參與政治生活的女性來說，是妄加之罪，但是從女性為妻之責，有諫止丈夫行非道的責任，卻是名符其實，妻子是丈夫德行的直接監察人，也是榮辱共同體，妻子理應督促丈夫行大道，若是縱容丈夫犯錯，甚或是誤導丈夫犯錯，那麼錯確實在妻子。歸結起來，婦人之禍可分兩種：一種是自行非禮，以累其夫；一種是夫有惡事，不勸反助。禮法雖不鼓勵婦人有所作為，但是在丈夫行非禮之事時，若無所作為，不善加勸諫阻夫之惡，亦或是反相助為非，助紂為虐，必將惹禍臨身。女性能以勸諫的形式在家庭中有一定的發言權，並非禍事，「懼內」雖顯婦人之妒悍，丈夫也可在妻子的督促下不陷於非義，完善德行。

　　「夫非道則諫」，應該如何勸諫呢？《禮記·曲禮下》曰：「為人臣之禮，不顯諫。」〔註171〕如長孫皇后勸諫唐太宗一般，不直言丈夫之過錯，丈夫在氣頭上的時候，要順著丈夫，等其氣消之後再理清是非，不冤枉人，或是以稱讚的形式讓丈夫自己發現自己的過失。但是「君臣有義則合，無義則離」，「三諫而不聽，則逃之」，〔註172〕而為婦之道，理應從一而終，女子在家以父為天，出嫁之後以夫為天，事夫理應如事父，「三諫而不聽，則號泣而隨之」〔註173〕，然而丈夫並非至親，唐代對離婚觀念比較開放，唐律規定「若夫妻不相安諧而和離者，不坐」，不僅可以「和離」，也可「出夫」，女方可以主動

〔註170〕《十三經注疏·禮記正義》，第836頁。
〔註171〕《十三經注疏·禮記正義》，第150頁。
〔註172〕《十三經注疏·禮記正義》，第150頁。
〔註173〕《十三經注疏·禮記正義》，第151頁。

提出離婚，所以夫妻「有義則合，無義則離」，無須恪守從一而終。另據《唐律疏議》第 46 條「同居相爲隱」規定，妻爲夫隱，即使夫犯有惡事，從情理上來說，妻子無須舉報丈夫。婦人在勸諫多次無果之後，可自行裁量，或「逃之」，或「號泣而隨之」，亦或以死相諫。

三、「惟務清貞」

朱熹認爲：「唐源流出於夷狄，故閨門失禮之事不以爲異。」〔註 174〕唐人貞潔觀念淡薄，尤其是唐中葉之前，閨門失禮之事頗多，男子也不以女子失禮爲意，但是人們對理想的妻子在貞潔觀念上仍有期待，只不過這種期待不同於後世的「處女情結」「餓死事小失節事大」「從一而終」等貞潔觀念，所以本書將貞潔品德列於爲妻之德之最末。

（一）貞節觀念的源與流

據恩格斯在《家庭、私有制和國家的起源》中的分析推斷，貞節觀念的源起和演變與「財產的增長和希望把財產傳給子女的願望」〔註 175〕有著密切的關係。在「民知其母，不知其父」〔註 176〕的母系氏族社會裏，子女屬於母親，財產在以女性爲主的母系家族中傳承，女子無須爲財產而守貞。原始社會末期，隨著生產力的提高，生產工具的改善，生產有了剩餘，私有制產生，男子逐漸在主要的生產部門取代了女性並佔據重要地位，成爲財富的主要創造者，母權制開始向父權制過渡，直至夏朝，父權制正式確立。在私有制社會裏，丈夫爲了確保將自己的財產留給自己的後裔，就開始要求妻子所生的子女必須確鑿無疑地屬於自己的血統，爲了確定這一點，就必然要求妻子不得與其它異性發生性關係，保持婚後的貞潔。〔註 177〕由此便產生了貞潔觀念，後來逐步禮制化，在唐代，由禮入法，唐律明文規定嚴懲婚後姦淫，認爲「姦」是「十惡」之一，「淫」是七出之一，認爲已婚的婦人，如不守貞，就有亂家亂宗亂國之危險，所以特別看重。現在婚姻，與此有相似之處，男性希望女性婚後貞節，除了情感因素外，也在確保妻子所生子女屬於自己親生，甚至

〔註 174〕轉引自：陳寅恪，唐代政治史述論稿〔M〕，北京：生活・讀書・新知三聯書店，1956：1。（陳寅恪引自《朱子語類》一一六《歷代類》三條）

〔註 175〕〔美〕摩爾根，古代社會〔M〕，北京：商務印書館，1997：479。

〔註 176〕《莊子・盜拓》。

〔註 177〕楊亞利，周易與中國夫婦之道〔M〕，北京：中國文史出版社，2003：48。

不惜做親子鑒定以求放心。然而，現在女性地位上升，妻子對夫妻共同財產享有共同處置權，可新《婚姻法》卻賦予丈夫之私生子女也有財產繼承權，妻子爲了確保自己所生子女繼承最多的財產，也要求丈夫婚後能保持貞潔，不節外生枝。在唐代，丈夫爲了財產問題會要求妻子婚後貞節，但妻子卻無權要求丈夫貞節，原因有二：其一，雖說「妻與夫齊等」，但實際生活中並非齊等，大多數妻子其附屬性地位決定了她們無法制約丈夫納妾、養別宅婦或是嫖妓等，少數妒婦、悍婦雖然可以約束丈夫，但是社會卻將此當成飯後笑料，甚至會嘲弄「懼內」的男性，因爲人們認爲一男多女是正常形態，並非不貞；其二，唐代女性除了自己的嫁妝，一般情況下，並沒有其它私財，即使主婦負責調配家庭開支，但財產所有權全在男性家長，無共同財產之說，但是唐律規定「同財共居」，媵妾及其子女也是法律認可的家人，所以即使丈夫有妾室、妾室有子女，也不會導致財產分流，而且地位和財富主要由嫡子承襲，總的財富或許還會因爲多子而聚集得更多，作爲嫡妻來說，夫存夫亡，她的地位都較爲穩固，反而是妾室，若是失去了丈夫這個依憑，將來的生活變化可能很大。而現代人，爲了減少家庭矛盾，採取分家而過，子女越多，財產越分散，個人佔有財富越少。

　　到了宋代後期，貞節觀念發生了變化，「貞節觀念遂看中在一點——性欲問題——生殖器問題的上面」，也就是「男性之處女的嗜好」。陳東原認爲，「我不能說宋代以前的男性，就沒有『處女是好的』的心理，然確乎到了宋代，這種心理，普遍了，擴大了」〔註178〕，自宋代之後，處女嗜好日益增盛，「到了明代，遂發現對於處女檢查的要求」〔註179〕，因爲男性過份看重女性是否是處女，所以女性也認爲此事很重要，甚至認爲女性整個貞節問題就在保全「處女膜」這件事上了，「清代就有結婚後新郎發現新婦不是處女而毀婚的」〔註180〕，即使勉強維持婚姻，新婦也會被認爲不貞潔，受夫家人輕蔑，從此生活慘淡。「處女嗜好」將對女性的貞節要求提早到了婚前，美其名曰是因爲女性婚前是否貞節反應了女性的品性，母親之品性將影響婚後妊娠時的胎教〔註181〕，而胎教又決定了後代的素質優劣。「處女嗜好」實質上只是男性的完全佔有欲在作祟，這種欲望逐漸變得扭曲變態，後世有些迂腐的史學家，恨

〔註178〕陳東原，中國婦女生活史〔M〕，上海：上海書店，1984：146。
〔註179〕同上，《中國婦女生活史》，第216頁。
〔註180〕同上，《中國婦女生活史》，第217頁。
〔註181〕本書第四章第三節具體論及胎教。

不能穿越到唐代，修復楊玉環的處女膜，極盡考證扭曲之能力，把楊貴妃描寫成與壽王李瑁夫妻五年卻未同房，成爲唐玄宗之貴妃時仍是處女。唐玄宗本人都不在乎楊玉環是否爲處女，可他們卻如此耿耿於懷！直至今日，這種觀念仍有殘留。但是，現代女性受新思想的影響，並不那麼認同男性的「處女情結」，既不願意因爲男性的特殊癖好而放棄自由性愛死守貞操，但又對男性的「處女情結」無可奈何，於是在中國出現了利用現代醫學修復和再造已經破損的「處女膜」的技術，這讓有些女性不再因爲「非處」而忐忑不安，花少量錢給那些有「處女嗜好」的男性一個安慰，讓其心安，自願交出大量財產的管理權。女性爲了追求本應自然享有的幸福和權利，學會了迂迴曲折，不失爲一種進步開放。

宋之後，還有另一轉向，那就是要求女性失婚後守節，即使訂婚未嫁，夫死也要守節。北宋程頤認爲，不僅孀婦再嫁是失節，男子娶孀婦爲妻也是一種失節的行爲，[註182] 所以有些女性同情論者因此提出丈夫出妻可恥。這種貞節要求，不僅針對女性，同時也針對男性。程頤提出「存天理去人欲」，朱熹提出「存天理滅人欲」，「以禮殺人」之刀不分男女，同樣嚴苛。從史書中歷代公主再嫁的記載中可以看出，宋代之前，歷代公主常有再嫁者，而宋代除了宋初的秦國大長公主和榮德帝姬再嫁以外，以後80多位公主沒有一個再嫁的，而明代的公主也沒有一個再嫁的，元代時雖有一二人再嫁，但那是元朝剛入主中原時發生的事情。公主的再嫁情況能反映出當時社會的再嫁風氣，再嫁的減少說明當時社會限制女性再嫁，要求女性失婚後守節。此外，從歷朝的節烈婦人數和比例來考察（如表 3.3.3.1 與表 3.3.3.2 [註183]），失婚後守節的女性，宋元開始明顯增加，到明清的時候，急劇增多，而且女性多以犧牲幸福或毀壞身體甚至是犧牲生命等極端形式以保她們的貞潔，而且從節烈婦占女性傳記總數的比例

〔註182〕《程氏遺書》卷二十二：「或問：『孀婦於理，似不可取，如何？』伊川先生曰：『然！凡取，以配身也。若取失節者以配身，是己失節也。』又問：『人或居孀貧窮無託者，可再嫁否？』曰：『只是後世怕寒餓死，故有是說。然餓死事極小，失節事極大。』」

〔註183〕表 3.3.3.1 與表 3.3.3.2 中的數據直接借用的董家遵在《中國古代婚姻史研究》一書中的數據，作者在書中對數據的來源做了詳細的解釋，本書不再贅述。至於數據的確切性，本書未做考證，只是用來說明一種現象。因爲宋元與明清與前幾代相比，數目變化很大，即使數據有稍微一點點的出入，也不影響本書的結論，特此說明。（董家遵，中國古代婚姻史研究〔M〕，番禺：廣東人民出版社，1995：246。）

來看，明清時期的史官認爲女性的德行主要就體現在是否守貞之事上，與前代廣泛地涉及和收錄女性其它方面的德行不同，貞節成了他們判斷婦德的核心標尺。而在唐前期，政府鼓勵再嫁，父母兄弟「逼」著孀婦改嫁，可是在明清時期，卻是社會逼著婦女守節，甚至是逼著無子的寡婦出家過著青燈苦佛的生活以守節，甚或是逼著她們以死殉節。貞節要求與財產的關係越來越遠，卻與儒家禮法關係越來越近。當然，不能一概地認爲以生命健康殉情的女性皆是被「禮法」所害，任何朝代都有爲情而自殺的女性，即使是現代，也有這樣的男女，可是當社會不再重視人的生命健康，甚至是鼓勵人們犧牲生命時，不管是爲了情，或是爲了禮法，甚或是爲了仁義道德，都不能稱之爲一個健康的社會。在明清時期，社會以爲情自殺爲榮，而在開明的現代社會，卻是以爲情自殺爲恥，輕視生命，即爲可恥。

表 3.3.3.1：歷代節婦數目比較表

時代	周	秦	漢	魏晉南北朝	隋唐	五代	宋	元	明	清
數目	6	1	22	29	32	2	152	359	27141	9482
占總數百分比	0.02	不足 0.01	0.06	0.08	0.09	0.01	0.41	0.96	72.91	25.47

表 3.3.3.2：歷代烈女〔註184〕數目比較表

時代	周	漢	魏晉南北朝	隋唐	遼	宋	金	元	明	清
數目	7	19	35	29	5	122	28	383	8688	2841
占總數百分比	0.06	0.16	0.29	0.24	0.04	1.00	0.23	3.15	71.47	23.37

（二）唐人再嫁觀念開放

在描寫貞婦時，敘述往往是單調殘忍的，多看重婦人與丈夫分別之後能否守志不另適他人，有的女子以斷髮、截鼻、割耳、毀容、絕食、自殺等自

〔註184〕董家遵認爲：「節婦和烈女有何區別呢？最主要的分別是在『節』與『烈』兩字上：節婦只是犧牲幸福或毀壞身體以維持她的貞操，而烈女則是犧牲生命或遭殺戮以保她的貞潔；前者是『守志』，後者是『殉身』。她們都受封建道德的束縛而犧牲，方法雖然不同，原因卻無差異。」（董家遵，中國古代婚姻史研究〔M〕，番禺：廣東人民出版社，1995：247。）

戕形式表達自己守志貞潔的決心，有的女子是不再梳妝打扮過著深居簡出清心寡欲的日子，有的女子甚至出家爲女冠或是尼姑從此青燈苦佛不沾塵世……彷彿失婚後的女子若是生活得幸福就不能算是貞婦。雖然史書上記載了幾個貞婦的節行，但後人仍常以唐代開放的再嫁觀念來批判唐人貞節觀念淡薄，那麼，唐人對女子之貞節的看法如何呢？試從以下 5 個方面窺知一二：

第一，歷代皆有再嫁之習俗，唐人並不以爲異。再嫁主要包括離婚改嫁和守寡再嫁兩種形式，主要存在於一夫多妻制或是一夫一妻制的社會裏，在早期的母權制社會裏，不存在婦人再嫁之說。董家遵的《中國古代婚姻史研究》一書收錄了作者曾經發表的一篇文章——「從漢到宋寡婦再嫁習俗考」，該文以詳實的史料論證了作者的觀點，作者認爲：「其實，自有史直至宋初葉，寡婦可以再嫁是一貫的風俗，雖然其中曾經士大夫們的刁難，但影響甚微，所以五代時寡婦的再嫁，只是沿襲前代而已。」〔註185〕作者指出：「單從貞操觀念說，漢唐時儒家所倡的貞操，僅是理論，僅是空談。宋中葉以後，即付諸實踐，這確是歷史上極大的轉變。」〔註186〕本書也認爲，唐代女性再嫁是風俗習慣所允許的。

第二，爲了加速人口增殖，唐朝廷鼓勵再嫁。隋末戰亂，人口流失嚴重，唐高祖武德初年，僅有 200 多萬戶口，因此統治者大爲恐慌，不僅降低初婚年齡，還鼓勵寡婦再嫁。唐太宗貞元元年（627 年）二月下詔，女子「孀居服紀已除，並須申以婚媾，令其好合」，刺史縣令以下官人應督促男女婚嫁，減少鰥寡人數，「寡婦年五十已上」不願意再嫁的才可以「任其情」。〔註187〕唐玄宗時期，人口總數取得了飛躍性的突破，達到 906 萬多戶，一百年左右的時間便翻了 4 倍，是唐代歷朝人口最多的時期，政治經濟文化外交等呈現出了大唐盛世。隨著安史之亂的爆發，唐朝國力日衰，統治者多方尋找救國之道，儒家禮法開始越來越緊，而夫婦之道，五倫之首，教化之端，所以唐宣宗宣佈「其公主、縣主有子而寡，不得復嫁」〔註188〕，以正教化。實際上，從唐代宗開始，諸公主中就沒有再嫁者了〔註189〕。雖然禁止有子再嫁，但並

〔註185〕同上，《中國古代婚姻史研究》，第 271～272 頁。
〔註186〕同上，《中國古代婚姻史研究》，第 273 頁。
〔註187〕《唐會要》卷八十三《嫁娶》。又見《新唐書·太宗紀》《通典》卷五九《男女婚嫁年紀議》。
〔註188〕《新唐書·列傳第八·宣宗十一女·萬壽公主》。
〔註189〕參見表 3.3.3.3。

沒有限制離婚改嫁和夫亡無子再嫁。

表 3.3.3.3：《新唐書》中公主再嫁、三嫁一覽表

序　號	公　主	關　係	初嫁丈夫	再嫁丈夫	三嫁丈夫
1	高密公主	高祖女	長孫孝政	段綸	
2	長廣公主	高祖女	趙慈景	楊師道	
3	房陵公主	高祖女	竇奉節	賀蘭僧伽	
4	安定公主	高祖女	溫挺	鄭敬玄	
5	襄城公主	太宗女	蕭銳	姜簡	
6	南平公主	太宗女	王敬直	劉玄意	
7	遂安公主	太宗女	竇逵	王大禮	
8	晉安公主	太宗女	韋思安	楊仁輅	
9	城陽公主	太宗女	杜荷	薛瓘	
10	新城公主	太宗女	長孫詮	韋正矩	
11	太平公主	高宗女	薛紹	武攸暨	
12	定安公主	中宗女	王同皎	韋濯	崔銑
13	長寧公主	中宗女	楊慎交	蘇彥伯	
14	安樂公主	中宗女	武崇訓	武延秀	
15	薛國公主	睿宗女	王守一	裴巽	
16	鄎國公主	睿宗女	薛儆	鄭孝義	
17	常山公主	玄宗女	薛譚	竇澤	
18	衛國公主	玄宗女	竇盧建	楊說	
19	眞陽公主	玄宗女	源清	蘇震	
20	宋國公主	玄宗女	溫西華	楊徽	
21	齊國公主	玄宗女	張垍	裴穎	楊敷
22	咸宜公主	玄宗女	楊洄	崔嵩	
23	廣寧公主	玄宗女	程昌胤	蘇克貞	
24	萬春公主	玄宗女	楊朏	楊錡	
25	新平公主	玄宗女	裴玲	姜慶初	
26	蕭國公主	肅宗女	鄭巽	迴紇英武威遠可汗	薛康衡
27	郜國公主	肅宗女	裴徽	蕭升	

第三，丈夫不以娶再醮之女爲恥，也不要求妻妾在與自己分離後從一而終。有些丈夫並不在意所娶之妻妾是否初婚，比如唐高宗願娶曾爲父親唐太宗之才人的武則天爲妃並立爲皇后；唐玄宗願娶曾爲兒子壽王李瑁之妻的楊玉環爲貴妃並奉若至寶〔註190〕；柳直願娶離婚的裴淑英；工部侍郎李思沖願娶守寡的妻妹崔繪妻盧氏以續親〔註191〕。有些丈夫並不要求妻妾在自己死後守寡終身，比如白居易在自己年老多病時自願將正值青春的侍妾樊素、小蠻等放出，「任他飛向別人家」〔註192〕，讓她們各奔前程；房玄齡在微賤病重時對妻子盧氏說，「君年少，不可寡居，善事後人」〔註193〕，勸其改嫁，好好侍候後夫。有些丈夫也不要求妻子與自己離婚後獨守空房終老一生，比如從敦煌出土文獻唐人《放妻書》中的「一別兩寬，各生歡喜」祝願中可看出，丈夫希望妻子在離婚之後能找到新的歸宿，各自幸福生活。

第四，父母兄弟並不要求自家女兒或是姐妹爲其丈夫恪守貞潔，尊長甚至會爲了女子的個人幸福或是家族利益逼其改嫁。裴淑英的父親裴矩「欲奪其志」，勸其改嫁柳直；敬像子的母親和兄長「以其盛年，將奪其志」，逼其改嫁他人；崔繪妻盧氏的諸兄「常欲嫁之」，想讓將年少守寡的妹妹再嫁他人〔註194〕……尊長強迫離異或是守寡的女子再嫁並不是個例，當時社會上存在著強嫁現象，以致唐朝出臺相應法律對此加以約束和管理，如《唐律疏議·卷第十四·戶婚·夫喪守志而強嫁》規定：

> 184 諸夫喪服除而欲守志，非女之祖父母、父母而強嫁之者，徒一年；期親嫁者，減二等。各離之。女追歸前家，娶者不坐。【疏】議曰：婦人夫喪服除，誓心守志，唯祖父母、父母得奪而嫁之。「非女之祖父母、父母」，謂大功以下，而輒強嫁之者，合徒一年。「期親嫁者」，謂伯叔父母、姑、兄弟、姊妹及任，而強嫁之者，減二等，杖九十。各離之。女追歸前家，娶者不坐。〔註195〕

〔註190〕《新唐書·列傳第一·后妃上·則天武皇后》，《舊唐書·列傳第一·后妃上·玄宗楊貴妃》。
〔註191〕《舊唐書·列傳一百四十三·列女》：李德武妻裴氏，崔繪妻盧氏。
〔註192〕白居易《楊柳枝》：「前有別楊柳枝，夢得繼和有『春盡絮飛』之句。又復戲答。柳老春深日又斜，任他飛向別人家。誰能更學孩童戲，尋逐春風捉柳花。」
〔註193〕《新唐書·列傳一百三十·房玄齡妻盧》。
〔註194〕《舊唐書·列傳一百四十三·列女》：李德武妻裴氏，樊會仁母敬氏，崔繪妻盧氏。
〔註195〕《唐律疏議》，第265頁。

唐律保護孀婦「誓心守志」不改嫁的意願，反對非直系親屬強迫孀婦改嫁，認爲只有孀婦的祖父母、父母有權力強迫孫女或女兒改嫁，其他人在違背孀婦意願的情況下強迫其改嫁的行爲是違法的。由此可見，在現實生活中，尊長不僅不要求女子守寡從一而終，還會主動幫助女子改變寡居狀態，甚至強迫她們改嫁。

　　第五，女性自身也並不以改嫁爲恥。在唐中葉以前，母儀天下的后妃中也不乏改嫁者，比如唐太宗的弟媳齊王李元吉的妃子楊珪媚在丈夫死後轉從太宗，以及武則天、楊貴妃等不以多次委身爲恥，安享后妃尊榮。唐代公主再嫁常被援引，據《新唐書》載，唐代公主見於典籍者有 212 人，其中 39 人婚姻情況不明，29 人早亡，12 人出家爲女冠，1 人終身未嫁，在出嫁的 131 人中，其中再嫁者 27 人，其中三嫁者 3 人，〔註196〕改嫁者占出嫁者總數的比例超過了 20%，主要集中在唐代宗之前。公主們並不以屢適爲恥，有些公主在再嫁守寡後，雖沒有三嫁，但是私生活卻並不檢點，常與可意之人私通。唐代中上層婦人也不乏再嫁者，比如中書侍郎嚴挺之的妻子初嫁嚴挺之，而後被出再嫁蔚州刺史王元琰，三嫁崔氏，唐玄宗認爲其妻利用私情，勸說初嫁之夫嚴挺之救免再嫁之夫王元琰的貪贓之罪，〔註197〕或許真有其事，婦人不以多嫁爲恥，反而與諸夫保持關係良好。另據《唐代墓誌彙編》和《唐代墓誌彙編續集》可知，墓誌所載唐代女性多出身貴族官僚和士人家庭，或是經濟條件優裕的家庭，她們屬於唐代社會的中上層，其中涉及改嫁再嫁的女性有 12 例〔註198〕（其中唐肅宗之前 9 例，唐武宗時期 3 例）。唐代下層婦人中也不乏改嫁再嫁者，比如絳州孝女衛無忌之母〔註199〕。由於婦人再嫁是唐代律令認可的，所以唐代女性再嫁無須承受過大的社會道德壓力，也無須以改嫁再嫁爲恥。

　　由上可知，唐人所期待的女性貞節，與結婚前、失婚（離婚或夫亡）後的性經驗關係甚微，主要指夫妻婚姻關係存續期間應保持貞潔。此外，貞節問題主要是針對嫡妻而言的，與妾無關，妾通買賣，地位比嫡妻更低，如私

〔註196〕參見表 3.3.3.3。
〔註197〕《舊唐書・列傳第五十六・李林甫》。
〔註198〕萬軍傑，唐代女性的生前與身後——圍繞墓誌資料展開的若干思考〔M〕，天津：天津古籍出版社，2010：166。
〔註199〕《舊唐書・列傳一百四十三・列女・絳州孝女衛氏》：「其父爲鄉人衛長則所殺，無忌年六歲，母又改嫁。」

有財產一般，既可買賣，也可轉贈他人，或是與他人共享。陳東原認爲，「因爲男子妒性的關係，做妾的也不能不守貞節」〔註200〕，比如據唐人孫棨所著《北里志‧楚兒》〔註201〕載，妓女楚兒被萬年捕賊官郭鍛（郭子儀的後人）納爲妾室後，不甘寂寞，仍與其它男子暗通款曲，郭鍛知道後便對她實施家暴以懲戒，郭鍛明知其妓女出身，並非貞潔之身，也非守婦道之女，可仍希望她從良爲妾後守貞節。男子所不能忍受的是妾室在未經自己允許而主動與他人淫亂的行爲，他們期望妾室在主觀上是願意爲他們恪守貞節的，之所以不潔，是因爲作爲所有者的丈夫允許或是逼迫她們才不得已而爲之。唐人男子所期待的貞婦特徵，與其說是「守身」，不如說是「守節」，期望女性從精神上情感上自願自覺地忠於自己的丈夫。

總的來說，從唐代前期與後期貞節觀念的變化來看，唐代處在貞節觀念轉化的過渡期，前期較爲自由寬鬆，後期受儒教禮法影響較大，開始轉向保守。

（三）史書中的貞婦特徵

既然唐人的貞操觀念，與我們現代時常批判的明清時期的貞操觀念不同，那麼兩《唐書》中收錄的貞節烈婦傳文主要體現了何種貞操觀念呢？

第一，合禮。「禮」主要指儒家婦禮對女性貞節的一般規範，但是，唐人對婦禮規範的認同因人而異，如楚王靈龜妃上官氏：

> 楚王靈龜妃上官氏，……經數載，靈龜薨。……服終，諸兄姊謂曰：「妃年尚少，又無所生，改醮異門，禮儀常範，妃可思之。」妃掩泣對曰：「丈夫以義烈標名，婦人以守節爲行。未能即先犬馬，以殉溝壑，寧可復飾妝服，有他志乎！」遂將刀截鼻割耳以自誓，諸兄姊知其志不可奪，歎息而止。尋卒。〔註202〕

〔註200〕陳東原，中國婦女生活史〔M〕，上海：上海書店，1984：120。
〔註201〕《北里志‧楚兒》：「楚兒字潤娘，素爲三曲之尤，而辯慧，往往有詩句可稱。近以遲暮，爲萬年捕賊官郭鍛所納，置於他所。潤娘在娼中，狂逸特甚，及被拘繫，未能悛心。鍛主繁務，又本居有正室，至潤娘館甚稀。每有舊識過其所居，多於窗牖間相呼，或使人詢訊，或以巾箋送遺。鍛乃親仁諸裔孫也，爲人異常凶忍且毒，每知，必極笞辱。潤娘雖甚痛憤，已而殊不少革。嘗一日自曲江與鍛行，前後相去十數步，同版使鄭光業時爲補袞，道與之遇，楚兒遽出簾招之，光業亦使人傳語。鍛知之因曳至中衢，擊以馬箠，其聲甚冤楚，觀者如堵。」（〔明〕秦淮寓客編，女史〔M〕，南京：江蘇人民出版社，2011：364。）
〔註202〕《舊唐書‧列傳一百四十三‧列女‧楚王靈龜妃上官氏》。

楚王李靈龜在貞觀年間繼承了楚哀王的爵位，而貞觀年間，服夫喪期滿後，寡婦再嫁，合情合理合法，所以上官氏的諸兄姊認爲「改醮異門，禮儀常範」，並力勸妹妹改嫁，直至妹妹發誓要是逼她改嫁她就「截鼻割耳」，諸兄姊才「歎息而止」，爲妹妹感到可惜，覺得她犧牲了自己後半輩子的幸福。而楚王靈龜妃上官氏卻認爲，「丈夫以義烈標名，婦人以守節爲行。未能即先犬馬，以殉溝壑，寧可復飾妝服，有他志乎」，楚王靈龜妃上官氏不僅認同從一而終不改嫁的規範，也認同以身殉夫，她認爲自己雖沒有像犬馬一樣爲夫殉葬，但以後也不應妝飾打扮侍奉他人，她覺得爲丈夫守節是自身個人價值的實現，是一種高尚的行爲。

楚王靈龜妃上官氏與其兄姊所認同之「禮」有所不同，前者之「禮」是儒家理想中的婦禮，楚王靈龜妃上官氏將理想規範內化爲自身的需求，並不覺得禮滅人性，反而覺得禮提升了她生命的境界，使其自願爲「禮」奉獻幸福甚至生命，這是近千年的父權制文明對女性進行文化塑造的成果；後者之「禮」是更貼近現實的情理法，「禮」並不是像「道」一樣的先天存在，儒家理想中的婦禮規範也並非真善美的統一，所以禮儀規範應隨後天現實的變化而變化，唐代婦女不以再嫁爲恥正如現代女性不以再嫁爲恥一般，反應了人們的現實需求，是合乎人類社會發展規律的結果。

因爲對「禮」的認識不同，所以在唐代，守節不嫁是合禮的，服終改嫁也是合禮的，編纂《舊唐書》的史官認爲兩者都是「合禮」的，但認爲前者作爲理想之禮的實踐者，其價值取向更爲符合父權制文化需求，值得推廣；而《新唐書》的編纂者將「改醮異門，禮儀常範」一句去掉了〔註203〕，由此推測，《新唐書》的編纂者並不支持「改醮異門」是「禮儀常範」的說法，這種推測具有一定的合理性，因爲其與《新唐書》中新增的 23 則列女傳文中多強調貞節不改嫁的觀念是一致的。然而，理想之禮不僅認爲婦人應從一而終，男子也應只娶一妻，並終身不離不棄，不存在離婚，然而現實往往並非如此，在夫妻離婚的狀態下，兩《唐書》認爲，離婚後的女子仍爲前夫守節不再嫁，是種美德，而對男子並無此要求，即使男子做到了爲前妻守節不再娶，也不會認爲是種特別值得誇耀的美德，因爲評價男子德行的價值標準，與評價女

〔註203〕《新唐書·列傳一百三十·列女·楚王靈龜妃上官者》：「喪除，兄弟共諭：『妃少，又無子，可不有行。』泣曰：『丈夫以義，婦人以節，我未能殉溝壑，尚可禦妝澤、祭他胙乎？』將自剸剔，眾遂不敢強。」

子德行的價值標準是不一樣的，男性的價值更多的是對國家、對社會、對家族，而女性的價值多局限在家庭以及家庭成員之間。

兩《唐書》中記載的貞婦，有的因爲夫妻情深，「曾經滄海難爲水，除卻巫山不是雲」，自願爲丈夫守節，比如唐太宗賢妃徐惠：

> 帝崩，哀慕成疾，不肯進藥，曰：「帝遇我厚，得先狗馬侍園寢，吾志也。」復爲詩、連珠以見意。永徽元年卒，年二十四，贈賢妃，陪葬昭陵石室。〔註204〕

兩《唐書》收錄的太宗諸妃傳文中，除長孫皇后之外，僅賢妃徐惠一人。賢妃徐惠有文才，唐太宗對其恩寵有加。徐惠出身並不顯赫，她入宮前，父親徐孝德只是個監丞（從六品下），太宗因爲欣賞她的才華，召她入宮爲才人（正五品），俄拜婕妤（正三品），再遷充容（正二品），短短幾年連升數級，她父親也隨著她受寵而提升至水部郎中（從五品下），太宗去世後，徐惠感念太宗對她的恩寵，悲痛憂思成疾，不肯吃藥，只願早點仙去侍奉太宗陵廟，她的殉情之舉雖是出自於她的自主意願，但若非如此，等待她的未來也並不光明，徐惠沒有生育太宗的子女，按照當時規定，她應與武才人（武則天）一樣進感業寺剃度爲尼，爲太宗守陵。

有的是因爲認同了從一而終的禮法規範，自覺爲丈夫守節，比如李德武妻裴淑英受《烈女傳》中的禮法思想影響，認爲「不踐二庭，婦人常理」，即使離婚後還不改嫁，樊會仁母敬像子「誓與汝父同穴」，丈夫死後，母兄騙其改嫁而不從，反逃回夫家，等等。有的女性時常反省自己守節的操行，若發現自己守志決心不夠堅定，就會及時遏止動搖的苗頭，比如堅貞節婦李者，「年十七，嫁爲鄭廉妻。未逾年，廉死，常布衣蔬食。夜忽夢男子求爲妻，初不許，後數數夢之。李自疑容貌未衰醜所召也，即截髮，麻衣，不薰飾，垢面塵膚，自是不復夢。刺史白大威欽其操，號堅貞節婦，表旌門閭，名所居曰節婦里。」〔註205〕有的女性乾脆出家守節，斷了家人逼其改嫁的念頭，也堅定自己守節的決心，比如崔繪妻盧氏，「繪早終，盧既年少，諸兄常欲嫁之。盧輒稱病固辭。盧亡姊之夫李思沖，神龍初爲工部侍郎，又求續親。時思沖當朝美職，諸兄不之拒。將婚之夕，方以告盧；盧又固辭不可，仍令人防其門。盧謂左右曰：『吾自誓久已定矣！』乃夜中出自竇中，奔歸崔氏，髡面盡

〔註204〕《新唐書·列傳第一·后妃上·唐太宗賢妃徐惠》。
〔註205〕《新唐書·列傳一百三十·列女·堅貞節婦李者》。

爲糞穢所污。宗族見者皆爲之垂淚。因出家爲尼，諸尼欽其操行，皆尊事之。開元中，以老病而卒。」〔註206〕

　　情與禮，有時是很難分得清的，儒家婦禮對女性的薰陶影響是深入骨髓的，塑造了中國數千年的女性氣質。禮法對已婚女人施了魔法，讓她們缺乏足夠的戀愛經歷辨別眞情實愛，也沒有足夠的現實條件允許她們去追求眞愛，大多數女性在懵懵懂懂的時候就已認定了那個法定丈夫就是她們身心情感的歸處，很多時候，她們所認定的「情」，或許只是「禮」加在她們身上的魔法，她們「日用而不知」，這正是文化對女人之爲女人的作用結果。因爲感情而守節，是件難以控制的事情，因爲知禮而守節，卻是可以控制並推廣的，所以在唐史中，強調的是後者，推廣的是知禮守節。

　　第二，崇義。對男女兩性執行兩套不同的價值評判標準，並不是因爲女子不如男，只是由男女之別演化成的性別分工，致使女性的職能固化在私領域中，所以女性的價值實現也多體現在私領域，女性爲家庭做貢獻與男性爲朝廷社會做貢獻，並無大小輕重之分，至臨大難之時，女性也能忠義凜然，巾幗不讓鬚眉。有時女性守節與盡忠是一致的，比如「朱延壽妻王氏」的傳文：

> 朱延壽妻王者，當楊行密時，延壽事行密爲壽州刺史，惡行密不臣，與寧國節度使田頵謀絕之以歸唐。事泄，行密以計召延壽，欲與揚州，延壽信之。將行，王曰：「今若得揚州，成宿志，具興衰在時，非繫家也，然願日一介爲驗。」許之。及爲行密所殺，介不至，王曰：「事敗矣。」即部家僕，授兵器。方闔扉而捕騎至，遂出私帑施民，發百燎焚牙居，呼天曰：「我誓不爲仇人辱！」赴火死。〔註207〕

有時女性守節與盡忠是相衝突的，在忠義與貞潔相衝突時，新舊《唐書》的列女傳文取捨標準不同，比如《新唐書》中沒有收錄《舊唐書・列傳一百四十三・列女》中「魏衡妻王氏」的傳文：

> 魏衡妻王氏，梓州郪人也。武德初，薛仁杲舊將房企地侵掠梁郡，因獲王氏，逼而妻之。後企地漸強盛，衡謀以城應賊。企地領眾將趨梁州，未至數十里，飲酒醉臥。王氏取其佩刀斬之，攜其首

〔註206〕《舊唐書・列傳一百四十三・列女》。
〔註207〕《新唐書・列傳一百三十・列女・朱延壽妻王氏》。

入城，賊眾乃散。高祖大悅，封爲崇義夫人，捨衡同賊之罪。〔註208〕
魏衡妻王氏沒有在被賊人俘虜了之後自殺或是拒辱激怒賊人被殺，而是在被
逼迫的情況下她委曲求全，委身賊人，韜光養晦，伺機殺了賊人。在這過程
中，她雖然失身了，但並沒有失節，與投降獻城的丈夫相比，王氏更爲忠義
有氣節，唐高祖並沒有因爲她曾失身於賊人而輕視她的義行，而是封她爲崇
義夫人，甚至赦免了她的丈夫魏衡同賊之罪，編纂《舊唐書》的史官也並不
認爲王氏失身於賊人會有辱其義行，將其傳文收入史書使其義行流芳百世。
但《新唐書》的編纂者並不這麼認爲，他們可能認爲，王氏殺賊之義行固然
高尚，但是其委身於賊人使其德行變得並不完美，然而這個故事的敘述並不
能繞開「不完美」的這段，所以在取捨之際便捨掉了。

本章小結

　　本章主要從事常之道與事變之道兩大方面來考察唐人眼中理想的妻子人
格，然而，女性因爲事常之道而載入史冊的較少，千百年來，中國的女性都
在理所當然地操持著日常家務，女性的價值和對家庭的貢獻被淹沒在這些日
常瑣碎之事之中。直至今日，女性在家庭中所做的家務勞動的價值仍未受到
足夠的重視，很多全職太太在家庭中因爲不直接產生經濟效益，沒有獨立收
入，依附於丈夫，家務勞動的價值被貶低或無視，這導致全職太太在家庭中
地位不高，在家庭事務決策上沒有話語權。而在唐代，大多數女性並沒有直
接參與社會經濟活動和政治活動，但是她們的地位和話語卻並未如今天一般
被丈夫們忽視，可能是因爲唐人已經接受了夫妻職責分工不同，並不會抱著
粗淺的「男女平等」想法去過份要求女性向男性看齊，也不會因爲這種「男
女平等」的奢望落空而輕視女性。

〔註208〕《舊唐書·列傳一百四十三·列女·魏衡妻王氏》。

第四章　理想的母親人格

古人有云：「王化出自閨門，家利始於女貞」，「閨閫乃聖賢所出之地，母教為天下太平之源」，也就是說，女性的素質，決定了一個家庭中母親的素質，而母親是孩子的第一任老師，也是終身言傳身教的老師，母親的素質在很大程度影響著下一代的素質，從而影響著一個民族未來的素質。正所謂，蓋以世少賢人，皆因世少賢母。

第一節　唐代諸「母」之名

在兩《唐書》中，「母」大致包括生母、嫡母、繼母、慈母、養母五類，有時還會出現出母、嫁母、庶母、乳母、保母等稱謂，諸母的不同稱謂代表著她們與子女的關係親疏不同，釐清諸母之名對判斷她們之間的母子關係以及母親在母子關係中的角色、地位和作用至關重要。

一、生母與嫡母

生母，即「所生母」，在兩《唐書》中，一般直接稱「母」，有時為了與「嫡、繼、慈、養」諸母相區別，會著意用「親母」「所生母」特指親生母親，其它諸母的親疏等級一般皆是以生母作為比較和參照的對象。出母，是出妻之子對生母的稱謂；嫁母，是對父卒改嫁的生母的稱謂。

嫡母，是妾生子對父親嫡妻的稱謂，是相對庶母而言的，嫡母一般指父之妻，庶母一般指父之妾，而且是「父妾有子者」〔註1〕。嫡生子一般並不會

〔註 1〕〔唐〕中敕，大唐開元禮〔M〕，北京：民族出版社，2000：625。

稱自己的生母爲嫡母，一般只有妾生子在生母之外還有個「嫡母」。唐人既注重母子的血親觀念，又維護禮法秩序，強調家庭中的嫡庶之別，那麼，生母和嫡母在庶子的親疏等級中，孰高孰低？

比如《舊唐書·志第二十三·職官二》曰：「凡庶子，有五品已上官，皆封嫡母。無嫡母，封所生母。」〔註2〕按律例，兒子官至五品及以上者，母憑子貴，母親也能得到朝廷冊封，若是母親早已亡沒，仍能得到追封，但接受冊封或追封的往往是嫡母，也就是父親的嫡妻，因爲只有嫡妻與夫齊等，而妾通賣買，這樣的規定是爲了保障嫡妻的權益。〔註3〕若是庶子官至五品及以上者，冊封或追封的第一順位也是嫡母，若無嫡母，才可申報冊封或追封親生母親。在法理上，庶子的生母不如嫡母。

但在現實生活中，兒子往往與親生母親感情較爲深厚，更願意親生母親分享自己的尊貴接受所封尊稱，於是有些官員在申報時會隱瞞嫡母的存在，據《舊唐書·列傳第一百二十一》載，李渤在考核官員政績的奏章中說到：「少府監裴通，職事修舉，合考中上；以其請追封所生母而捨嫡母，是明罔於君，幽欺其先，請考中下」〔註4〕，裴通是禮部尚書（正二品）裴士淹的庶子，官至少府監（從三品），「掌供百工伎巧之事」〔註5〕，在職期間苦心經營，李渤認爲其政績可定爲中上等，但是在申請追封母親一事上卻弄虛作假，捨棄嫡母，追封生母，上欺君王，下欺祖先，不忠不孝，請奏將他的考績定爲中下等。李渤的奏請雖然有理有據，但是裴通申請追封生母而非嫡母也是情理之中，因爲她的嫡母是禮部尚書裴士淹的嫡妻，曾跟隨丈夫享受過「郡夫人」的授封，但後來裴士淹在賈明觀與魚朝恩的政治爭鬥中受到牽連被貶官，〔註6〕嫡母的封號也隨之被褫奪了，可是他的生母是妾室，所以從未授封過，作爲兒子，在生母死後，爲其爭取一個尊稱，合情合理，並非上綱上線的惡事。

〔註2〕《舊唐書·志第二十三·職官二》。
〔註3〕《新唐書·志第三十六·百官一·尚書省·吏部》曰：「凡外命婦有六：王、嗣王、郡王之母、妻爲妃，文武官一品、國公之母、妻爲國夫人，三品以上母、妻爲郡夫人，四品母、妻爲郡君，五品母、妻爲縣君，勳官四品有封者母、妻爲鄉君。凡外命婦朝參，視夫、子之品。諸蕃三品以上母、妻授封以制。流外技術官，不封母、妻。」
〔註4〕《舊唐書·列傳第一百二十一·李渤》。
〔註5〕《舊唐書·志第二十四·職官三》。
〔註6〕《舊唐書·列傳第一百三十四·宦官·賈明觀》曰：「朝恩素待禮部尚書裴士淹、戶部侍郎判度支第五琦，二人亦坐貶官。」

又如《唐律疏議・卷第二十三斗訟・345 告祖父母父母》曰：「然嫡、繼、慈、養，依例雖同親母，被出、改嫁，禮制便與親母不同。」〔註7〕在唐代的五服制度中，當嫡母和生母在父室時，庶子爲嫡母正服齊衰三年，爲生母正服齊衰三年，庶子爲嫡母服與爲生母服的服制相同。但是，若是庶子爲父後者，也就是庶子承父之嗣（地位等同於嫡長子），「與尊者一體」，而其生母爲妾，地位較爲卑賤，那麼庶子身爲尊者，爲生母服必須降低服制，若是嫡母在，則「庶子爲父後者爲其母」，降服緦麻三月，「若無嫡母及嫡母卒則申」，緦麻三月服除後可申心喪三年。〔註8〕庶子承重後對生母服制的變化，說明了宗法社會視維護家族成員間的尊卑有序高過庶子對生母的感情伸張。

當嫡母和生母被出後，「二母」與父親義絕，庶子爲被出嫡母無服，但若是親母亡故，「母子至親，無絕道」〔註9〕，庶子爲出母降服齊衰杖周。此外，「出妻之子爲父後者則爲出母無服」，因爲若庶子爲父後者，也就是庶子承重繼嗣，是事宗廟社稷者，「與尊者爲一體，不敢服其私親也」〔註10〕，而出母與父絕族〔註11〕，只是子之私親，所以庶子爲父後者爲出母無服。

父親死後，親母與嫡母改嫁，子不從，未隨母親改嫁，「二母」雖與父親義絕，但二母皆爲父卒居喪三年，爲報嫡母對父親之情義，嫡母卒，庶子「爲父後者無服，非承重者杖期，並不心喪」〔註12〕，繼嗣的庶子爲改嫁的嫡母無服，一般的庶子爲改嫁的嫡母服齊衰杖周，但不申心制；生母卒，庶子爲嫁母降服齊衰杖周，周除仍心喪三年，庶子爲父後者爲嫁母無服〔註13〕。總得來說，嫡母和生母在父室時的服制較之「二母」被出或改嫁後的服制要重。

從禮法的層面來考察庶子與生母和嫡母的關係時，應分四種情況討論：第一種情況，生母和嫡母都在父室時，嫡母的親疏等級比生母高；第二種情況，生母和嫡母與父親的婚姻關係都終止時，生母的親疏等級比嫡母高；第三種情況，嫡母在父室而生母被出或是改嫁時，嫡母的親疏等級比生母高；第四種情況，生母在父室而嫡母被出或是改嫁時，生母的親疏等級比嫡母高。

〔註 7〕《唐律疏議》，第 433 頁。

〔註 8〕〔唐〕中敕，大唐開元禮〔M〕，北京：民族出版社，2000：626。

〔註 9〕《十三經注疏・儀禮注疏》，第 570～571 頁。

〔註 10〕《十三經注疏・儀禮注疏》，第 570 頁。

〔註 11〕「絕族」者，嫁來承奉宗廟，與族相連綴，今出則與族絕，故云絕族。（《十三經注疏・儀禮注疏》，第 571 頁。）

〔註 12〕《舊唐書・志第七・禮儀七》。

〔註 13〕〔唐〕中敕，大唐開元禮〔M〕，北京：民族出版社，2000：623。

庶子與嫡母和生母的關係是以父親爲軸心建立起來的,決定庶子與「二母」
親疏等級的主要因素,首先是「二母」與父親的婚姻狀態,在父室者總是要
比不在父室者親疏等級要高,這是禮法決定的;其次是庶子與「二母」的血
緣關係,當生母和嫡母與父親的婚姻關係都終止時,有血緣關係的一方總是
要比無血緣關係的一方親疏等級要高,這是因爲據禮緣情,從親生母子的自
然情感的角度來考慮的。

二、繼　母

繼母,一般只指父親續娶之妻,而不包括父親接續納的妾,所以繼母一
般也是嫡母,具有雙重身份:一是嫡母,在繼子女面前享有禮法賦予嫡母配
父的尊威;一是繼母,與繼子女之間沒有血親關係,情感交流上可能有一定
隔閡。唐代是一夫一妻制,只有在嫡妻被出或是去世後,丈夫才可續娶,另
立嫡妻,又據唐律規定,不可以妾爲妻,因此即使是資深有子的妾室也無法
在嫡妻去世或被出後被扶正,所以,對前任嫡妻所生之嫡子女而言,稱父親
續娶之妻爲繼母,對庶子而言,不管是父親的前任嫡妻,還是現任嫡妻,都
無骨血關係,都是嫡母,而對庶子爲父後者而言,作爲庶子,稱父之嫡妻爲
嫡母,作爲承嫡之庶子,嫡母非生母,而是繼母,所以稱父親後娶之妻爲嫡
繼母。比如:

> 龍朔二年八月,所司奏:「司文正卿蕭嗣業,嫡繼母改嫁身
> 亡,請申心制。據令,繼母改嫁及爲長子,並不解官。」既而有
> 敕:「雖云嫡母,終是繼母,據禮緣情,須有定制。付所司議定奏
> 聞。」〔註14〕

蕭嗣業是蕭鈞兄長之子,在蕭瑀這一脈中,他的父親可能並沒有卓異的功業
〔註15〕,他是父親諸子中的長子,但並不是父親嫡妻所生,而是庶生子,可

〔註14〕《舊唐書·志第七·禮儀七》。
〔註15〕《舊唐書·列傳第十三·蕭瑀》曰:「蕭瑀,字時文。高祖梁武帝,曾祖昭明
　　　太子,祖詧,後梁宣帝。父巋,明帝。」蕭瑀的高祖是梁武帝,曾祖是昭明
　　　太子,祖父蕭詧是後梁宣帝,父親蕭巋是梁明帝。蕭瑀是血統高貴,是皇室
　　　後裔,在隋唐兩朝與當朝皇室關係匪淺,蕭瑀的兒子蕭銳還娶了唐太宗的女
　　　兒襄城公主爲妻。蕭瑀的兄長名蕭璟,蕭璟的兒子名蕭鈞,蕭鈞的兒子名蕭
　　　瓘,蕭鈞兄長的兒子蕭嗣業。諸人中並沒有收錄蕭嗣業的事跡傳文,因此推
　　　知其父可能並沒有卓異的功業。

他有可能是「爲父後者」〔註16〕。對於蕭嗣業來說，父親的前妻和後妻皆是他的嫡母，而從庶子爲父後者的角度來考慮的話，父親的後妻又是他的繼母，而根據初唐時期的法令規定，爲嫡母服與爲繼母服的規定有矛盾之處，以致庶子爲嫡繼母服的禮制規定出現了空白，「漏而不言」：

> 是以令云母嫁，又云出妻之子。出言其子，以著所生，嫁即言母，通包養、嫡，俱當解任，並合心喪。其不解者，惟有繼母之嫁。
>
> 繼母爲名，正據前妻之子；嫡於諸孽，禮無繼母之文。〔註17〕

庶子爲改嫁身亡的嫡母的服制要求與生母相同，「俱當解任，並合心喪」，前妻之嫡子爲改嫁繼母服齊衰杖周，但是不解任。在爲嫡母和繼母居喪問題上，有兩處存在爭議：第一處，按照當時法規，蕭嗣業爲改嫁嫡母服，「嗣業理申心制」，但是司禮太常伯隴西郡王李博乂等人提出，爲嫡母、繼母申心制並不合理：

> 竊以嫡、繼、慈、養，皆非所生，並同行路。嫁雖比出稍輕，於父終爲義絕。繼母之嫁，既殊親母，慈、嫡義絕，豈合心喪？望請凡非所生，父卒而嫁，爲父後者無服，非承重者杖期，並不心喪，一同繼母。〔註18〕

通過討論，「凡非所生，父卒而嫁，爲父後者無服，非承重者杖期，並不心喪」的制度最終被確立，而蕭嗣業與嫡繼母並無血緣關係，所以嫡繼母父卒改嫁身亡後，他無須心喪。

第二處，爲嫡母服，應解官；爲繼母服，不應解官，那麼爲嫡繼母服，要不要解官呢？李博乂等人召集九品已上的文武官進行討論：

> 得司衛正卿房仁裕等七百三十六人議，請一依司禮狀，嗣業不解官。得右金吾衛將軍薛孤吳仁等二十六人議，請解嗣業官，不同司禮狀者。〔註19〕

在參與討論的人中，其中 736 人認爲蕭嗣業不應解官，26 人認爲蕭嗣業應該解官，最後形成的決議是：

〔註16〕判斷蕭嗣業爲父後者的理由有三：其一，在嫡妻無子的情況下，長子承嫡，可能性極大；其二，從其名「嗣業」來看，這很可能是取承父之後嗣之義；其三，他爲其生母緦麻三月，這是庶子爲父後者爲母居喪的服制要求。
〔註17〕《舊唐書·志第七·禮儀七》。
〔註18〕《舊唐書·志第七·禮儀七》。
〔註19〕《舊唐書·志第七·禮儀七》。

又心喪之制，惟施服屈，杖期之服，不應解官。……庶子爲其母緦麻三月。既是所生母服，準例亦合解官。……母非所生，出嫁義絕，仍令解職，有紊緣情。……嗣業既非嫡母改醮，不合解官。〔註20〕

蕭嗣業爲改嫁嫡繼母服，不合解官。

在兩《唐書》中，除嫡繼母外，繼母之別稱還有後母，比如：

公異初應進士時，與舉人陸贄不協；至是贄爲翰林學士，聞上稱與，尤不悅。時議者言之，公異少時不爲後母所容，自遊宦成名，不歸鄉里；及貞元中陸贄爲宰相，奏公異無素行，黜之。詔曰：「祠部員外郎于公異，頃以才名，陞於省闥。其少也，爲父母之所不容，宜其引愆在躬，孝行不虧，匿名跡於畎畝，候安否於門閭，俾其親之過不彰，庶其誠之至必感。安於棄斥，遊學遠方，忘其溫清之戀，竟至存亡之隔，爲人子者，忍至是乎！宜放歸田里，俾自循省。其舉公異官尚書左丞盧邁，宜奪俸兩月。」時中書舍人高郢薦監察御史元敦義，及睹公異譴逐，懼爲所累，乃上疏首陳敦義虧於禮教，詔嘉郢之知過，俾敦義罷歸。公異竟名位不振，感軻而卒，人士惜其才，惡贄之褊急焉。〔註21〕

于公異小時候不被後母所容，自從他在外做官成名後，便沒有回故鄉。當時他與陸贄不和，而陸贄度量狹小，便找了這個理由參奏于公異，說他孝行不足，品行不正，不適合爲官，藉此罷黜了他。這雖然是說官場險惡，但卻反應了繼母與繼子女之間存在的諸多問題。繼母與繼子女關係不合是常有的事，這之中既有繼母之過，也有繼子女之過，但兩《唐書》中往往不考慮繼母之過，只強調繼子對繼母不孝順便是繼子失德，于公異因爲心懷舊怨沒有返鄉奉養繼母被人找茬貶官，鄭元璹父親鄭譯「事繼母失溫清之禮」，被隋文帝賜以《孝經》讓其重修孝道〔註22〕。當然，也有繼子無德，不僅不孝順繼母，還故意挑撥繼母與父親關係，比如李元素的後妻王氏性格柔弱又失寵無子，而李元素的前妻之子既長且無良，李元素在臥病昏惑時聽信嫡子譖言而出妻，而且只給了王氏很少的遣歸費，上報朝廷時還侮辱王氏違背禮義，讓

〔註20〕《舊唐書·志第七·禮儀七》。
〔註21〕《舊唐書·列傳第八十七·于公異》。
〔註22〕《舊唐書·列傳第十二·鄭元璹》曰：「元璹有干略，所在頗著聲譽。然其父譯事繼母失溫清之禮，隋文帝曾賜以《孝經》；至元璹事親，又不以孝聞，清論鄙之。」

人覺得王氏被出是因其不守婦道。〔註23〕

　　在史官所推廣的道德典型中，繼子應如何對待繼母，常以舜為例：舜的家庭結構比較典型，舜的繼母與其父親生了異母弟象，以受害者心理來觀察的話，舜是在由「壞繼母」、受「壞繼母」蠱惑的「壞父親」、受「壞母親」影響的「壞弟弟」和悲慘的他所組成的家庭中成長起來的，父親、繼母、弟弟多次謀害他未遂，舜完全有理由在自己獨立之後逃離這個家，甚至是在榮登帝位之後懲治當時的惡人，可是舜並沒有這麼做，而是一如既往地孝順父母，關照弟弟，以德報怨。因為舜「孝感動天」故事的廣泛推廣，孝道的意義不再只是「父慈子孝」式的有條件「孝」，而是「父不慈子亦孝」式的無條件「孝」，真正的孝道，並不能因為繼母沒有善待自身而有所減損，這也是在官員孝行考察中大多不考慮繼母的過失而只考察繼子是否盡了孝道的主要原因之一。雖然繼母子關係難處，但當繼母無親生子女又對繼子女有養育之恩時，繼母如母，繼子女如所生子女，彼此皆有感情，比如楊紹宗妻王氏，「年二歲，所生母亡，為繼母鞠養」〔註24〕，父親和繼母死後，她為父母居喪廬墓。而當繼母對繼子無養育之恩且繼母又另有親生子女時，若繼子女仍能孝養繼母，與異母弟妹和睦相處，這確實是史官應予以表彰的孝道，比如工部尚書劉審禮，少年喪母，由祖母撫養長大，但他對繼母卻極為孝順，繼母稍病他就非常擔心，對待繼母所生的兒子非常友愛，自己的俸祿都是先送到繼母處，供給異母弟花費，卻不介意讓自己的妻兒處在飢寒中。〔註25〕劉審禮身居高位，卻能有如此德行，真是難能可貴，這與「閨門友穆，接物寬平」

〔註23〕　《舊唐書·列傳第八十二·李元素》曰：「初，元素再娶妻王氏，石泉公方慶之孫，性柔弱，元素為郎官時娶之，甚禮重，及貴，溺情僕妾，遂薄之。且又無子，而前妻之子已長，無良，元素寢疾昏惑，聽譖遂出之，給與非厚。妻族上訴，乃詔曰：『李元素病中上表，懇切披陳，云『妻王氏，禮義殊乖，願與離絕』。初謂素有醜行，不能顯言，以其大官之家，所以令自處置。訪聞不曾告報妻族，亦無明過可書，蓋是中情不和，遂至於此。脅以王命，當日遣歸，給送之間，又至單薄。不唯王氏受辱，實亦朝情悉驚。如此理家，合當懲責。宜停官，仍令與王氏錢物，通所奏數滿五千貫。』」
〔註24〕　《舊唐書·列傳一百四十三·列女·楊紹宗妻王氏》。
〔註25〕　《舊唐書·列傳第二十七·劉審禮》曰：「德威閨門友穆，接物寬平，所得財貨，多以分贍宗親。子審禮襲爵。審禮，少喪母，為祖母元氏所養。……母鄭氏早亡，事繼母平壽縣主，稍疾輒憂懼形於容色，終夕不寐。撫繼母男延景，友愛甚篤。所得祿俸，皆送母處，以資延景之費；而審禮妻子處飢寒，晏然未嘗介意。再從同居，家無異爨，合門二百餘口，人無間言。」

的良好家教家風是分不開的。

在史官所推廣的道德典型中，繼母應如何對待繼子，常以劉向《列女傳》中的「齊義繼母」為例：齊宣王時，官府認為兩兄弟中有一人殺了人，可兩兄弟爭相認罪，無奈之際，官府讓他們的母親選擇一人活下來，另一人受死，於是母親選擇讓丈夫前妻之子活下來，讓自己親生的兒子受死，母親的義舉感動了齊宣王，宣王就把他們兄弟倆都赦免了。歷代史官常表彰「棄子撫他」的典型女性，但兩《唐書》諸列女傳文中並未收錄這樣的女性楷模的事跡。

《大唐開元禮·卷第一百三十二·凶禮·五服制度》曰：「繼母如母。繼母之配父，與親母同。」〔註 26〕這裡的「繼母」是相對於父親前妻留下的嫡子女的「生母」而言的，在庶民家庭，大多有妻無妾，所以有時在傳文中不會特意指出子女是否嫡生，比如《舊唐書·列傳一百四十三·列女·楊紹宗妻王氏》曰：「楊紹宗妻王氏，華州華陰人也。初，年二歲，所生母亡，為繼母鞠養」〔註 27〕。在唐代喪服制度中，有些情況下繼母如母，比如：在父室時，生母卒而有繼母，繼母如母，生母卒，服齊衰三年，繼母卒，同樣是服齊衰三年。但有些情況下繼母不如母，比如：生母被出而有繼母，生母不在父室，若繼母在父室，出妻之子為生母服齊衰杖周，為父後者為出母無服，為在父室的繼母服齊衰三年，為父後者「不為出母之黨服則為繼母之黨服」，在父室的繼母比被出的生母服制要重，出母不如繼母；若「父卒繼母嫁從」，「若繼母出嫁子從而寄育則服」，為之服齊衰杖周，這與出妻之子為生母服相同，若「不育則不服」，這是從繼母改嫁後是否仍對繼子有養育之恩的角度來考慮，若有養育之恩，那麼繼母如母，生母被出改嫁與繼母父卒改嫁後，服制一樣，若是改嫁繼母對繼子無養育之恩，那麼改嫁繼母就如同路人，無服；但是若繼母也被出，不在父室，那麼「繼母出則不服」，為被出繼母無服，同樣是被出，生母與繼母服制不同，被出繼母不如被出生母。〔註 28〕

三、慈　母

「慈母」，在這裡是一個專稱，並非指慈祥的母親，而是指無生母的妾子對經父指定養育自己的無子之妾的稱謂。《大唐開元禮·卷第一百三十二·凶

〔註 26〕〔唐〕中敕，大唐開元禮〔M〕，北京：民族出版社，2000：621。
〔註 27〕《舊唐書·列傳一百四十三·列女》。
〔註 28〕〔唐〕中敕，大唐開元禮〔M〕，北京：民族出版社，2000：622。

禮·五服制度》曰：「慈母如母。妾之無子者，妾子之無母者，父命爲母子，
生則養之如母，死則喪之如母，貴父之命也。」〔註29〕這個解釋是源於《儀
禮》，《儀禮·喪服》曰：「慈母如母。傳曰：慈母者何也？傳曰：『妾之無子
者，妾子之無母者，父命妾曰：「女以爲子。」命子曰：「女以爲母。」』若是，
則生養之，終其身如母。死則喪之三年如母，貴父之命也。」〔註30〕

　　成爲「慈母」必須滿足四個條件：其一，慈母是父之妾，而不是父之嫡
妻。因爲對於父之嫡妻來說，所有庶子都是嫡母之子，不需要父親特意命之
爲子母〔註31〕。其二，慈母無子。這裡的「無子」是指「舊有子，今無者」，
慈母曾有親生子，但不幸夭亡或是遺失。賈公彥在注疏中解釋到：「失子之妾，
有恩慈深，則能養他子以爲己子者也。若未經有子，恩慈淺，則不得立後而
養他。」〔註32〕如果妾室沒有生養過小孩，她對小孩的恩慈就會不夠深厚，
就不適合收養庶子；如果妾室有親生小孩，再收養其它沒有血親的庶子，親
生子與他生子一對比，妾室對他生子的恩慈很可能也會不深厚，所以只有失
子之妾，才適合做慈母。其三，子是父之妾生子，而非嫡生子，而且妾子無
生母，才可被父親的其它無子之妾收養。其四，父親之命，父親命其妾將庶
子視如己出，也命其子視慈母如母。慈母如母的原因，「一非骨血之屬，二非
配父之尊，但唯貴父之命故也」，慈母不同於生母，與妾子沒有骨血生育之恩，
慈母也不同於嫡母，不享有配父之尊，妾子之所以視慈母如母，只是因爲遵
從父親之命。若是父親沒有命他們爲母子，只是讓庶母撫養他妾之子，那麼
庶母就不是慈母，而只是「庶母慈己者」〔註33〕。在唐代五服制度中，爲慈
母義服齊衰三年，爲庶母慈己者義服小功五月，爲庶母義服總麻三月〔註34〕，
爲慈母服比爲庶母慈己者服要重，但是爲庶母慈己者服比爲庶母服要重。

　　「慈母」這一稱謂在設定之初，並非與「慈祥」無關〔註35〕，而是充分

〔註29〕〔唐〕中敕，大唐開元禮〔M〕，北京：民族出版社，2000：621。
〔註30〕《十三經注疏·儀禮注疏》，第565～566頁。
〔註31〕庚氏云：「此皆子者，此庶子皆嫡母之子。」（《十三經注疏·禮記正義》，第
　　　　982頁。）
〔註32〕《十三經注疏·儀禮注疏》，第566頁。
〔註33〕庶母慈己者：「謂庶母之乳養己者。」（〔唐〕中敕，大唐開元禮〔M〕，北京：
　　　　民族出版社，2000：625。）
〔註34〕〔唐〕中敕，大唐開元禮〔M〕，北京：民族出版社，2000：621，625，626。
〔註35〕張煒的《「慈母」是指什麼樣的母親》（文史博覽，2010（5）：33。）、郭燦金
　　　　的《「慈母」曾是傷心事》（人力資源開發，2009（10）：95。）、《「慈母」本

考慮了無子之庶母能否對無母之妾子「恩慈深」。後來慈母內涵被擴充，後人常用慈母表現生母的慈祥、慈愛。到唐代，慈母的本義並沒有消失，而是與衍生義一起混用：在較正式的律文中，慈母仍指本義，比如在《唐律疏議》中，《卷第六·名例·52 稱期親祖父母等》曰：「其嫡、繼、慈母，若養者，與親同」，《卷第二十三·鬥訟·345 告祖父母父母》曰：「即嫡、繼、慈母殺其父，及所養者殺其本生，並聽告」〔註36〕，在闡述五服之制時，齊衰三年，「義服：爲繼母、慈母」，此三處指的是慈母本義；而在敘述性的傳文中，慈母大多描寫的是生母，比如在《舊唐書》中，房玄齡關於朝廷東討高麗一事上表勸諫唐太宗時提到戰爭使「老父孤兒、寡妻慈母」痛失家人，嚴武說他少年時「性本狂蕩，視事多率胸臆，雖慈母言不之顧」，元稹說他「八歲喪父，家貧無業」，「鄰里兒稚有父兄爲開學校，涕咽發憤，願知《詩》《書》。慈母哀臣，親爲教授」，唐中宗在答覆岑義時說，「伏以則天大聖皇帝，內輔外臨，將五十載，在朕躬則爲慈母，於士庶即是明君」，〔註37〕此四處講的都是生母。

與嫡母子關係、繼母子關係相比，慈母子關係更接近於親母子關係，慈母無子，子無生母，這樣的組合有更多的情感交流，在生活中能成爲彼此的依靠，慈母親如生母。可在唐代五服制度中，並沒有體現出慈母子關係比嫡母子和繼母子關係更親近之處，在實際生活中，慈母爲父之妾，嫡母、繼母爲父之妻，慈母的地位要比嫡母、繼母要低。慈母與生母、嫡母、繼母相比，有相同之處：在父室時，爲慈、生、嫡、繼母服齊衰三年，庶子爲父後者爲生母、慈母降服緦麻三月（因爲生母和慈母皆是父之妾，而嫡母和繼母皆是父之妻，妾位卑，而庶子爲父後者位尊，尊爲卑服需將服）；也有不同之處：被出時，爲被出生母降服齊衰杖周，爲被出慈、嫡、繼母無服，爲父後者爲出母（此處出母之「母」包括生、慈、嫡、繼母）無服；父卒改嫁時，爲生母降服齊衰杖周，周除仍心喪三年，慈、嫡、繼母嫁，從，降服齊衰杖周，不從，無服，爲父後者爲嫁母（此處嫁母之「母」包括生、慈、嫡、繼母）無服〔註38〕。

是指養母》（現代班組，2007（9）：53。）等諸文認爲：「慈母」之「慈」本與「慈祥」無關。

〔註36〕《唐律疏議》，第 136，432 頁。

〔註37〕分別引自《舊唐書》中《列傳第十六·房玄齡》《列傳第六十七·嚴武》《列傳第一百一十六·元稹》《列傳第一百三十三·外戚·武承嗣》。

〔註38〕《舊唐書·志第七·禮儀七》曰：「凡非所生，父卒而嫁，爲父後者無服，非承重者杖期，並不心喪。」

四、養　母

　　生母、嫡母、繼母、慈母，原則上來說皆曾是親生父親的配偶，或妻或妾，但是養母卻不同，養母和養父與養子女之間皆不是直系血親，養母與養子的關係是通過收養建立起來的擬制血親〔註39〕，也是律法認可的母子關係。要形成正式的養母子關係，需要滿足哪些條件？

　　養母的存在由來已久，但是卻並未象生、嫡、繼、慈母以及保傅乳母一樣早早在禮法上享有正式的名分和地位。現代專門研究「養母」稱謂和身份變遷的文章並不多見，其中孔潮麗認爲：宋代以前文獻中記載的「養母」並沒有固定身份，「養母」作爲特定親屬稱謂，最早出現於北宋初期的禮制文獻《開寶禮》中，主要是指收養同宗及三歲以下遺棄之子者，並在文章中提到，他們「還發現唐宋法律有『所養父母』、『所養者』的說法，而沒有單獨存在的『養母』概念，這表明作爲明確法律概念的「養母」可能始於明代」〔註40〕。經過考察，這種觀點有失偏頗。《唐律疏議》對「養母」的稱謂大致有兩種形式：一種是「嫡、繼、慈、養」並稱時，都省略了「母」字，「養」指的就是「養母」，不包括養父，比如：

　　　　然嫡、繼、慈、養，依例雖同親母，被出、改嫁，禮制便與親
　　母不同。〔註41〕（《唐律疏議・卷第二十三斗訟・345 告祖父母父母》）

　　　　諸詈祖父母、父母者，絞；毆者，斬；過失殺者，流三千里；
　　傷者，徒三年。若子孫違犯教令，而祖父母、父母毆殺者，徒一年
　　半；以刃殺者，徒二年；故殺者，各加一等。即嫡、繼、慈、養殺
　　者，又加一等。過失殺者，各勿論。〔註42〕（《唐律疏議・卷第二十
　　二・鬥訟・329 毆詈祖父母父母》）

另一種是用「若養者」「所養父母」「所養者」等表示養父母，不僅包括養母，還包括養父，比如：

〔註39〕擬制血親是指通過認爲的方法和程序模仿眞正的血親關係而製造出來的血親
　　　關係。（王曉麗，唐五代擬制血親研究〔A〕，張國剛主編，《中國社會歷史評
　　　論》第一卷〔C〕，天津：天津古籍出版社，1999：37～60。）
〔註40〕孔潮麗，試述養母身份變遷及其法律地位——基於宋元明清禮、法文獻記載
　　　的分析〔J〕，史林，2010（4）：52～57。
〔註41〕《唐律疏議》，第 433 頁。
〔註42〕《唐律疏議》，第 414 頁。

其嫡、繼、慈母，若養者，與親同。【疏】議曰：……「若養者」，謂無兒，養同宗之子者。慈母以上，但論母；若養者，即並通父。故加「若」字以別之，並與親同。〔註43〕（《唐律疏議‧卷第六‧名例‧52稱期親祖父母等》）

諸養子，所養父母無子而捨去者，徒二年。〔註44〕（《唐律疏議‧卷第十二‧戶婚‧157養子捨去》）

即嫡、繼、慈母殺其父，及所養者殺其本生，並聽告。〔註45〕（《卷第二十三‧鬥訟‧345告祖父母父母》）

《唐律疏議》對養父母的身份定義是「無兒，養同宗之子者」，或是說「自無子者，聽養同宗於昭穆合者」〔註46〕。這個定義中包含了四個要件：其一，養父母沒有親生兒子。「無子」的原因可能是婚後一直沒有生育兒子（可能生育有女兒），也可能是親生兒子不幸夭亡了，實際生活中也有養父母自己有親生兒子而收養他子的情況，養子的目的並不是爲了繼嗣或養兒防老〔註47〕，而是情感的因素，比如《舊唐書‧列傳第一百‧德宗順宗諸子》曰：

德宗皇帝十一子：……舒王誼，本名謨，代宗第三子昭靖太子邈之子也。以其最幼，德宗憐之，命之爲子。……文敬太子諒，順宗之子。德宗愛之，命爲子。〔註48〕

唐德宗（其父唐代宗，其子唐順宗）有親生兒子九人，卻收養了自己弟弟昭靖太子李邈的兒子舒王誼，因爲李邈早夭，唐德宗憐其子年幼無父，還收養了自己的孫子文敬太子諒爲子，所以史書記載德宗皇帝有十一子。其二，養

〔註43〕《唐律疏議》，第136～137頁。
〔註44〕《唐律疏議》，第237頁。
〔註45〕《唐律疏議》，第432頁。
〔註46〕《唐律疏議》，第97頁。
〔註47〕日本學者仁井田陞在《唐宋法律文書的研究》和《中國身份法史》中對唐代收養制度中的收養目的做了分析，他認爲有以下幾種因素：封爵；承繼和祭祀祖先；養家和財產利益；養家與反哺的利益；單純的人身買賣；主從關係密切；單純的收養關係等。滋賀秀三先生在《中國家族法的原理》中將收養目的分爲兩種類型：一是法律上以繼承爲目的的養子，也稱「嗣子」；二是則爲事實上恩養的養子，也稱「義子」。王曉麗在《唐五代擬制血親研究》一文對收養目的分爲三類：以繼嗣爲目的的收養，以感情需要爲目的和功利性目的的收養。（孫運鵬，唐代家庭收養制度研究〔D〕，曲阜師範大學碩士學位論文，2007：2。）
〔註48〕《舊唐書‧列傳第一百‧德宗順宗諸子》。

子須是同宗之子。同宗是爲了確保同族同姓，不支持收養異姓男，但實際中也有例外，比如收養妻族中的異姓親屬，或是收養棄兒，《唐律疏議・卷第十二・戶婚・157 養子捨去》規定：

> 即養異姓男者，徒一年；與者，笞五十。其遺棄小兒年三歲以下，雖異姓，聽收養，即從其姓。【疏】議曰：異姓之男，本非族類，違法收養，故徒一年；違法與者，得笞五十。養女者不坐。其小兒年三歲以下，本生父母遺棄，若不聽收養，即性命將絕，故雖異姓，仍聽收養，即從其姓。如是父母遺失，於後來識認，合還本生；失兒之家，量酬乳哺之直。〔註49〕

唐律認爲，「養女者不坐」，但養異姓之男，卻是違法的，異姓之男只有在三歲以下且被本生父母遺棄的情況下才可以收養，而且收養之後，應將其改爲養父之姓，這樣就確保了養子與養父同姓。在封建宗法家庭中，大多由男性擔當家族傳承之責，而女兒終究是要出嫁成爲異姓之婦的，所以不管同姓或是異姓，收養女孩對家族結構的穩定性影響不大，然而收養異姓之男不得當卻影響甚大。唐律之所以允許收養年三歲以下的異姓棄兒，一方面是從人道主義出發，以仁人之心救棄兒於「性命將絕」，另一方面是因爲棄孩年幼無知，對他的本生家庭依戀較少，容易與養父母培養感情，認可收養家庭，因本生家庭而背叛收養家庭的可能性要小。其三，養子的輩分應是昭穆相當者。「父爲昭，子爲穆」，養子應爲兒子輩，一般是收養自己兄弟或從兄弟之子爲子，可實際中，也有不按輩分收養的，比如以幼弟爲子，或是以孫輩爲子，唐德宗因爲非常喜歡自己兒子唐順宗的兒子李諒，所以命其爲子。其四，當色相養。「當色相養」〔註50〕的規定與「當色爲婚」的規定是一脈相承的，是爲了維護等級次序，其中也體現了重男輕女的思想，「養男從重，養女從輕」〔註51〕，違法養女之罪要比養

〔註49〕　《唐律疏議》，第 237 頁。
〔註50〕　《唐律疏議・卷第四・名例・36 會赦應改正徵收》：「又，準令：『自無子者，聽養同宗於昭穆合者。』若違令養子，是名『違法』。即工、樂、雜戶，當色相養者，律、令雖無正文，無子者理準良人之例。」（《唐律疏議》，第 97 頁。）
〔註51〕　《唐律疏議・卷第十二・戶婚・159 養雜戶等爲子孫》：「159 諸養雜戶男爲子孫者，徒一年半；養女，杖一百。官戶，各加一等。與者，亦如之。【疏】議曰：雜戶者，前代犯罪沒官，散配諸司驅使，亦附州縣戶貫，賦役不同白丁。若有百姓養雜戶男爲子孫者，徒一年半；養女者，杖一百。養官戶者，各加一等。官戶亦是配隸沒官，唯屬諸司，州縣無貫。與者，各與養者同罪，故云『亦如之』。雖會赦，皆合改正。若當色自相養者，同百姓養子之法。雜戶

男之罪輕。此外，違法養子時，不僅養者有罪，與者也有罪，只不過罪罰有些不同。在《唐律疏議》「157 養子捨去」中，「即養異姓男者，徒一年；與者，笞五十」，在養異姓男問題上，養者之罪罰比與者之罪罰要重；在「159 養雜戶等爲子孫」中，「與者，各與養者同」，在別色相養問題上養者與與者同罪。

養父母與養子之間不僅不是直系血親，有時甚至連撫養關係也沒有，有些養子只是名義上的養子，並未與養父母以父子或母子關係一起生活，而是宗親爲去世親人準備以奉祭祀或襲爵的養子，比如：

> 衛王玄霸，高祖第三子也。早薨無子。武德元年，追贈衛王，諡曰懷。四年，封太宗子泰爲宜都王以奉其祀，以禮改葬，太子以下送於郭外。泰後徙封於越，又以宗室贈西平王瓊之子保定爲嗣。貞觀五年薨，無子，國除。〔註52〕

> 濮王泰，字惠褒，太宗第四子也。少善屬文。武德三年，封宜都王。四年，進封衛王，以繼衛懷王霸後。貞觀二年，改封越王，授揚州大都督。五年，兼領左武候、大都督，並不之官。八年，除雍州牧、左武候大將軍。七年，轉鄜州大都督。十年，徙封魏王，遙領相州都督，餘官如故。太宗以泰好士愛文學，特令就府別置文學館，任自引召學士。又以泰腰腹洪大，趨拜稍難，復令乘小輿至於朝所。其寵異如此。〔註53〕

衛王玄霸早薨無子，其父唐高祖李淵將其兄長唐太宗李世民的第四子李泰過繼給李玄霸爲子。李泰於武德三年封爲宜都王，武德四年繼衛王李玄霸後進封爲衛王。據禮，秦王作爲李世民與王妃長孫氏的次子，父親在世時，其爵位最高

養官戶，或官戶養雜戶，依戶令：『雜戶、官戶皆當色爲婚。』據此，即是別色準法不得相養。律既不制罪名，宜依『不應爲』之法：養男從重，養女從輕。若私家部曲、奴婢，養雜戶、官戶男女者，依《名例律》『部曲、奴婢有犯，本條無正文者，各準良人』，皆同百姓科罪。若養部曲及奴爲子孫者，杖一百。各還正之。(無主及主自養者，聽從良。)【疏】議曰：良人養部曲及奴爲子孫者，杖一百。『各還正之』，謂養雜戶以下，雖會赦，皆正之，各從本色。注云『無主』，謂所養部曲及奴無本主者。『及主自養』，謂主養當家部曲及奴爲子孫。亦各杖一百，並聽從良，爲其經作子孫，不可充賤故也。若養客女及婢爲女者，從『不應爲輕』法，笞四十，仍準養子法聽從良。其有還壓爲賤者，並同「放奴及部曲爲良還壓爲賤」之法。」(《唐律疏議》，第238～239頁。)

〔註52〕《舊唐書·列傳第十四·高祖二十二子·衛王玄霸》。
〔註53〕《舊唐書·列傳第二十六·太宗諸子·濮王泰》。

不過是郡公或郡王〔註54〕，爲從一品〔註55〕，因爲他不是承嫡的嫡長子，即使是父親去世後，他也無法繼承正一品的秦王之爵，而作爲李玄霸之嗣子，即使只是名義上的養子，也能繼嗣襲爵成爲正一品的衛王。這對當時僅是親王之次子的李泰來說是極大的恩寵。但是隨著其生父唐太宗李世民即位稱帝，李泰的地位也提升了，作爲皇子，直接就是正一品的親王，而且李泰文才出眾，深受太宗喜愛，仍作衛王的話，對李泰來說，無恩反辱。於是，貞觀二年，李泰改封爲越王，結束了五年的衛王生涯。爲了不讓衛王李玄霸斷後，唐太宗李世民就令西平王李瓊之子李保定爲李玄霸之繼嗣，可惜的是，李保定封爲定王剛三年就去世了，沒有留下子嗣，所以衛王的封國此後就撤銷了。

在養父母對養子有事實上的撫養關係的家庭中，養母的角色，既如親母，又如嫡、繼、慈母。唐代社會雖然開放，但女性地位與當今社會相比，還是相差甚遠，基本上不存在未婚女子收養子女之說，所以養母的概念總是與養父的概念緊密聯繫在一起的，有養母是因爲有養父，而不是因爲養母對養子的撫養之情，這也是唐律中常常養父母並提的原因之一。因此，養母的地位與其跟養父的婚姻關係有著必然的聯繫，唐律之賞罰以及親屬之親疏，一般皆以喪服制度爲準繩，所以養子與養母的親疏也可反映在養子爲養母的服制上：養母在養父室時，養母如生母，齊衰三年；養母被出或改嫁時，養母如慈母，被出無服；改嫁，從，齊衰杖周；不從，無服。這些指的皆是養子與養母在收養關係存續期間，若養父母與養子斷絕了收養關係，那麼彼此皆是路人，無服。

五、保傅乳母

據《舊唐書·志第二十六·經籍上》載，大聖天后曾撰《保傅乳母傳》一卷，又據《新唐書·卷五十八·志第四十八》載，武后曾撰《保傅乳母傳》

〔註54〕《新唐書·志第三十六·百官一·尚書省·吏部》曰：「皇兄弟、皇子，皆封國爲親王；皇太子子，爲郡王；親王之子，承嫡者爲嗣王，諸子爲郡公，以恩進者封郡王；襲郡王、嗣王者，封國公。」

〔註55〕《新唐書·志第三十六·百官一·尚書省·吏部》曰：「凡爵九等：一曰王，食邑萬戶，正一品；二曰嗣王、郡王，食邑五千戶，從一品；三曰國公，食邑三千戶，從一品；四曰開國郡公，食邑二千戶，正二品；五曰開國縣公，食邑千五百戶，從二品；六曰開國縣侯，食邑千戶，從三品；七曰開國縣伯，食邑七百戶，正四品上；八曰開國縣子，食邑五百戶，正五品上；九曰開國縣男，食邑三百戶，從五品上。」

七卷，爲「婦子樹碑立傳，歌功頌德」，可不管是一卷還是七卷，現今《保傅乳母傳》的具體內容已亡佚，很難考察到該書收錄的人物及其傳文，但有一點可以因此推知，在唐代中上層社會，仍因襲了周禮中的保傅乳母制度，只是可能在形式上會有些變化。

保傅乳母，在周禮中已有較爲明確的定義。《大戴禮記・保傅第四十八》曰：「昔者，周成王幼，在襁褓之中，召公爲太保，周公爲太傅，太公爲太師。保，保其身體；傅，傅其德義；師，導之教順，此三公之職也。於是爲置三少，皆上大夫也。曰少保、少傅、少師，是與太子宴者也。故孩提，三公三少固明孝仁禮義以導習之也。」太保、太傅、太師是輔導天子的官員，少保、少傅、少師是輔導太子的官員。保傅師不是卑賤的奴才，而是官員，而且品秩較高。在唐代，不僅保留了三公三少，太保、太傅、太師各一名，並正一品，太子少保、太子少傅、太子少師各一名，並正二品，東宮還有太子太師、太子太傅、太子太保各一名，並從一品。〔註56〕不僅如此，在唐代，不僅天子、太子有保傅，一般的皇子也有保傅，比如：

> 舒王元名，高祖第十八子也。年十歲時，高祖在大安宮，太宗晨夕使尚宮起居送珍饌，元名保傅等謂元名曰：「尚宮品秩高者，見宜拜之。」元名曰：「此我二哥家婢也，何用拜爲？」〔註57〕

在《大戴禮記》中，保傅師皆指男性，類似於分工不同的父親角色，而據《禮記》《儀禮》載，保傅師也可指女性，類似於分工不同的母親角色，而據武則天所撰的《保傅乳母傳》，此書保傅也應指的是女性，而且保母、傅母、乳母三者分別指的應是不同的人，她們職責各不相同。保母、傅母、乳母三者稱謂形成較早，如：

> 《禮記・內則》曰：「異爲孺子室於宮中。擇於諸母與可者，必求其寬裕、慈惠、溫良、恭敬、愼而寡言者，使爲子師，其次爲慈母，其次爲保母，皆居於子室。」〔註58〕

> 鄭玄注曰：「此人君養子之禮也。諸母，眾妾也。可者，傅、御之屬也。子師，教士以善道者。慈母，知其嗜欲者。保母，安其居處者。士妻食乳之而已。」〔註59〕

〔註56〕《舊唐書・志第二十四・職官三》。
〔註57〕《舊唐書・列傳第十四・高祖二十二子》。
〔註58〕《十三經注疏・禮記正義》，第861～862頁。
〔註59〕《十三經注疏・禮記正義》，第862頁。

孔穎達疏曰：「此文雖據諸侯，其實亦兼大夫士也。但士不具三母耳，大夫以上則具三母，故《喪服》小功章中，君子爲庶母慈己者，鄭注引此《內則》三母，獨言『慈母』，舉中以見上下，是知大夫有三母也。爲之服小功，若諸侯子，三母則不服也。……既有子師、慈母、保母各爲其事，故知士妻但食乳之而已。」〔註60〕

賈公彥疏曰：「云『擇於諸母與可者』，諸母謂父之妾，即此經庶母者也。云『可』者，彼注云：『可者，傅御之屬也。』謂母之外別有傅母御妾之等有德行者，可以充三母也。云『必求其寬裕慈惠，溫良恭敬，愼而寡言者』，寬謂寬弘，裕謂容裕，慈謂恩慈，惠謂惠愛，溫謂溫潤，良謂良善，恭謂恭恪，敬謂敬肅，愼謂能謹愼，寡言謂審詞語，有此十行者，得爲子師，始終與子爲模範，故取德行高者爲之也。故彼注云：『子師，教士以善道者。』云『其次爲慈母』，彼注云：『慈母知其嗜欲者，德行稍劣者爲慈母。』即此經慈母是也。又云『其次爲保母者』，德行又劣前者爲保母，彼注云：『保母，安其居處者。』」〔註61〕

《儀禮・喪服》曰：「乳母。（謂養子者有他故，賤者代之慈己。）」〔註62〕

從上面的資料可以推出，子師、慈母、保母「三母」是憑德行挑選的，子師負責孺子世子行爲規範的教育，「三母」中德行最高，德行稍劣者是慈母，負責孺子衣食及其它生活需要的供給，德行又劣者是保母，負責孺子居室的安置料理。「三母」的來源是「諸母」與「可者」，「諸母」是父之妾，也即是庶母，「可者」是庶母之外的「傅母御妾之等有德行者」，這裡指的「傅御」並不是父之妾，而是地位比父親更爲卑賤之人的妻妾。相對於子師與慈母而言，乳母、保母與傅母德行和地位都稍次一些。

在兩《唐書》中，有名的女師（即子師）便是宋若昭〔註63〕，唐德宗嘉許

〔註60〕　《十三經注疏・禮記正義》，第862頁。
〔註61〕　《十三經注疏・禮記正義》，第623頁。
〔註62〕　《十三經注疏・禮記正義》，第628頁。
〔註63〕　《舊唐書・列傳第二・后妃下・女學士尚宮宋氏》：「女學士、尚宮宋氏者，名若昭，貝州清陽人。……德宗俱召入宮，試以詩賦，兼問經史中大義，深加賞歎。德宗能詩，與侍臣唱和相屬，亦令若莘姊妹應制。每進御，無不稱善。嘉其節概不群，不以宮妾遇之，呼爲學士先生。……姊妹中，若昭尤通

她們氣節不同凡俗，不把她們當宮中侍妾一般看待，而是尊重她們的才華，封其爲女官（尚宮是正五品的女官），專門教導宮中女性。而宋若昭尤其通達人情，憲宗、穆宗、敬宗三朝都被尊爲先生，六宮妃嬪、皇子、公主、駙馬都以她爲師，向她致敬。後來她還被進封爲一品的梁國夫人，其尊貴寵遇由此可知。

上文已對「慈母」做了分析，不再贅述。對於傅母、保母、乳母三者身份與職能的認識，下文將以對「傅母」的不同理解爲中心梳理保傅乳母三者的名謂和職責。據《古代漢語大詞典》載，傅母中的傅爲傅父，是古代保育貴族子女的老年男子；母爲保母，是古代保育貴族子女的老年婦人。〔註 64〕這個解釋源於《春秋穀梁傳》與《春秋公羊傳》：

> 《春秋穀梁傳注疏·卷第十六·襄公三十年》曰：「伯姬之舍失火，左右曰：『夫人少辟火乎？』伯姬曰：『婦人之義，傅母不在，宵不下堂。』左右又曰：『夫人少辟火乎？』伯姬曰：『婦人之義，保母不在，宵不下堂。』遂逮乎火而死。」〔註65〕

> 《春秋公羊傳注疏·卷第二十一·襄公三十年》曰：「宋災，伯姬存焉。有司復曰：『火至矣！請出。』伯姬曰：『不可。吾聞之也，婦人夜出，不見傅母不下堂。（禮，后夫人必有傅母，所以輔正其行，衛其身也。選老大夫爲傅，選老大夫妻爲母。○傅母，如字，又武侯反，本又作『姆』同。）傅至矣，母未至也。』逮乎火而死。」〔註66〕

在《春秋穀梁傳》與《春秋公羊傳》中，「傅母」即是「傅姆」，母同「姆」，傅與母是指不同的兩人：在《春秋穀梁傳》中，初說「傅母不在，宵不下堂」，再說「保母不在，宵不下堂」，是因爲在左右之人的通報下，「傅至矣，母未至也」，初說之「傅母」指「傅」與「母」兩人，再說之「保母」指的是「母」；在《春秋公羊傳》中，「選老大夫爲傅」，「傅」是老年男子，「選老大夫妻爲母」，「母」是老年婦人，傅母的職責是「輔正其行，衛其身也」，這與《大戴禮記·保傅》中保傅之職責是「保，保其身體；傅，傅其德義」之義相近，

曉人事，自憲、穆、敬三帝，皆呼爲先生，六宮嬪媛、諸王、公主、駙馬皆師之，爲之致敬。進封梁國夫人。」

〔註64〕 徐復等編，古代漢語大詞典〔M〕，上海：上海辭書出版社，2007。漢語大詞典〔M〕，上海：上海辭書出版社，2007。

〔註65〕 《十三經注疏·春秋穀梁傳注疏》，第 273 頁。

〔註66〕 《十三經注疏·春秋公羊傳注疏》，第 469 頁。

所以也可將「母」理解為「保母」，但這卻與鄭玄注《禮記‧內則》中「保母，安其居處者」的意思較遠，造成這種不同的原因之一可能是：《大戴禮記》與《春秋穀梁傳》據考皆成書於西漢，而鄭玄遍注儒家經典是在東漢，隨著時間的遷移和習俗的變化，對「保母」職責的理解也發生了變化。比如西漢辭賦家枚乘說：「今夫貴人之子，必宮居而閨處，內有保母，外有傳父，欲交無所。」〔註67〕這段話源於《禮記‧曾子問》，孔子曰：「古者男子外有傅，內有慈母，君命所使教子者也。」〔註68〕這兩段話皆說「內母外傅」，是對「傳母」職責的一種認識，經對比，有兩處發生了變化：第一處，將「傅」改為「傅父」。「傅」取《大戴禮記》中提到的「傅其德義」之義，如太傅、少傅一般皆指男性，而且按「男主外，女主內」之規範，將「外有傅」改為「外有傅父」並無不妥。第二處，將「慈母」改為「保母」。鄭玄在《禮記‧曾子問》的注中說此處「慈母」為「父所使妾養妾子」〔註69〕，慈母明顯不同於「安其居處」的保母，這是對「母」（「姆」）的認識不同造成的。

> 《儀禮‧士昏禮》曰：「姆纚、筓、宵衣，在其右。（姆，婦人年五十無子，出而不復嫁，能以婦道教人者，若今時乳母矣。……
> 【疏】……釋曰：云『姆，婦人年五十無子，出而不復嫁，能以婦道教人』者，婦人年五十陰道絕，無子，乃出之。……然就七出之中餘六出，是無德行不堪教人，故無子出。能以婦道教人者，以為姆，既教女，因從女向夫家也。云『若今時乳母』者，漢時乳母與古時乳母別。案《喪服》乳母者，據大夫子有三母：子師、慈母、保母。其慈母闕，乃令有乳者，養子謂之為乳母，死為之服緦麻。師教之乳母，直養之而已。漢時乳母則選德行有乳者為之，並使教子，故引之以證姆也。）」〔註70〕

鄭玄的觀點與「選老大夫妻為母」的觀點相近，「姆」皆指有德行的老年婦女，這裡更明確了是因無子而出不復嫁的老婦，並且「姆」會隨嫁到自己服侍之女的夫家，比如伯姬之姆便是她娘家過來的人，在唐代也是如此，比如房孺復之妻鄭氏的保母：

〔註67〕《集部‧文選卷三十四‧七上‧七發八首》。
〔註68〕《十三經注疏‧禮記正義》，第589頁。
〔註69〕《十三經注疏‧禮記正義》，第589頁。
〔註70〕《十三經注疏‧儀禮注疏》，第77~78頁。

　　孺復，琯之孽子也。……初娶鄭氏，惡賤其妻，多畜婢僕，妻
之保母累言之，孺復乃先具棺槻而集家人，生斂保母，遠近驚異。
〔註71〕

房琯的庶子房孺復對其嫡妻鄭氏很惡劣，鄭氏的保母看不過去就屢次勸諫房孺復，房孺復對保母心懷怨恨，就把保母活埋了。因爲保母是鄭氏的娘家人，所以保母才會不顧安危和身份尊卑敢言勸諫，希望鄭氏能得到善待。在《舊唐書》的這則傳文中，姆若保母，這在一定程度上也解釋了孔子在《禮記·曾子問》中說到的「外有傅，內有慈母」一句從「慈母」到「保母」的演變。但鄭玄認爲「姆」若「若今時乳母」，賈公彥在疏中說是因爲「漢時乳母與古時乳母別」。

　　《禮記·內則》曰：「食子者三年而出，見於公宮則劬。（劬，
勞也。士妻、大夫之妾食國君之子，三年出歸其家，君有以勞賜之。）
大夫之子有食母。（選於傅御之中，《喪服》所謂乳母也。）士之妻
自養其子。（賤不敢使人也。）」〔註72〕

　　《儀禮·喪服》曰：「乳母。（謂養子者有他故，賤者代之慈
己。……云『爲養子者有他故』者，謂三母之內，慈母有疾病或死，
則使此賤者代之養子，故云乳母也。）傳曰：何以緦也？以名服也。
（【疏】釋曰：怪其餘人之子皆無此乳母，獨大夫之子有之，故發問
也。答「以名服」，有母名，即爲之服緦也。）」〔註73〕

從《儀禮·喪服》中的解釋可以看出，乳母更像是慈母的替代者，當慈母不能完成哺乳之責時就由地位較爲卑賤的乳母代替完成，所以乳母並不是上層社會必備的「三母」之一。《禮記》《儀禮》中說的「乳母」「食母」在選用時對德行沒有特別的要求，只是用乳汁餵養小孩，並沒有教養之責，因爲「既有子師、慈母、保母各爲其事，故知士妻但食乳之而已」〔註74〕，且不隨嫁，因爲一般情況下「食子者三年而出」，而東漢時期的乳母不但有餵養之責，還需選有德行者使之教子，如果是「選德行有乳者」爲乳母，那麼「婦人年五十無子，出而不復嫁」的條件能選出有德行的婦人，而這種「陰道絕，無子」

〔註71〕　《舊唐書·列傳第六十一·房孺復》。
〔註72〕　《十三經注疏·禮記正義》，第867～868頁。
〔註73〕　《十三經注疏·儀禮注疏》，第628～629頁。
〔註74〕　《十三經注疏·禮記正義》，第862頁。

的婦人能否「有乳」、其乳是否營養健康，卻是與現代醫學科學相背離的。乳母與子師、慈母、保母的分工不再那般界限分明，乳母逐漸演變為一肩挑數職，也因此，乳母才會與養子之間建立起一種超越尊卑等級的親密關係。

在唐代，乳母又稱妳婆、妳嫗〔註75〕，妳同奶，婆、嫗皆指婦人。在《舊唐書》中，乳母與妳婆並用，比如：

> 內出宣旨：「妳婆楊氏可賜號昭儀，妳婆王氏可封郡夫人，第二妳婆王氏先帝已封郡夫人，準楊氏例改封。」中書奏議言：「乳母古無封夫人賜內職之例，近代因循，殊乖典故。昔漢順帝以乳母宋氏為山陽君，安帝乳母王氏曰野王君，當時朝議非之。今國祚中興，禮宜求舊。臣等商量，楊氏望賜號安聖君，王氏曰福聖君，第二王氏曰康聖君。」〔註76〕

唐哀帝的乳母不只一人，其中受封的就有三人，皇室乳母受封是「君有以勞賜之」禮制的落實，但是這種制度的落實卻是造成乳母干政〔註77〕的重要因素。乳母不僅自己能因與乳子的親密關係受益，有時能惠及乳母之夫與子女，比如唐中宗想立乳母的兒子為五品官員，中書令裴炎認為此舉不妥，〔註78〕又如唐代大將軍高仙芝提拔乳母的兒子鄭德詮為郎將，待乳母子如兄弟〔註79〕。

在唐代，乳母的選用條件和角色地位雖承襲了歷史因素，但也發生了很多變化。不管是宮廷還是民間，唐人仍多以地位較為卑賤的婢僕充任乳母，比如唐中宗的廢后韋氏的乳母王氏，「庶人微時乳母王氏，本蠻婢也，特封莒國夫人，嫁為懷貞妻」〔註80〕，但也出現了雇傭乳母，她們並非「年五十無子，出而不復嫁」的婦人，而是因為家庭貧困，生了兒女後仍有乳汁，便為他人做乳母以賺錢貼補家用，這樣的乳母並不會長期陪伴乳兒，一般斷乳之後便分別了，有些家庭的乳母較有學識和德行，能起到輔助教育的功能，以

〔註75〕《北夢瑣言》卷七：「李一家溺死焉。唯妳嫗一人，隔夜為駭浪推送江岸而蘇。」（牛志平，姚兆女，唐人稱謂〔M〕，西安：三秦出版社，1987：98。）

〔註76〕《舊唐書‧本紀第二十下‧哀帝》。

〔註77〕王德棟，曹金華，北魏乳母干政的歷史考察〔J〕，揚州師範學報（社會科學版），1995（4）：104～109。

〔註78〕《舊唐書‧列傳三十七‧裴炎》：「中宗既立，欲以後父韋玄貞為侍中，又欲與乳母子五品，炎固爭以為不可。」

〔註79〕《舊唐書‧列傳第五十四‧高仙芝》：「知留後時，仙芝乳母子鄭德詮已為郎將，德銓母在宅內，仙芝視之如兄弟，家事皆令知之，威望動三軍。」

〔註80〕《舊唐書‧列傳第一百三十三‧外戚‧獨孤懷貞》。

口耳傳授的方式教育乳兒，並督促乳兒早起學習用功。〔註81〕

傅母之義在使用中逐漸變化，到北宋時，《太平御覽》卷六九○引《三禮圖》：「古者傅母，選無夫與子而老賤曉習婦道者，使之應對也。」傅母的定義在「老婦」「有德行」（「曉習婦道」）基礎上，增加了「無夫」「無子」「賤」三層含義，「無夫」指的是未婚或夫卒或五十以上無子被出的婦人，「無子」是指婚後未生子或子亡，「賤」指傅母地位卑下。傅母之義由兩人變爲一人，僅指女性。這種變化也能從《禮記・內則》的注疏中找到線索，鄭玄認爲可充「三母」的「可者」是「傅御之屬」，那麼這裡的「傅」並不是指男性的傅父，而是指女性，賈公彥明確地說「可者」「謂母之外別有傅母御妾之等有德行者」，這裡的「傅母」只是指女性，不存在還包括一個傅父。《十三經辭典・春秋穀梁傳卷》《漢語大詞典》等工具書中也持有這種觀點，它們認爲傅母指負責保育、輔導貴族子女的老年婦人。〔註82〕而據《大戴禮記・保傅》載，能爲所養子女傳其德義者即是傅，那麼既可以是男性傅父，也可以是女性傅母，或許這正是孔子在《禮記・曾子問》中只說了一個「傅」字，並未言明是傅父還是傅母的原因。

不僅有人認爲，傅母可指保母，也可指乳母，還包括傅父，還有人認爲傅母也可指養母，如唐人杜仲陽在三種不同文獻中的記載：

《舊唐書・列傳第一百二十四・李德裕》（成書於唐出帝開運二年）：「德裕至鎮，奉詔安排宮人杜仲陽於道觀，與之供給。仲陽者，漳王養母，王得罪，放仲陽於潤州故也。九年三月，左丞王璠、戶部侍郎李漢進狀，論德裕在鎮，厚賂仲陽，結託漳王，圖爲不軌。」〔註83〕

《新唐書・列傳第一百五・李德裕》（成書於宋仁宗嘉祐五年）：「先是太和中，漳王養母杜仲陽歸浙西，有詔在所存問。時德裕被召，乃檄留後使如詔書。璠入爲尚書左丞，而漳王以罪廢死，因與戶部侍郎李漢共譖德裕嘗賂仲陽導王爲不軌。」〔註84〕

〔註81〕 劉琴麗，論唐代乳母角色地位的新發展〔J〕，蘭州學刊，2009（11）：215～218。
〔註82〕《十三經辭典》編纂委員會，十三經辭典・春秋穀梁傳卷〔M〕，西安：陝西人民出版社，2002：34。
〔註83〕《舊唐書・列傳第一百二十四・李德裕》。
〔註84〕《新唐書・列傳第一百五・李德裕》。

《資治通鑑・卷第二百四十五・文宗元聖昭獻孝皇帝中・太和九年（乙卯，公元八三五年）》（成書於宋神宗元豐七年）：「初，李德裕爲浙西觀察使，漳王傅母杜仲陽坐宋申錫事放歸金陵，詔德裕存處之。會德裕已離浙西，牒留後李蟾使如詔旨。至是，左承王璠、戶部侍郎李漢奏德裕厚賂仲陽，陰結漳王，圖爲不軌。」宋代史學家胡三省注：「傅母，女師也。」〔註85〕

兩《唐書》成書較早，記錄杜仲陽爲唐穆宗之子漳王李湊〔註86〕的養母，而成書較晚的《資治通鑑》則認爲杜仲陽是漳王的傅母，而且胡三省在注中認爲傅母是女師的意思，杜仲陽隨漳王仕途的起落而起落，即使是放逐故里後仍有「詔」安置其生活，那麼，宮人杜仲陽與漳王李湊到底是什麼關係，養母、傅母還是女師？漳王李湊的生母卑微，未載入史冊，在唐末混亂年代，穆宗五子中，李湊的三個哥哥敬宗、文宗、武宗都曾當過皇帝，連「懷懿太子」的稱號也是唐文宗同情他是被奸黨陷害致死才追贈與他的，漳王在諸兄弟中地位卑微與其生母地位卑微有一定關係。杜仲陽能在史書的行文中保全其姓名，而不是以某妻杜氏來稱謂，說明其可能無夫，而上文定義之「養母」，多是以夫家繼嗣或是養兒防老爲考慮收養小孩，杜仲陽的情況卻並不符合，所以說，兩《唐書》中提到的「漳王養母」，應是指對漳王有養育之恩的女性，而在皇室的話，養母指「三母」（子師（即女師）、慈母、保母）之一的可能性最大，所以胡三省將傅母解釋爲「女師」，而杜仲陽是「宮人」，並非皇帝的妃嬪，可能屬於「傅御之所」，所以杜仲陽最有可能是「傅母」，她對漳王有養育之恩，因此漳王比較倚重她，她在一定程度上也能利用這層親近關繫聯絡上下，影響政事，這也是左承王璠、戶部侍郎李漢誣告李德裕通過賄賂杜仲陽來巴結漳王圖謀不軌的原因之一，因爲這是一條可信的理由。

據鄭玄注《儀禮・喪服》載：「不言師保，慈母居中，服之可知也。」〔註87〕雖然《喪服》規定，子師與保母的服制應與慈母相當，可在唐代五服制度中，爲子師、保母和傅母皆無服，但卻爲乳母義服緦麻三月〔註88〕，以報乳

〔註85〕《資治通鑑・卷第二百四十五・文宗元聖昭獻孝皇帝中・太和九年（乙卯，公元八三五年）》。
〔註86〕《舊唐書・列傳第一百二十五・穆宗五子・懷懿太子湊》曰：「懷懿太子湊，穆宗第六子。少寬和溫雅，齊莊有度。長慶初，封漳王。」
〔註87〕《十三經注疏・儀禮注疏》，第 623 頁。
〔註88〕〔唐〕中敕，大唐開元禮〔M〕，北京：民族出版社，2000：626。

母哺育之恩。乳母一般是來自婢僕，而庶母爲父之妾，地位雖不同，但爲乳母服與爲庶母服的服制輕重相同，可見唐人之孝非常重視孺子在乳母之懷三年的哺育之恩，這也是爲報在父母懷三年之恩而爲父服斬衰三年、爲母服齊衰三年取三年而非其它的原因之一。

此外，還有通過婚姻關係而來的父母，妻子稱夫之父母爲舅姑或公婆，丈夫稱妻之父母爲外舅外姑或岳父岳母，此非本章重點，所以在此只略帶提及，不再展開。

第二節　「從子」

這一節主要探討在家庭關係中，當父親等其它尊長去世之後，是「夫死從子」母親聽兒子的，還是「以孝爲先」兒子聽母親的？一山無二虎，一個家庭中通常只有一個最高權威，在簡單的父母兒女的小家庭結構中，一般情況下，當父親在時，父親是理論上的最高權威，其次再按輩分、嫡庶、長幼等級明確尊卑次序，血緣關係的親疏等級和男尊女卑的性別等級從屬於以上等級，並不是單獨劃分尊卑等級的標準，比如，庶子從情感上來說更尊所生母，可理論上嫡母尊於生母，在禮法上親疏等級並不能違背嫡庶等級，可在實際中卻有所不同，又如長姊與幼弟的關係，長幼有序，幼弟需尊重長姊，而男尊女卑的觀念使得長姊也需尊重幼弟作爲家庭中男性傳承人的身份，理論上來說是一種互相尊重的和諧關係，而實際上很多時候男尊女卑的等級觀念要強過長幼有序的觀念，長幼有序更多的是指同性之間，如嫡長子尊於嫡次子。若是嫡子與庶子相比較，理論上來說，不論嫡子年齡大小，皆尊於庶子。父親角色是集諸種劃分標準中的尊者，雖有少數父親因子貴或因女貴或因妻貴或因兒媳貴，其實際地位可能並不是一家之尊，但依儒家孝道倫理次序，父親仍是理論上的最高權威。可是，當父親去世之後，兒子繼嗣承重，寡母健在，寡母作爲長輩與兒子作爲家族繼嗣者在家庭中形成了雙重權威。在這種情況下，應如何理解寡母夫死從子與長子孝順尊母在母子關係中的體現呢？

一、「從子」說有無意義？

「從子」說源於儒家經典中的「三從」說，而「三從」說最早見於《儀禮・喪服》：

　　　　女子子適人者，爲其父母、昆弟之爲父後者。傳曰：爲父何以
　　期也？婦人不貳斬也。婦人不貳斬者何也？婦人有三從之義，無專
　　用之道，故未嫁從父，既嫁從夫，夫死從子。故父者，子之天也。
　　夫者，妻之天也。婦人不貳斬者，猶曰不貳天也。婦人不能貳尊也。
　　爲昆弟之爲父後者何以亦期也？婦人雖在外，必有歸宗，曰小宗，
　　故服期也。〔註89〕

這段文字是用來說明出嫁女爲父母以及兄弟之爲父後者服的喪服制度，著重解釋了女子出嫁後爲其父要降服爲齊衰不杖期的原因。在《大唐開元禮‧卷第一百三十二‧凶禮‧五服制度》中規定，「女子子在室爲父」「女子子嫁反在父之室爲父」皆正服斬衰三年〔註90〕，「女子子適人者爲其父母」降服齊衰不杖期〔註91〕，服制明顯變輕了。爲什麼服制上有這樣的變化呢？「三從」說便從「婦人不貳斬」「不貳天」的角度對此做了解釋，在研究中發現，「未嫁從父，既嫁從夫」在實際中得到廣泛的認同，可是「夫死從子」卻影響並不大，高世瑜等學者認爲，「夫死從子」「是『三從』中最沒有意義的一項。自古雖有此說，但只是籠統言之，除了特殊情況下，既沒有人特別強調這一禮法並以此要求作爲母親的女性，在古人家庭生活中，也極少見有以這一原則行事者」〔註92〕。「從子」說果眞最無意義嗎？

　　第一個疑問，從父之時，爲父斬，從夫之時，爲夫斬，那麼從子之時，爲何不爲子斬呢？「婦人不貳斬」包含了三層意思：其一，婦人不可「貳斬」，但丈夫可「貳斬」，丈夫爲父服斬衰三年，爲長子服也斬衰三年〔註93〕，爲國君服亦斬衰三年〔註94〕，在唐代也是如此，子爲父正服斬衰三年，父爲長子加服斬衰三年，國臣爲國君義服斬衰三年〔註95〕。於家庭而言，丈夫可「貳斬」，於國家而言，丈夫可三斬。其二，婦人不可「貳斬」並不是指婦人一生只需服斬衰一次，而是要分情況討論：女子子未嫁在父室時，只爲父斬；出嫁後在夫家時，只爲夫斬，爲父期；但若婚姻有變，離婚歸父室時，只爲父

〔註89〕　《十三經注疏‧儀禮注疏》，第581頁。
〔註90〕　〔唐〕中敕，大唐開元禮〔M〕，北京：民族出版社，2000：620。
〔註91〕　同上，《大唐開元禮》，第622頁。
〔註92〕　高世瑜，中國古代婦女家庭地位芻議——從考察「三從」之道切入〔J〕，婦
　　　　　女研究論叢，1996（3）：33～37。
〔註93〕　《十三經注疏‧儀禮注疏》，第554頁。
〔註94〕　《十三經注疏‧儀禮注疏》，第553頁。
〔註95〕　同上，《大唐開元禮》，第620頁。

斬，爲前夫無服；夫卒返在父之室時，爲夫斬服期滿後才可返父室，返父室後也要爲父斬；婦人也需爲國君斬。不管在什麼情況下，理論上婦人皆有「貳斬」，爲君斬，爲父或夫斬，然而在此處說婦人「不貳斬」，意思是指婦人主內無外事，僅限於家庭中討論，於家庭而言，婦人無「貳斬」，爲父或夫二者之一斬，而爲國君斬是「從人之所從」，從父或夫爲國君服。其三，在家庭中，「婦人不貳斬」的意思還包括婦人雖夫死從子卻不爲子斬。在五服制度中，父爲長子加服斬衰三年，而母爲長子義服齊衰三年〔註 96〕，父爲長子斬而母不爲長子斬，母親爲長子的服制比父親要輕，這並不是因爲丈夫可「貳斬」而婦人不可「貳斬」，而是因爲父母爲長子的服制不能超過長子爲父母的服制。一般而言，父母爲眾子正服齊衰不杖期〔註 97〕，可因爲長子是承宗之正體，是將所傳重的尊者，所以爲長子的服制要比其它兒子重，不過長子雖是「正體於上」之尊者，但是於父母而言終是晚輩，在服制上不能本末倒置，同爲尊者，最多只能持平，因此，長子爲父斬衰三年，所以父爲長子斬衰三年，長子爲母齊衰三年，所以母爲長子齊衰三年。爲父斬衰而爲母齊衰，是儒家父尊母卑文化的體現，並非長子對父母之情之親疏的體現，依鄭玄等人的解釋推理，若長子爲母斬衰三年，那麼母亦爲長子斬衰三年，婦人也可「貳斬」。研究婦人是否爲子斬，最終是爲了說明婦人與父、夫、子三者間的關係，因爲唐律常用五服制度的輕重表現人與人之間的親疏等級，從上推理可知，在婦人人生的不同階段，父、夫、子分別是每個階段最爲重要的人，那麼「從父」說、「從夫」說能得到廣泛認同，唯獨「從子」說被忽略了呢？這就涉及到下一個疑問。

第二個疑問，從父之時，父是天，從夫之時，夫是天，那麼從子之時，爲何不說子是天呢？《儀禮・喪服》曰：「婦人不貳斬者，猶曰不貳天也。婦人不能貳尊也。」這段話將「不貳斬」與「不貳天」「不能貳尊」類比，君至尊也，臣之天也，所以臣爲君斬；父至尊也，子（包括男女）之天也，所以子女在父室時爲父斬；夫至尊也，婦之天也，所以婦爲夫斬。因爲君、父、夫如天一般尊貴，所以爲其服配以最高服制斬衰三年，但是在提到丈夫爲君爲父爲長子斬時，並沒有用「天」做類比，只有在子爲父斬和婦人爲父或夫斬時才用「天」做類比。此段話暗含的邏輯是，如同「不貳天」一樣，

〔註96〕同上，《大唐開元禮》，第 621 頁。
〔註97〕同上，《大唐開元禮》，第 622 頁。

婦人「不貳斬」，意思是說人只有一個「天」，沒有兩個「天」（這符合當時甚至是現在一般人的認知水平，人們處在同一片天空之下），如同人不能有兩個「天」一樣，婦人不能同時有「貳尊」，而爲至尊者服斬，因此婦人也「不貳斬」，這也是支撐一臣不侍二君、一女不事二夫、一妻一夫等道理的邏輯所在，這樣類比，似乎並無不妥，在家庭生活中，婦人的某一階段，只能有一個至尊，並非整個生命歷程不能有「貳尊」，君死臣可以更侍新君，夫死婦可以再醮他夫，從一而終，並非終婦人一生，而可以理解爲終丈夫一生，沒必要「一與之齊，終身不改，故夫死不嫁」〔註98〕。但是丈夫、婦人皆無「貳天」，爲什麼丈夫可「貳斬」而婦人不可呢？在夫家，丈夫爲父爲長子服斬衰：父爲丈夫之至尊，可並非婦之至尊，因爲舅姑與婦本是路人，婦與其子判合才從服而已，所以丈夫爲父服斬衰三年，而婦爲舅姑只服齊衰不杖期，婦爲舅姑服制比丈夫爲其父母服制輕；父雖爲長子服斬衰，並非指父在家庭中有「貳尊」，唐人賈公彥疏曰：「長子非尊極」〔註99〕，長子並非至尊，丈夫只是尊其爲傳重者才爲之服斬衰，非至尊便不合適以「天」做類比，所以在家庭中，丈夫雖有「貳斬」，卻並無「貳尊」，也無「貳天」。因此，婦人雖夫死從子，在理論上仍不可以說以子爲天。說到婦人時，提到「天」之說，是爲了強調婦人對「天」的依附性，總是有所「從」，婦人要從他人之教令，不能成爲自己的主人，這與丈夫以父以君爲天爲歸屬的社會性是不同的。

　　如果子並非寡母之天，那麼父卒夫死之後，難道婦人就無「天」了嗎？是「天」塌了？還是說婦人終於從依附性關係中解脫了？在《舊唐書‧列傳一百四十三‧列女》中有這樣的例子：樊會仁的母親敬像子說：「吾不幸孀居，誓與汝父同穴。所以不死者，徒以我母羸老，汝身幼弱」，在丈夫死後，她本想與丈夫一起死去，只是念及母老兒幼，不可輕生，但在父母夫子皆亡後，她又說：「吾老母不幸，又夫死子亡，義無久活」，似乎天塌了，她失去了生命的支撐和獨自活下去的意義，號慟不食，數日而死〔註100〕；樊彥琛妻魏氏，在丈夫病重時說：「同入黃泉，是其願也」，願意與丈夫相從而死，可丈夫勸她活下去好好照顧他們的孩子，後來被亂賊俘獲，她又說：「我夫不幸亡歿，

〔註98〕《十三經注疏‧禮記正義》，第814頁。
〔註99〕《十三經注疏‧儀禮注疏》，第554頁。
〔註100〕《舊唐書‧列傳一百四十三‧列女‧樊會仁母敬氏》。

未能自盡，苟復偷生」，仍表示了丈夫死後，她應自盡殉情之意，並認爲「今得速死，會我本志」，死去正是她本來的意願。在她們的意識深處，似乎丈夫死了天就塌了，理應與丈夫同生共死，只是因爲其它義務未盡才苟延殘喘，可是「夫死從子」說並不鼓勵這種以死殉情的夫婦道義，爲寡母指出了一條活路，孤兒寡母相互依靠支撐起將塌之天。然而，儒家文化並沒有爲女性準備一條獨立存在的長生之道，它所主張的女性價值是依附性的，不提倡女性的獨立價值，女性的生命意義似乎只在從父從夫從子，一旦生活中沒了主宰，便失去了方向和生活的動力，她們便不復求生。可是，輕生卻是背離儒家文化的，非仁義之舉地傷害身體髮膚以至生命是有違孝道的。父卒夫死子亡雖然容易讓婦人情感上認爲「天」塌了，實則「天」並沒有塌，那麼「天」在哪裏呢？

儒家倫理文化之「三綱」（「君爲臣綱」「父爲子綱」「夫爲妻綱」）的定名定位是以孝道爲基礎的，君爲臣天、父爲子天、夫爲妻天也是以孝道爲基礎的，那麼孝子應該如何侍「天」呢？曾子認爲，孝子之孝，「非終父母之身」，並非父母死後就可以不守孝道了，而是「終其孝子之身也」，意思是即使父母死後，孝子也要終身行孝道，與父母親在世時一樣，居喪祭祀等就是孝子們對往生之人的孝心的一種寄託。因此父親死後，孝子之「天」並非沒有了，子若孝，終其一生皆尊父爲天，不論父存或亡，這個「天」一直都存在於孝子之心中。於婦人而言亦是如此，只不過夫妻本是路人，夫妻之情不同於父子之骨血親情，「父一也，人盡可夫」，如果以一種開放的思維解讀這句話，婦人有再嫁之自由，即使一夫已死，還可有二夫三夫，婦人之「天」不僅可存在於婦人心中，現實中也可換人換天，不至於有「天」塌之日。而從另一方面來考察，父天、夫天像壓在婦人頭上的兩座大山，讓女性在父權、夫權制度下很難有翻身之日，而一旦這「天」塌了，女性也就從這兩座大山中得到了解脫，寡母成爲了家中的尊者和權威。所以在父亡夫死之後，寡母擁有了雙重身份：一種是「從子」型的依附人格，一種是當家做主的母權人格。寡母身份的雙重性是理解母親人格的重要因素，而寡母如何演繹得體這雙重身份便是人們對理想中的母親人格的期待。

二、「從子」之體現

夫死從子，婦人之「從子」主要體現在三個方面。

（一）從子教令

《禮記・郊特牲》曰：「婦人，從人者也。幼從父兄，嫁從夫，夫死從子。」鄭玄注曰：「從，謂順其教令。」〔註101〕在《儀禮・喪服》「未嫁從父，既嫁從夫，夫死從子」中注：「從者，從其教令。」〔註102〕「從其教令」表面之義是婦人以他們馬首是瞻的意思，凡事由他們做主，「從夫」是「從父」的轉移，「從子」是「從夫」的延伸，以從父從夫之道從子，三從之中有共同之道。本書第二章論及從父之道，第三章論及從夫之道，從此可知，從父從夫之道並非盲目地屈從，在順其教令之時又可諫爭，適當地伸張女性自身的意志，又因為母親與女兒、妻子相比，其相對身份地位較高，從子之道在一定程度上更能伸張母親自身的意志，因此「從子教令」之「從」與從父與從夫略有不同：

女兒從父，父尊女卑，當父行不義時，女兒應柔聲以諫並三諫而止，不主張力諫逆父顏，因為骨血關係無絕處，晚輩主動與長輩斷絕親子關係，是大不孝，而大不孝者於社會於家庭難有立錐之地，寧可與父共存亡，也不普遍宣傳棄父暗而投明或是「大義滅親」，正所謂「父為子隱，子為父隱，直在其中矣」（《論語・子路》），從父教令時，擇其善者而從之，擇其不善者而諫之，諫之不從便曲從。

妻子從夫，雖夫尊妻卑但夫妻齊體，地位相對平等，妻子有扶助夫君以成其德的權利和義務，當夫行不義時，勸諫丈夫是妻子的權利，丈夫理應聽取妻子的建議，勸諫丈夫是妻子的義務，如果妻子沒有履行好義務，及時勸止丈夫行不義而致罪毀家，那也是妻子的失職，諫而不從，夫妻可離婚，在唐代，既有夫妻感情不和而和離者，也有丈夫犯罪之後，妻子與其義離者，妻子離婚後，無需受丈夫之罪的連累。從夫教令，與從父教令相比，更凸顯了妻子在勸諫時的分量，諫之不從則去之。

母親夫死從子，母尊而子卑，一般而言，「男不言內，女不言外」，內事子從母，外事母從子。在唐代，女子常涉外事，兒子也可就外事咨詢母親，比如《舊唐書・列傳第六十・李光弼》中的李光弼：

> 廣德初，吐蕃入寇京畿，代宗詔徵天下兵。光弼與程元振不協，遷延不至。十月，西戎犯京師，代宗幸陝。朝廷方倚光弼為援，恐成

〔註101〕《十三經注疏・禮記正義》，第815頁。
〔註102〕《十三經注疏・儀禮注疏》，第581頁。

嫌疑，數詔問其母。吐蕃退，乃除光弼東都留守，以察其去就。光弼伺知之，辭以久待敕不至，且歸徐州，欲收江淮租賦以自給。代宗還京，二年正月，遣中使往宣慰。光弼母在河中，密詔子儀與歸京師。其弟光進，與李輔國同掌禁兵，委以心膂。至是，以光進爲太子太保、兼御史大夫、涼國公、渭北節度使，上遇之益厚。〔註103〕

而與從父從夫時的勸諫相比，兒行不義時，母親不僅可以勸諫子女，還可以訓誡，甚至是在三諫不從後可與其斷絕母子關係，比如金節婦，她是安南賊帥陶齊亮的母親，陶齊亮背叛唐朝，陶母常用忠義之道教誨和勸諫陶齊亮，可陶齊亮頑固不接受，於是陶母金節婦便與兒子斷絕關係。〔註104〕

在實際生活中，不同的家庭，母親的地位與權威不同，能對成年子女仍起到有效監督和教導作用的賢母畢竟是少數，在很多家庭，尤其是夫死父亡從子而居的母親，大多是從子之教令，即使母子意見相左，也是母曲從於子。

（二）從子而居

夫死之後，寡妻的去處主要有四種情況：第一種是回父兄家居住不改嫁，如冀州女子王阿足姐妹；第二種是留在夫族居住不改嫁，如楊三安妻李氏、樊會仁母敬氏、王琳妻韋等；第三種是改嫁，有的是回父兄家後再改嫁，有的是人仍在亡夫家中，可女子之父母有權讓其改嫁；第四種是出家，唐代佛道盛行，出家人在一定程度上受到宗教特殊性的庇祐，解脫了世俗之苦。一般情況下，寡婦無子女者回父兄家者較爲普遍，唐前期，寡婦有子尚可改嫁，唐後期，唐宣宗下詔：「夫婦，教化之端。其公主、縣主有子而寡，不得復嫁。」〔註105〕自此之後，從上至下，有子之寡母改嫁者漸少。子女年幼之時，子女依靠寡母生活，若是子女成年成家之後母親才守寡，一般皆是寡母從子而居，若無兒有女，也可從女兒女婿居住。

皇帝崩後，其妃嬪的出路與一般人家不同，皇帝的妃嬪一般沒有再嫁之說，在唐代，先帝崩後，妃嬪的出路主要有三種：其一，繼任皇帝之母尊爲皇太后，從子居住在皇宮中。唐前期，一般皆由皇后之子繼任大統，可是皇后們大多早逝，僅追諡爲皇太后，如唐太宗之母高祖太穆順聖皇后竇氏、唐

〔註103〕《舊唐書·列傳第六十·李光弼》。
〔註104〕《新唐書·列傳第一百三十·列女》：「金節婦者，安南賊帥陶齊亮之母也。常以忠義誨齊亮，頑不受，遂絕之。自田而食，紡而衣，州里矜法焉。大曆初，詔賜兩丁侍養，本道使四時存問終身。」
〔註105〕《新唐書·列傳第八·諸帝公主·宣宗十一女·萬壽公主》。

高宗之母太宗文德順聖皇后長孫氏，僅武則天是在世時當了幾年皇太后，但最後還自己稱帝掌權了；唐後期，政權更替時無常道，唐玄宗、唐肅宗、唐代宗、唐德宗、唐武宗、唐懿宗、唐僖宗等皆非嫡出，其母因「母憑子貴」才被尊爲皇太后，其母隨著兒子地位的變化並不是一直居住在皇宮中，有時還會因爲戰亂流落民間不知所蹤，比如唐德宗之母代宗睿眞皇后沈氏。此外，政權更替無常道還可能導致另外一個問題，同一時期有多位太后：大和年間（唐文宗時期），同期存在三宮太后：懿安太后郭氏（唐穆宗之母，唐文宗之祖母，太皇太后）居住在興慶宮（又稱南內），寶曆太后王氏（又稱義安太后，唐敬宗之母，皇太后）居住在義安殿，唐文宗生母蕭太后（又稱積慶太后）居住在大內，多太后存在的時候，只有蕭太后與自己兒子唐文宗一起居住在皇宮大內，其它太后也居住在長安城皇宮附近，這與清朝末期同治皇帝時期慈安太后住鍾粹宮、慈禧太后住長春宮，兩宮太后同住皇宮不同。其二，親王之母，從子居住在親王府宅。唐玄宗時期，妃嬪與丈夫皇帝居住於皇宮中，而其子女別宅而居，在皇宮外另建府邸供皇子皇女集中居住（比如「十王宅」「五王宅」等），由太監宮女負責他們的飲食起居，丈夫皇帝崩後，有子女的妃嬪可以從子女而居住在他們的府宅。其三，出家或守陵或自盡殉葬。皇帝的妃嬪若無子女，不同於普通人家的寡婦，不能改嫁或是返回娘家，必須終身爲皇家服務，如唐太宗的才人武媚娘在太宗崩後削髮爲尼入感業寺，唐武宗賢妃王氏在武宗病危將崩之時自盡殉葬。在社會養老制度尚未建立的當時，「養兒防老」對於沒有獨立經濟能力的寡母來說尤爲重要。

（三）從子之爵

《禮記・郊特牲》曰：「婦人無爵，從夫之爵，坐以夫之齒。」〔註106〕這是指從夫之爵，意思是指丈夫爲大夫，那麼嫡妻則爲命婦，在唐代，婦人不僅可從父之爵，也可從夫之爵，還可從子之爵，母親可因兒子或女兒顯貴而獲得封號，比如《舊唐書・志第二十三・職官二》曰：

> 凡外命婦之制，皇之姑，封大長公主，皇姊妹，封長公主，皇女，封公主，皆視正一品。皇太子之女，封郡主，視從一品。王之女，封縣主，視正二品。王母妻，爲妃。一品及國公母妻，爲國夫

〔註106〕《十三經注疏・禮記正義》，第 815 頁。

人。三品已上母妻，爲郡夫人。四品母妻，爲郡君。五品若勳官，三品有封，母妻爲縣君。散官並同職事。勳官四品有封，母妻爲鄉君。其母邑號，皆加「太」字，各視其夫、子之品。若兩有官爵者，從其高。若內命婦，一品之母，爲正四品郡君；二品之母，爲從四品郡君；三品四品之母，並爲正五品縣君。凡婦人，不因夫及子而別加邑號，夫人云某品夫人，郡君爲某品郡君，縣君、鄉君亦然。

凡庶子，有五品已上官，皆封嫡母。無嫡母，封所生母。〔註107〕

在外命婦制度中，公主、郡主、縣主是從父之爵，國夫人、郡夫人、郡君、縣君、鄉君是從夫之爵，而國太夫人、郡太夫人、郡太君、縣太君、鄉太君則是從子之爵。在內命婦制度中，女兒被選在君王側，身份顯貴，母親還可以從女兒之爵，雖規定「一品之母，爲正四品郡君」，但實際中常因一品之妃是受皇帝寵遇之女，所以封賞也會不按常理，比如楊貴妃，唐玄宗封她的母親爲「涼國夫人」，爲一品，還封她的三個姐姐爲韓國夫人、虢國夫人、秦國夫人，也爲一品，都沒有按照禮法加封。

母親從子之爵是「母以子貴」，《春秋公羊傳·隱公元年》曰：「立嫡以長不以賢，立子以貴不以長」，所以才有「子以母貴，母以子貴」〔註108〕，使母子榮辱一體。唐代皇室王位繼承人身份也大體按照此原則選定的，比如唐玄宗的皇位繼承人問題，因爲唐玄宗的皇后王氏無親生子，皇子都是庶出，所以「子以母貴」，太子的廢立與其母的地位與受寵幸程度有關，玄宗即位後，后妃中前四位的尊卑排序爲王皇后（玄宗第三子肅宗李亨之嫡母兼養母）、武惠妃（玄宗第十八子壽王李瑁之生母）、趙麗妃（玄宗次子李瑛之生母）、劉華妃（玄宗長子李琮之生母），前期因寵幸趙麗妃，所以將其子李瑛立爲皇太子（715 年），後來玄宗開始寵幸武惠妃，趙麗妃失寵，武惠妃想將自己的兒子壽王李瑁扶上太子之位，期望兒子繼承大統之後自己就可榮爲皇太后，於是陷害太子李瑛，737 年太子李瑛被廢黜並賜死，可是武惠妃不久也去世了，還未來得及謀劃立壽王李瑁爲太子，母親死後，壽王李瑁失勢，738 年忠王李亨被立爲皇太子，因爲李亨生母楊氏（薨於 729 年）地位較低，且占卜者說不宜親自撫養，所以李亨出生後就交由王皇后撫養，王皇后視爲己出，雖然改立太子之時，王皇后已死（薨於 724 年），但「後宮思慕之，帝亦悔」，估計玄宗仍念及與王皇后的

〔註107〕《舊唐書·志第二十三·職官二》。
〔註108〕《十三經注疏·春秋公羊傳》，第13頁。

情分〔註109〕，立其養子李亨爲太子，而李琮，雖身爲長子，可在兩次選立太子時都未入選，其中一部份原因是因爲其生母劉華妃在諸妃中位置靠後，不如皇后、惠妃、麗妃尊貴，堅持「立子以貴不以長」的原則。當然除了這條原則之外，立太子與各皇子的心計較量以及他們背後勢力的努力是分不開的。肅宗李亨即位之後，其生母楊氏「母以子貴」，被迫淪爲太上皇的唐玄宗追冊她爲「元獻太后」，在唐代後期，庶子繼承皇位的例子很多，不管其母親地位多麼卑微，一旦兒子成了皇帝，兒子都會想法設法追冊自己的生母爲太后，使其享受帝母的尊榮。僅從功利的角度考慮，母從子爵說明母親能成教育子女中獲利，這也激勵了母親在母教以及助子成才的過程中發揮積極作用。

第三節　訓　子

上一節著重探討的是母親人格雙重性中的「從子」依附性，這一節著重討論母親作爲尊長可以訓子的權威性。因爲諸母與子女之間的親疏等級不同，社會對諸母人格期待不同，子女對諸母的期待也不同，諸母對自身角色定位亦不同。子女與諸母的親疏等級是參考生母的標準制定的，若將現實母親人格的諸多不同也應反映在對理想人格的期待之中，那麼理想的非所生母人格模型也可以理想的生母人格爲參照，當宣揚非所生母關心孩子時，多是以「視如己出」來表示，人們仍是期望諸母對待子女能突破骨血聯繫的局限性，從仁義的道德高度突破自身的情感障礙，實現大愛無私。此外，兩《書唐》中記載的正面母親人格多以生母爲例，非所生母若能表現出生母般的慈愛之情，甚或是超過親生母子之情時（如棄子養他），更能爲史官所書寫。從兩《書唐》的書寫中可以看出，理想的母親人格並不只是單一的付出型慈母，還有大量的監督型嚴母，可見，理想的母親是恩威並施的。

一、養不教，誰之過？

傳誦至今的《三字經》開篇有段話：「人之初，性本善。性相近，習相遠。苟不教，性乃遷。教之道，貴以專。昔孟母，擇鄰處，子不學，斷機杼。竇

〔註109〕玄宗廢後王皇后是位賢能的皇后，「將清內難，預大計」，在玄宗爲臨淄王起兵討伐韋氏之禍時，能出謀劃策，借助本家父親之力，協助丈夫，還能「撫下素有恩，終無肯譖短者」，只不過無法承受丈夫的變心，最終被廢，抑鬱而死。（《新唐書·列傳第一·后妃上·玄宗廢後王氏》）

燕山，有義方，教五子，名俱揚。養不教，父之過。」孟子等認爲人性本善，但也需「盡心」「存心」「養性」將「四端」「擴而充之」才可「立命」〔註110〕；荀子等認爲人性本惡，需「化性起僞」才可成就「聖人之名」〔註111〕；告子等認爲人性本無善無不善，「性猶湍水也，決諸東方則東流，決諸西方則西流」，「文、武興則民好善，幽、厲興則民好暴」（《孟子·告子上》），這與17世紀英國哲學家約翰·洛克的「白板說」意思相近，認爲人出生時像白板一樣無善無惡，善惡取決於其所受後天經驗影響，感善則善，感惡則惡；世碩、揚雄等認爲人性有善有不善，「人之性也，善惡混，修其善則爲善人，修其惡則爲惡人」（揚雄《法言·修身》），人性中善惡皆有，修善則善，修惡則惡。在唐代，儒釋道三教合一，多種人性觀皆有存在，不管持怎樣的人性觀，他們都強調後天影響對先天條件的改變。那麼，後天影響從何時開始的呢？後天影響不只是指出生後所受的環境和教育影響，還包括在孕育過程中所受的影響。在諸多的後天影響因素中，父母對子女的教育往往影響著子女們的一生，在子女的教養問題上，父母的職責分工略有不同，《三字經》中說「養不教，父之過」，似乎只強調母親在養育子女過程中的功勞，把教育的重責交給了父親，忽視了母教的重要性。其實不然，母親對子女的影響要早於父親，從胎教開始，此外，在子女幼年時期，母親與子女朝夕相處的過程中言傳身教，對子女的影響不亞於父親，尤其在父亡之後，寡母身兼父職，同時承擔著教養之責，母親對子女的影響至關重要。

（一）胎教：「感善則善」

胎教思想歷史悠久，據劉向《列女傳》記載，殷周時期，周文王的母親太任在她懷孕的時候，特別注重胎教，「目不視惡色，耳不聽淫聲，口不出敖言」（《列女傳·周室三母》），所以周文王一出生就特別聰明，母親太任教一件事，他能舉一反三知道一百件事。

胎教思想的源起始於古人的「正本」「慎始」觀念，其目的是爲了優生優育。西漢賈誼認爲，母體是胎兒之「本」和「始」，所以胎教要從慎重擇偶開始。爲了達到「正本」「慎始」優生優育的目的，第一，提倡「同姓不婚」，

〔註110〕《孟子·盡心上》：「盡其心者，知其性也。知其性，則知天矣。存其心，養其性，所以事天也。夭壽不貳，修身以俟之，所以立命也。」
〔註111〕《荀子·性惡》：「性者，本始材樸也。僞者，文理隆盛也。無性則僞之無所加，無僞則性不能自美。性僞合，然後成聖人之名，一天下之功於是就也。」

那時就已經意識到了近親結婚不利於優生優育；第二，注重彼此的家庭與家教情況，已然意識到幼年的成長環境對一個人心理的影響，並認爲這種影響有可能遺傳到下一代。在唐代，「同姓不婚」「當色爲婚」等規定在某種程度上也是爲了優生優育，將父母的社會地位、成長環境等綜合納入遺傳因素中，俗話說「龍生龍鳳生鳳，老鼠的兒子會打洞」，門當戶對以確保優優結合，後代能更上一層樓。

　　賈誼在《賈誼新書·胎教》中還對孕婦的「食譜」提出了要求，認爲「所求滋味者非正味，則太宰荷斗而不敢煎調」，孕婦不僅要注意營養均衡促使胎兒健康成長，但味不正不食，不能亂吃稀奇古怪的東西，一味地追求進補各種奇特的微量元素。

　　西晉張華在《博物志》中也記載了胎教之法，他認爲「古者婦人妊娠，必愼所感，感於善則善，惡則惡矣」，所以「婦人妊娠，不欲令見醜惡物，異類鳥獸」，這一點，現代人部份地繼承了，我們常見準備懷孕和已經懷孕的人家，到處張貼漂亮的寶寶照片，相信多看看「美善物」利於優生優育；他還認爲孕婦應「聽誦詩書諷詠之音」，而現代人所理解的胎教大多都局限於購買胎教音樂讓胎兒和孕婦聽，而忽視了母親誦讀以助胎教的方法。《博物志》中還有一些說法，並不科學，甚至有點迷信的成分，張華認爲，新生兒出現兔唇，是因爲妊娠者看到了兔子或是吃了兔肉；新生兒出現多指的現象，是因爲吃了生薑。這種不科學的觀念在很多地方仍然存在。胎教到底可不科學，重不重要，張華在《博物志》中也表明了自己的疑惑，「《異說》云：瞽叟夫婦凶頑而生舜。叔梁紇，淫夫也，徵在，失行也，加又野合而生仲尼焉。其在有胎教也？」第一個反例是舜，舜帝的生父與繼母百般刁難陷害他，可見舜的成長環境並不善，按胎教決定起跑線之理，舜應該難以成爲聖王，但歷史記載中並沒有提及舜的生母的德行，所以這個例子用來質疑胎教的科學性並不恰當；第二個反例是孔子，用現代的話來說，孔子是私生子，名不正言不順，應該難以成爲聖人，可是在春秋戰國時期，禮法約束並沒有後來嚴苛，「野合而生」也是被社會認可的，孔子的父親並不算「淫夫」，母親也不能說是違背禮法「失行」，而且受孕的時間地點並不能推翻懷胎十月過程中的胎教努力，所以，既不能用孔子的出身來否認孔子的思想，也不能用此例子來否認胎教的可行性。此外，一個人最終的成就，母親胎教的因素只占一小部份，關鍵還在自身後天的努力。

　　唐代著名才女侯莫陳邈之妻鄭氏在《女孝經》一書中專列一章講胎教的重要性，她認爲，「人受五常之理，生而有性習也，感善則善，感惡則惡」，「性習」是生來就有的，持性有善亦有惡論，而這「性習」是胎兒在母體孕育時形成的，「感善則善，感惡則惡」，所以懷孕期間的胎教對人性的影響很關鍵，要「寢不側，坐不邊，立不跛，不食邪味，不履左道，割不正不食，席不正不坐，目不視惡色，耳不聽靡聲，口不出傲言，手不執邪器，夜則誦經書，朝則講禮樂」，這樣的話，生出的小孩才能「形容端正，才德過人」（《女孝經・胎教章第十六》），才能佔據先天優勢，趨善避惡。性因爲有善有惡，學習、教育、修身等才顯得更有意義，但是性之善惡並非「感善則善，感惡則惡」這般簡單，唐人韓愈提出了質疑：

> 叔魚之生也，其母視之，知其必以賄死；楊食我之生也，叔嚮之母聞其號也，知必滅其宗；越椒之生也，子文以爲大戚，知若敖氏之鬼不食也：人之性果善乎？后稷之生也，其母無災，其始匍匐也，則岐岐然、嶷嶷然；文王之在母也，母不憂，既生也，傅不勤，既學也，師不煩：人之性果惡乎？堯之朱、舜之均、文王之管蔡，習非不善也，而卒爲姦；瞽瞍之舜、鯀之禹，習非不惡也，而卒爲聖：人之性善惡果混乎？〔註112〕

韓愈帶著這樣的疑問在《原性》一文中提出性情三品說：

> 性也者，與生俱生也；情也者，接於物而生也。性之品有三，而其所以爲性者五；情之品有三，而其所以爲情者七。曰何也？曰：性之品有上中下三。上焉者，善焉而已矣；中焉者，可導而上下也；下焉者，惡焉而已矣。其所以爲性者五：曰仁、曰禮、曰信、曰義、曰智。上焉者之於五也，主於一而行於四；中焉者之於五也，一不少有焉，則少反焉，其於四也混；下焉者之於五也，反於一而悖於四。性之於情視其品。情之品有上中下三，其所以爲情者七：曰喜、曰怒、曰哀、曰懼、曰愛、曰惡、曰欲。上焉者之於七也，動而處其中；中焉者之於七也，有所甚，有所亡，然而求合其中者也；下焉者之於七也，亡與甚，直情而行者也。情之於性視其品。〔註113〕

〔註112〕〔唐〕韓愈撰，馬其昶校注，韓昌黎文集校注〔M〕，上海：上海古籍出版社，1986：21～22。

〔註113〕〔唐〕韓愈撰，馬其昶校注，韓昌黎文集校注〔M〕，上海：上海古籍出版社，1986：20。

韓愈繼承孔孟人性觀，發展了董仲舒的「性三品說」，區別了「性」與「情」之不同，性有三品，情亦有三品，他從人性論出發，通過分析性情，衡量人心善惡標準，弘揚儒家行為規範，推進儒學仁義道德教化過程，試圖依靠倫理道德力量協調人際關係，從人性上尋找拯救社會的本質依據。

與傳統胎教之法相比，現代胎教從遺傳角度考慮擇偶問題時，強調貌美而非德美，並且認為兩性地域和種族差異越大，越有可能利於生出優異的後代，此點發展了傳統的擇偶觀念；在懷孕期間，更注重胎兒的營養和與聽覺相關的潛能拓展，雖然意識到了胎兒能感受到母體的情緒，孕婦不宜常生氣，宜保持良好的心情，但並沒有更積極深入地利用胎兒與母體的相互感應為進一步地胎教努力，傳統胎教則深刻地意識到了胎兒與母體、與外在環境的相互感應，「感善則善，感惡則惡」，更注重孕婦的德行對胎兒造成的潛在影響。

不管是古之胎教，還是今之胎教，父親除了提供基因和間接的生活輔助外，在整個胎教過程中，作用甚微，而母體卻是胎兒與外界相聯繫的至關重要的媒介，因此說，在胎教階段，母親的舉止德行對胎兒產生更為直接的影響，母親作用重於父親。

（二）母教：「教之以義方」

嬰兒出生離開母體之後，便與外界諸因素產生了直接聯繫，其中既有環境的因素，也有人的因素。孔子曰：「性相近也，習相遠也」（《論語・陽貨》），人剛出生時，大多數人差別並不大，當然「上知」與「下愚」除外，這也符合現代基因學規律，但上智下愚畢竟是少數。孔子認為，「唯上知與下愚不移」（《論語・陽貨》），但以孔子之賢，他自知「我非生而知之者，好古，敏以求之者也」，「三人行，必有我師焉：擇其善者而從之，其不善者而改之」（《論語・述而》），他自稱並非上智之人，敏而好學而已；以孟子之賢，猶隨俗隨教而移，習於善則善，習於惡則惡，所以才有孟母三遷的千古佳話。大多數人如孔孟一般是中民，受外在習染而有善惡，而孩子受父母潛移默化影響至深。那麼母親在子女的教育問題上應如何作為呢？

世之賢母，莫過於孟母，孟母被推崇為賢母的典範。《三字經》中「昔孟母，擇鄰處，子不學，斷機杼」講的是「孟母教子」的故事，孟子三歲喪父，與孟母孤兒寡母相依為命生活，孟母對兒子的愛慈中有嚴，「孟母教子」的故事主要從三個方面敘述了孟母對孟子成才的積極影響。

　　第一，孟母三遷，母親應善察，爲子女健康成長創造環境條件。孟子家最初住在墓地旁邊，孟子便模仿玩起辦理喪事的遊戲，於是孟母遷至市集旁邊去住，孟子變學起商人做生意的樣子，孟母認爲這兩種環境都不適合孟子成長爲君子聖賢，於是他們又搬到學校附近，孟子開始變得守秩序、懂禮貌、喜歡讀書，孟母才決定定居下來。孩子的模仿能力很強，沒有鮮明的善惡是非觀念，容易受環境的影響，近朱者赤近墨者黑。孟母及時發現了兒子的變化，便想出了應對之策，孟母非常重視環境對孩子的薰陶影響，爲孩子選擇良好的家庭居住環境。現代很多父母也如孟母一般，不惜重金甚至背負房貸，爲子女在教育質量較好的學校附近購買學區房，幾換居住環境，甚至爲了孩子高考，不惜打破社會規則，改變子女戶籍，爭取丁點優勢。然而大多數父母並沒有這樣的經濟實力和條件，沒有足夠的金錢改變戶口搬遷到宜教環境，也沒有足夠的金錢一次次地搬家重新落戶，也沒法因爲頻繁搬家而調換工作，現實中更多的情況是孩子隨著父母的經濟條件而居住，很多父母心有餘而力不足，許多客觀因素使父母無法更多地爲孩子考慮。在唐代，經濟因素也會制約著父母，但是不管現實條件多麼艱難，若有心，總能爲子女做點什麼，比如元稹的母親〔註 114〕，元母守寡後，家貧無力供元稹去學校上學，可元稹又特別想讀書識字，於是元母就自己親自教授元稹，因此元稹才能 15歲科舉擢第，才可有後來文學上的成就。母子的美名是相互成就的，「子以母貴，母以子貴」，子以母顯，沒有賢母的諄諄教誨而能自學成才者爲少數，也就是說沒有孟母、元母這等賢母，也無孟子、元稹這等賢子，正所謂蓋以世少賢人，皆因世少賢母。當然，現實中很多有才學的母親親自教授子女，但子女能有成就以顯父母的卻並不多，所以說母以子顯，是元稹的成就使得元母在史書中留下美名，是孟子的功德使得孟母流芳百世。

　　第二，斷織督學，母親應善教，教以義方，引導子女走上正道。孟子年少爲學之時，並沒有治國平天下的理想抱負，爲學日懶，停滯不前。細心的孟母從孟子慵懶的回答中感覺出了孟子的學習心態，拿起剪刀將正在織的布剪斷，以此教育孟子學習像織布一樣不能半途而廢的道理。現代家庭，父母

〔註114〕《舊唐書·列傳第一百一十六·元稹》：元稹「八歲喪父，家貧無業。母兄乞丐以供資養。衣不布體，食不充腸。幼學之年，不蒙師訓。因感鄰里兒稚有父兄爲開學校，涕咽發憤，願知《詩》《書》。慈母哀臣，親爲教授。年十有五，得明經出身，由是苦心爲文，夙夜強學。」

大多都忙於各自的工作，有的將孩子交給家裏的老人或保姆撫養，無法及時發現孩子在學習上的問題，等意識到問題的嚴重性時，孩子已經不聽父母管教了；有的父母放棄自己的事業專心教育孩子，可是有的孩子卻並不像孟子一般敬畏父母，並不會因爲父母的發怒而畏懼以致改過從此「旦夕勤學不息」，父母在孩子面前沒有威信，最後妥協的是心慈的父母，「孝子」演變成了父母孝順子女；有的父母把對孩子的早期家教簡單地理解爲勉學，有些人高薪聘請專人來家教育孩子，主要是學業上的輔導，是課堂外學校教育的補充形式，有些父母則認爲家教是父母督促子女完成課程任務，還有些人則認爲家教只作用於孩子還依賴於父母的階段，成人獨立之後不再是具有權威性的家教訓誨，而是平等協商，孩子可聽可不聽。那麼，從傳統意義而言，母親在家教中應教些什麼內容呢？

> 《左傳・隱公三年》曰：「石碏諫曰：『臣聞愛子教之以義方，弗納於邪。驕、奢、淫、泆，所自邪也。四者之來，寵祿過也。……夫寵而不驕，驕而能降，降而不憾，憾而能眕者，鮮矣。且夫賤妨貴，少陵長，遠間親，新間舊，小加大，淫破義，所謂六逆也。君義，臣行，父慈，子孝，兄愛，弟敬，所謂六順也。去順效逆，所以速禍也。」〔註115〕

這是衛國大夫石碏規勸衛莊公之言，他提出，愛護子女就應當用做人的正道加以教導，不讓他們走上邪路，不應當容許他們有不正當的要求與行爲，子女驕奢淫逸等諸種惡行皆是因爲父母對子女寵溺過度、教育不善引起的，父母愛子女就應教六順防六逆。唐代宋若昭姐妹所著《女論語・訓男女》中特意指出了母親在教育子女問題上的職責，曰：

> 大抵人家，皆有男女。年已長成，教之有序，訓誨之權，亦在於母。男入書堂，請延師傅。習學禮義，吟詩作賦，尊敬師儒，束脩酒脯。女處閨門，少令出戶。喚來便來，喚去便去。稍有不從，當加叱怒。朝暮訓誨，各勤事務。掃地燒香，紉麻緝苧。若在人前，教他禮數。莫縱嬌癡，恐他啼怒。莫從跳梁，恐他輕侮。莫縱歌詞，恐他淫污，莫縱遊行，恐他惡事。堪笑今人，不能爲主。男不知書，聽其弄齒，鬥鬧貪杯，謳歌習舞。官府不憂，家鄉不顧。女不知禮，強梁言語。不識尊卑，不能針指。辱及尊親，有沾父母，如此之人，

〔註115〕《十三經注疏・春秋左傳正義》，第80～81頁。

　　養豬養鼠。〔註116〕

文中明確指出，子女教育，「訓誨之權，亦在於母」，母親在教育兒子與女兒時，側重點應有所不同，但都強調知禮數，重德育。在唐代，太宗文德順聖皇后長孫氏不僅是一代賢后，也是一代賢母，長孫皇后並沒有因爲太子地位尊貴而縱容他，而是教他立德，教育他「爲太子，所患德不立而名不揚，何憂少於器物也」〔註117〕，不能玩物喪志。

　　第三，勸止出妻，母親應善諫，曉之以理，規勸子女少行不義。西漢韓嬰在《韓詩外傳》中記載，孟子突然進入妻子的房間，看見妻子衣衫不整，於是對母親說：「婦無禮，請去之。」孟母曉之以理，訓斥孟子說：「乃汝無禮也！禮不云乎：『將上堂，聲必揚；將入戶，視必下。』不掩人不備也。」從此孟子打消了休妻的念頭，避免了孟子因爲不當理由休錯了妻。有理無理，與每人所站的角度、所持的觀念相關，孔子說「三人行必有我師」，一個人思考容易偏激，即使是亞聖孟子也有思考不周全之時，善諫的母親能在恰當的時候爲子女提供另一種思考的角度。比如李佘的母親很有見識，在李佘任監察御史時，李佘母有次去取官俸米，稱量了三斛卻還有剩餘，比既定的官俸米要多，於是李佘母向屬吏詢問原因，屬吏告訴她，御史的米，不限量，李佘母又問米的運費多少，屬吏說御史是不付運費的。李佘母見微知著，察知了這其中的「潛規則」，命令把多餘的米退回，並又支付了運費，還斥責兒子李佘默認這種「潛規則」存在之罪。李佘受教彈劾了倉官，並向其它御史解釋彈劾的緣由，其它御史知道李佘及其母的節行之後，都有慚愧之色。〔註118〕母之善諫，如妻之善諫，需要女性自身識大體，有見識，所以賢妻、賢母大多善諫，而不是盲從，她們皆是男性的內助之人，而能成長爲賢妻、賢母，必也是從爲女之時受到良好家教培養而成。所以說，女性的素質水平，不僅關涉到她這一代人，更關涉到她的下一代、下下代等數代人的素質，因此爲

〔註116〕 《女論語第八·訓男女》。
〔註117〕 《舊唐書·列傳第一·后妃上·太宗文德順聖皇后長孫氏》：「太子承乾乳母遂安夫人常白后曰：『東宮器用闕少，欲有奏請。』后不聽，曰：『爲太子，所患德不立而名不揚，何憂少於器物也！』」
〔註118〕 《新唐書·列傳第一百三十·列女·李佘母》：「李佘母者，失其氏。有淵識。佘爲監察御史，得稟米，量之三斛而贏，問於史，曰：『御史米，不概也。』又問車庸有幾，曰：『御史不償也。』母怒，敕歸餘米，償其庸，因切責佘。佘劾倉官，自言狀，諸御史聞之，有慚色。」

了人類社會的發展進步，應全面綜合提高女性素質水平。

在《三字經》中，「孟母教子」的故事強調母親在家教中的作用，竇燕山教五子的故事是強調父親在家教中的作用，北齊顏之推的《顏氏家訓》一書，他從自身經驗出發，眞切地感受到父教在子女的成長過程中發揮著巨大的作用，是母親、兄弟、老師等其它人不可替代的，而且父親的自身素質很大程度上影響著子女的素質，正如孔子說的「其身正，不令而行，其身不正，雖令不從」。父母皆有訓誨子女的權利和責任，子養不教，既是父之過，也是母之過，尤其在寡母持家的單親家庭中，母教顯得尤爲重要。與現代勉學式的家庭教育相比，傳統的家教，既注重知識的傳遞，更重要的是人生經驗的交流、家風的傳承，更注重的德育。

二、教誠之威

與古代社會認爲「養不教，父之過」認識不同，現代社會，人們常認爲，教育孩子是母親的責任，因爲在社會競爭壓力這麼大的情況下，父親要忙於工作賺錢，無暇或無心顧及教育孩子，許多父親也認爲，身爲男性，出去打拼賺錢給妻兒創造殷實的物質條件才是硬道理，而且有些女性在工作家庭無法兼顧的時候，選擇了放棄工作回到家庭，還有些家庭，因爲婚姻變故，父教缺失嚴重，所以在自覺不自覺中，很多家庭的子女教育問題都落到了母親身上。出席孩子家長會的大多是母親，孩子在學校搗蛋請家長出席的是母親，孩子學習成績不好，父親會責備母親教育督促失職，孩子不懂禮數，旁人會責備母親太過寵溺沒教育好，女孩沒安全感，男孩像「僞娘」……很多心理專家認爲，父教缺失爲家庭教育埋下了巨大的隱患，會造成孩子身心不健全，似乎孩子出現的大多數問題都可歸罪爲「父教缺失」而母教無能。難道父教缺失，母親就無法教育出健康出色的孩子了嗎？

之所以有這樣的疑問，是因爲社會對母親職能仍存在很深的偏見，認爲女不如男，母不如父，陰柔陽剛，母親很難獨立培養出孩子陽剛果敢的性格氣質。然而，歷朝歷代，很多知名成功人士皆是由寡母養育成人的，在教育孩子問題上，母親的能力可以並不弱於父親，子女也會遵從母親的教子權威。在上文中，提到了一個很重要的問題，當時並沒有展開討論，那就是孩子爲什麼會遵從於父母的權威？在孟母斷織督學的故事中，孟母怒其子廢學，斷織說理教子，於是「孟子懼，旦夕勤學不息」，一個「懼」便體現了孟母在孟

子心中的權威，儼於母威，孟子爲學才逐漸從不自覺走上自覺之路的。那麼，母威來自於哪裏呢？

（一）恩生威

恩能生威，是因爲恩能起到軟化作用，恩是一種人類共通的自然情感，不管母子受教育程度如何，對恩情的感受和傳遞影響較小，受恩一方在情感上總是難以抗拒施恩一方的威儀，尤其是母之恩要比其它恩惠更爲特殊，甚至比父之恩還要珍貴重要，比如《晉書·列傳第十九·阮籍》曰：

> 有司言有子殺母者，籍曰：『嘻！殺父乃可，至殺母乎！』坐者怪其失言。帝曰：『殺父，天下之極惡，而以爲可乎？』籍曰：『禽獸知母而不知父，殺父，禽獸之類也。殺母，禽獸之不若。』眾乃悦服。

不知母之恩，禽獸不如。那麼，母之恩重在何處呢？

唐代雖經歷了唐武宗滅佛，但是佛教在唐代卻走向興盛，佛家文化影響深入了人們的日常生活中，其中《佛說父母恩重難報經》在民間影響較大，此經不管真僞，旨在勸孝，經中言及母之恩，甚爲貼切，經曰：

> 母胎懷子，凡經十月，甚爲辛苦。在母胎時，第一月中，如草上珠，朝不保暮，晨聚將來，午消散去。母懷胎時，第二月中，恰如凝酥。母懷胎時，第三月中，猶如凝血。母懷胎時，第四月中，稍作人形。母懷胎時，第五月中，兒在母腹生有五胞。何者爲五？頭爲一胞，兩肘兩膝，各爲一胞，共成五胞。母懷胎時，第六月中，兒在母腹，六精齊開，何者爲六？眼爲一精，耳爲二精，鼻爲三精，口爲四精，舌爲五精，意爲六精。母懷胎時，第七月中，兒在母腹，生成骨節，三百六十，及生毛孔，八萬四千。母懷胎時，第八月中，出生意智，以及九竅。母懷胎時，第九月中，兒在母腹，吸收食物，所出各質，桃梨蒜果，五穀精華。其母身中，生髒向下，熟髒向上，喻如地面，有山聳出，山有三名：一號須彌，二號業山，三號血山。此設喻山，一度崩來，化爲一條，母血凝成胎兒食料。母懷胎時，第十月中，孩兒全體一一完成，方乃降生。若是決爲孝順之子，擎拳合掌，安詳出生，不損傷母，母無所苦；倘若決爲忤逆之子，破損母胎，扯母心肝，踏母跨骨，如千刀攪，又彷彿似萬刃攢心。如斯重苦，出生此兒，更分析言，尚有十恩：第一，懷胎守護恩；第

二，臨產受苦恩；第三，生子忘憂恩；第四，咽苦吐甘恩；第五，
回乾就濕恩；第六，哺乳養育恩；第七，洗濯不淨恩；第八，遠行
憶念恩；第九，深加體恤恩；第十，究竟憐憫恩。〔註119〕

母恩大體可分爲兩個方面：一是孕育之恩。子女在母腹中十月，母親坐臥難
安，化精血爲胎兒養料，正因爲生母的此種付出，所以在唐律中，生母的地
位與諸母相比，是非常獨特的，這在第四章第一節中已有論及，不管生母是
否在孩子出生後養育了孩子，在親疏等級上僅因孕育之恩就可居於繼母、庶
母、養母、慈母等諸非所生母之上，甚至與嫡母匹敵，即使是在生母被出與
父親絕戶之後，親子骨血關係卻不會因之斷絕，而在諸母皆出父室後，尤爲
尊重子女與生母間的情感聯繫，卻不太重視非所生母與子女間曾經存在的撫
養關係，這是整個禮法社會對母親孕育之恩較爲重視的體現。二是養育之恩。
如第四章第一節所言，在父室時，繼母如母，慈母如母，收養關係成立後，
養母如母，這三者皆是對沒有孕育之恩卻有養育之恩的母親的奉獻的肯定。

　　生之情重，還是養之情重，這是一個很個體的問題，不能一概而論。即
使是由所生母孕養長大，母子關係也不一定情濃。當然也有些非所生母視他
人子女如己出，甚至棄己子而撫他，或是在他子與己子利益出現矛盾時，會
損己子而保他子，這樣德行高尚的非所生母歷代皆有存在，比如劉向《列女
傳・母儀傳》中的「魏芒慈母」，前妻之子雖然不尊重她這個後母，可是在前
妻之子犯罪將處死時，她仍一視同仁，上書爲繼子求情，又如《列女傳・節
義傳》中的「齊義繼母」，在繼子與己子皆疑爲殺人犯時，她維護了繼子，卻
讓己子承擔了罪責，不管犯罪事實真相如何，對於母親來說，這個抉擇非常
不易，突破了骨血親情自然情感的局限性，捨情取義。繼母難做，養母也難
做……很多時候，非所生母要做好並獲得好名聲，比生母難得多，僅僅是「視
如己出」，很多時候是不夠的，有時只有待他子比己子更好，才能贏得他子的
信任和愛戴，才能獲得鄰里社會的認可。但是，棄己子於不顧而育他子，贏
來的不一定都是讚揚之聲，有時也會引來倫理道德上的質疑，一個母親連自
己的親生子女都能捨下，即使情非得已，也難歸類爲道德完人，比如唐肅宗
之女和政公主：

　　和政公主，章敬太后所生。生三歲，后崩，養於韋妃。性敏惠，
事妃有孝稱。下嫁柳潭。安祿山陷京師，寧國公主方釐居，主棄三

────────────
〔註119〕《佛說父母恩重難報經》。

子，奪潭馬以載寧國，身與潭步，日百里，潭躬水薪，主射糧，以
奉寧國。初，潭兄澄之妻，楊貴妃姊也，勢幸傾朝，公主未嘗干以
私；及死，撫其子如所生。〔註120〕

唐玄宗時期，楊貴妃得勢時，許多人傾慕其權勢，與楊家結姻者不少，楊家
姻親又用其影響力，與皇家結姻穩固地位者亦不少，比如柳潭的兄長柳澄娶
了楊貴妃的姐姐秦國夫人，柳潭又娶了唐玄宗之孫女和政郡主（出嫁時其父
李亨爲太子，所以和政當時爲郡主而非公主）爲妻子，秦國夫人爲和政公主
之兄嫂，亦爲唐玄宗之妻姊，其中輩分亂得很。唐玄宗子孫眾多，有時皇族
血統的皇子皇孫們的權力可能並不如得寵的楊氏一族的權力影響力大，但是
在楊家得勢時，和政公主未曾因私事請妥秦國夫人，以權謀私。安史之亂爆
發後，不僅唐玄宗等在逃命，和政公主一家也在逃命，在逃命的路上，和政
公主爲了照顧寡居的姐姐寧國公主，拋棄了自己的三個孩子，還把丈夫的馬
讓給姐姐騎，自己與丈夫徒步行走。馬嵬坡兵變之後，楊貴妃親族失勢，柳
澄和秦國夫人受牽累而死，很多人對楊氏一族避之唯恐不及，而和政公主卻
在兄嫂危難之際，撫養其遺孤，「撫其子如所生」。據記載，和政公主共生了
五子三女，雖拋棄了三子，未說明其是否找回，也未說明生死，但親生孩子
至少還有五人，柳潭家雖並未因爲和政公主棄子而絕後，但是不管和政公主
如何善待其姐姐、如何養育其姪子，讀者都很難忘記她當初棄子之絕情。

　　一般來說，孕養之恩是一體的，也就是親生母子關係。孟子因感孟母之
恩威而「懼」得「且夕勤學不息」，唐人鄭善果之母崔氏亦有孟母風範：

　　　　善果篤慎，事親至孝。母崔氏，賢明曉於政道，每善果理務，
崔氏嘗於閣內聽之。聞其剖斷合理，歸則大悅；若處事不允，母則
不與之言，善果伏於床前，終日不敢食。崔氏謂之曰：「吾非怒汝，
反愧汝家耳。汝先君在官清恪，未嘗問私，以身徇國，繼之以死。
吾亦望汝繼父之心。自童子承襲茅土，今位至方伯，豈汝身能致之
耶？安可不思此事而妄加嗔怒？內則墜爾家風，或亡官爵；外則虧
天子之法，以取罪戾。吾寡婦也，有慈無威，使汝不知教訓，以負
清忠之業，吾死之日，亦何面以事汝先君乎！」善果由此遂勵己爲
清吏，所在有政績，百姓懷之。〔註121〕

〔註120〕《新唐書‧列傳第八‧諸帝公主‧和政公主》。
〔註121〕《舊唐書‧列傳第十二‧鄭善果》。

鄭善果 9 歲的時候，因為父親為國捐軀而受詔承襲父親官爵，之後由寡母撫養長大成人。鄭母深喑治事之道，擔心兒幼在政事處理上有失偏頗，於是便在內閣中聽聞兒子判斷政事，雖有垂簾聽政之嫌，但她並非惡意干涉，而是起協助監督作用。鄭善果剖析處理得當時，鄭母便高興，善果處理不公允時，鄭母便不和他說話。鄭善果根據母親的喜怒來判斷處事是否合乎規矩正道。鄭母雖自謙「有慈無威」，其實不然。正是因為善果母親的慈愛之恩，並由恩生威，善果在處理政務時才會聽取母親的建議，在處事不允時，善果才會「懼」得「伏於床前，終日不敢食」以及「由此遂勵己為清吏」，鄭母善於以情動人，且善果又尊母，所以鄭母才能以恩施威，督促善果成為一名百姓愛戴的清官。

（二）德生威

德能生威，是因為德具有很強的感化作用。德是道的載體，老子曰：「孔德之容，惟道是從。」（《道德經》第二十一章）「德」的本意中含有順應自然、社會和人類客觀規律去做事之義，老子曰：「生之畜之，生而不有，為而不恃，長而不宰，是謂玄德」（《道德經》第十章），莊子曰：「其合緡緡，若愚若昏，是謂玄德，同乎大順」（《莊子·天地》），「玄德」是一種順應萬事萬物自然生長卻不佔有主宰之德，以此為理論基礎，儒家「道德」之「德」本義也是符合人們內心需求和社會發展規律的，不是外在強加於人心之上的異化之物，所以德能起到感化作用，形成共鳴。孔子曰：「德不孤，必有鄰。」（《論語·里仁》）有德之人既有凝聚向心力，也有近朱者赤的感染力。老子也說：「故從事於道者同於道；德者同於德；失者同於失。同於道者，道亦樂得之；同於德者，德亦樂得之；同於失者，失亦樂得之。」（《道德經》第二十三章）物以類聚，人以群分，有德者同於有德者。孔子曰：「吾未見好德如好色者也。」（《論語·子罕》）因為好德之人並不多見，有德之人更少，所以人們對有德之人更為敬仰、佩服，正所謂：「其身正，不令而行；其身不正，雖令不從」（《論語·子路》），人們願意遵從有德之人的威儀。

在兩《唐書》中，國母皇后之德，謂坤德，如「坤德合天，母慈逮下」〔註122〕、「坤德既軌，彤管有煒」〔註123〕，坤德包含著怎樣的內涵呢？《周易·坤·象》曰：「地勢坤，君子以厚德載物」，這句話的意思是說，君子觀察到

〔註122〕《舊唐書·列傳第一百三·姚南仲》。
〔註123〕《舊唐書·列傳第二·后妃下》。

地勢平緩厚重之象，就應該厚德法地，效法大地的坤道精神。《周易‧坤‧象》曰：「坤厚載物，德合無疆。含弘光大，品物咸亨。」坤德包括「含弘光大」四種精神，所以才能夠成就順承天的功業，萬物才得以亨通順利。所謂「含弘光大」，《伊川易傳》中解釋為「含，包容也；弘，寬裕也；光，昭明也；大，博厚也」，也就是說，含是無所不包，弘是無所不有，光是無所不著，大是無所不被。「厚德載物」的本質就是喻指人們應該效法大地坤道的這種大愛精神，使自己的德行像大地一樣深厚，像大地那樣虛懷若谷，載育萬物，容納萬物。人們期待著母儀天下之皇后能具備著這種大德，但實際中多有「位承坤德」卻「有愧母儀」〔註124〕者，比如唐中宗廢后韋氏。

　　在一般家庭中，母之德與儒家提倡的忠孝仁義溫良恭儉讓等品德是一致的，而據兩《唐書》傳文所載，諸品德中，史官尤重母德之「忠」德在教子過程中的影響，比如董昌齡母楊氏教子以獻城忠君：

> 董昌齡母楊氏。昌齡常為泗州長史，世居於蔡。少孤，受訓於母。累事吳少誠、少陽，至元濟時，為吳房令。楊氏潛誡曰：「逆順之理，成敗可知，汝宜圖之。」昌齡志未果，元濟又署為郾城令。楊氏復誡曰：「逆黨欺天，天所不福。汝當速降，無以前敗為慮，無以老母為念。汝為忠臣，吾雖歿無恨矣！」及王師逼郾城，昌齡乃以城降，且說賊將鄧懷金歸款於李光顏。憲宗聞之喜，急召昌齡至闕，直授郾城令、兼監察御史，仍賜緋魚。昌齡泣謝曰：「此皆老母之訓。」憲宗嗟歎良久。元濟囚楊氏，欲殺之，而止者數矣。蔡平，楊氏幸無恙。元和十五年，陳許節度使李遜疏楊氏之強明節義以聞，乃封北平郡太君。〔註125〕

董昌齡在單親母親家庭中健康長大，接連侍奉吳少誠等節度使，任吳房縣令。可是唐後期，節度使勢力威逼朝廷，有不少節度使叛亂，自立門戶，吳少誠等也有謀逆之心。董昌齡母楊氏察知此世情國情，便以忠君之正德教育兒子，反覆勸誡兒子不要貪戀現在權位，應早作打算，棄逆賊回歸大唐。在王師討伐逆賊逼近城下時，吳元濟便以將士家屬為人質，預防前方將士叛變，激勵將士抵禦王師。董昌齡母楊氏為了堅定兒子投降獻城做忠臣的決心，告訴兒子不要以她的生命安全為顧慮，她覺得為忠君而獻身死而無憾。幸運的是，

〔註124〕《舊唐書‧本紀第二十下‧哀帝》。
〔註125〕《舊唐書‧列傳第一百四十三‧列女‧董昌齡母楊氏》。

這則故事有一個較爲美滿的結局，董昌齡陞官，董母幸存並得旌表封爵，忠孝兩全，他們的事跡還被載入史冊千古流芳。

雖說忠孝難兩全，但如果忠君是母親之意願，那麼，忠即是孝，不論董母最後是否幸存。忠孝難兩全之說，錯把忠與孝對立起來，其實，忠孝原本是一致的，在唐代，雖已有科舉取士，但也有因爲孝聞名而取士者，統治者從情感上來說願意相信孝子更容易成爲忠臣，董昌齡一例便是如此，董昌齡因爲孝母尊母，聽從了母親的諄諄教誨才走上了正確的忠君之道，唐憲宗因爲有感於其母之賢明以及董昌齡能遵從母訓而「嗟歎良久」，不僅重用了降臣，還著意封賞了這位幕後忠臣賢母。此外，從理論上來說，絕大多數的父母皆有望子成龍、望女成鳳之心，希望兒子能出仕任官，女兒能選在君王側，在不同領域服侍君王，以顯父母，那麼因爲忠君而在孝親上不能周全，能否稱爲不孝呢？

歷史上不乏故做孝子名聲而求仕的，也不乏先孝但從官後又變得不孝的，更不乏做官卻並不孝順的，在唐代，雖規定出仕後也必須孝親，雙親年過八十無人照顧，必須回鄉照顧老父老母，雙親過世時，必須卸官丁父母憂，按禮法三年後才可起復，有些孝子並不擔心離職幾年仕途受影響而主動提出去職盡孝，有些不孝子卻隱瞞父母眞實情況，留戀官職仕途，不想卸官，有些人即使勉強卸官之後，也是想方設法謀求起復，重回官場……很多看似忠孝難兩全的情況並非「忠」妨礙了「孝」，而是因爲那些人本來就不夠「孝」，而那些確實因爲忠君之事而耽誤盡孝之行之人，其孝心並未因爲工作繁忙而減少。

不能以忠害孝的同時，也不能以孝害忠，那都是有違忠孝和諧之道的。唐代許多士人家境貧寒，通過艱辛的科舉之路走入仕途，然而「公務員」法定俸祿並不算多，勉強能維持日常生活和朋友交際而已，一個清廉的「基層公務員」並不能讓父母家人短期內改變以前貧窮落後的面目而富貴起來，這與其當初考取功名衣錦還鄉以顯父母的願景相差很多，於是有些官員便不再克己奉公、廉潔自律，爲了達到揚眉吐氣的效果投機取巧，以權謀私，以私害公，以孝害忠，打著孝親的名義違法亂紀。針對這樣的情況，崔玄暐之母盧氏曾告誡他說：

> 吾見姨兄屯田郎中辛玄馭云：「兒子從宦者，有人來云貧乏不能存，此是好消息。若聞貲貨充足，衣馬輕肥，此惡消息。」吾常重此言，以爲確論。比見親表中仕宦者，多將錢物上其父母，父母但知喜

悅，竟不問此物從何而來。必是祿俸餘資，誠亦善事。如其非理所得，此與盜賊何別？縱無大咎，獨不內愧於心？孟母不受魚鮓之饋，蓋爲此也。汝今坐食祿俸，榮幸已多，若其不能忠清，何以戴天履地？孔子云：「雖日殺三牲之養，猶爲不孝。」〔註126〕又曰：「父母惟其疾之憂。」〔註127〕特宜修身潔己，勿累吾此意也。〔註128〕

崔母教子要廉潔奉公，知恩圖報，受君之祿，忠君之事，不可中飽私囊，特別指出，用非理所得供養父母，即使「日用三牲之養」，讓父母享盡榮華富貴，也並非孝，孝不僅是要用錢物奉養父母，還要讓父母放心，不僅要愛惜「身體髮膚」，還要多行仁義，勿讓父母爲子女行不義所憂所累。以孝害忠，是行不義，此舉不僅害了忠，最終也將害了孝，連累父母陷於不義。所以說，忠孝是和諧統一的，崔玄暐遵奉母親的教誡，既忠且孝，以清廉謹慎爲人所稱道，官至鳳閣舍人（即中書舍人，在武則天時期，將中書省改名爲鳳閣），在武則天時堅持陳奏冤狀，使不少人得以昭雪赦免，他不僅使自己在史冊上留有美名，也使其母親賢明之名永存青史。

在《孝經》《禮記》等經典中，雖多有提及應該如何具體行孝，但是所有行動皆必須由誠敬之孝心支撐才能眞正體現出「孝」的意義。在現代社會也是如此，父母與子女很多都是雙城生活，子女忙於工作，在日常生活起居上很難周全地照顧父母，但這並不是說，現代人就比古代人要不孝，只是時代變了，孝的形式發生了變化，孝心仍是深藏在每個孝子之內心深處。

〔註126〕引自《孝經·紀孝行章第十》：「子曰：孝子之事親也，居則致其敬，養則致其樂，病則致其憂，喪則致其哀，祭則致其嚴，五者備矣，然後能事親。事親者，居上不驕，爲下不亂，在醜不爭，居上而驕，則亡。爲下而亂，則刑。在醜而爭，則兵。三者不除，雖日用三牲之養，猶爲不孝也。」原文爲「用」而非「殺」。
〔註127〕引自《論語·爲政》：「孟武伯問孝。子曰：『父母唯其疾之憂。』子游問孝。子曰：『今之孝者，是謂能養。至於犬馬，皆能有養。不敬，何以別乎？』子夏問孝。子曰：『色難。有事，弟子服其勞；有酒食，先生饌，曾是以爲孝乎？』」對於這裡孔子所說的父母唯其疾之憂，歷來有三種解釋：1。父母愛自己的子女，無所不至，唯恐其有疾病，子女能夠體會到父母的這種心情，在日常生活中格外謹慎小心，這就是孝。2。做子女的，只需父母擔心自己是否有病，而不用擔心自己是否失德失義，有健康之憂，而無生命安全之憂，這說明子女在德行上應做得很好，不讓父母操心。3。子女只要爲父母的病疾而擔憂，其它方面不必過多地擔憂。本書采用第二種說法。
〔註128〕《舊唐書·卷九十一·列傳第四十一·崔玄暐》。

　　綜上所述，恩生威是軟化，德生威是感化，貫穿於恩德之中的是儒家禮制文化在教化中形成的禮生威。儒家禮制確立了母親的權威，尊母之教令是禮制文化的要求，這種要求是國家奉行的主流意識形態，這種正統的輿論力量使得禮能生威。但因爲據禮緣情，由禮入法，全文皆是從情、禮、法的角度來進行探討的，尤其是本章第一節在探討「母之名」時，就是從禮法的高度分辨諸母與子女間的親疏等級，而親疏等級在很大程度上反映了諸母對子女的權威等級，因此，此處不再贅述禮生威。

本章小結

　　本章從「從子」與「訓子」的角度探討唐人理想的母親人格，母從子體現的是婦道，子尊母之訓體現的是孝道，只有婦道與孝道有機統一才能構建出和諧的母子關係，用現代的話說就是母子應協商處事，母親應徵求兒子的建議，兒子也應聽取母親的建議，切忌專制妄爲。歷史上不乏仁德之慈母，也不乏善教之嚴母，而嚴母有時容易走向另外一種人格，利用子女對母親權威的遵從控制子女的人生，小則干預子女的婚姻家庭生活，大則干政。人們期待母親能既「從子」又「訓子」，從子是尊重子之權威，訓子是爲了完善子之德行，母親的理想人格品質應是以子爲中心的。然而，作爲母親，有些女性希望能在母之尊位伸張自己的意志，而這種意志有時並不是圍繞子女的，而是她們自身的女性意志。比如武則天，在唐高宗時期，作爲妻子的她雖然一致干預政事，但畢竟還是處於幕後操控，唐高宗崩後，她一開始也是走傳統模式的寡母干政，讓兒子唐中宗李顯和唐睿宗李旦先後即位，但是兩子即位後逐漸不受她控制，武則天感到了危機，於是痛下決心選擇了一條更利於自己的道路，不再尋找新的傀儡，而是直接走到幕前，成爲中國歷史上的第一位女皇帝。唐以前不乏寡母干政的后妃，唐代唯一不同的是，武則天將這種寡母干政的女性參政意志和訴求伸張到了極致，不顧儒家禮教的反對，廢黜打壓眾親子，不是「從子」，而是廢子，這雖違背了人們期待中理想的母親人格，但卻彰顯了女性自身期待的理想母親人格。可貴的是，在唐代，眾朝臣也擁護了這樣一位女皇帝，讓其上臺執政達十五年之久。武則天的人格彰顯不僅感染了同時代的女性，如韋后、太平公主、安樂公主等，還對後世女性產生了深遠影響，女性一旦有能力掌控人生，就會努力創造條件去實現自身的理想人格。

結　論

　　法國啓蒙思想家讓‧雅克‧盧梭說：「人是生而自由的，卻無往不在枷鎖之中。自以爲是其它一切的主人的人，反而比其它一切更是奴隸。」〔註1〕這種枷鎖主要由法律、道德和良心三種「材質」煅造而成，男人和女人毫無例外都在這種枷鎖之中。而對於性別研究者來說，常因過份強調中國古代女性處在「男尊女卑」「三從四德」「夫爲妻綱」等的沉重枷鎖中，而容易忽略掉其實男性也處在枷鎖之中，甚至自以爲是「主人」的男性反而更是「奴隸」，男性肩負的是「家」「國」「天下」，而對女性大多僅是「家」。有人認爲，傳統女性人格是依附從屬性的奴化人格，受著父權、夫權的壓迫，沒有獨立人格，沒有自由人格，似乎女性以「奴隸」的姿態處在父權制的最底層，而男性以「主人」的姿態處在最高層。然而，在職場上奴顏媚骨「摧眉折腰事權貴」的男性難道就有獨立自由的人格了嗎？從某方面來說，他們從肉到骨甚至到靈都顯得奴性十足，反而比女性更是徹底的「奴隸」。

　　人無往不在枷鎖中，卻從未停止過追求自由。理想人格的設定，在一定程度上超越了現實的枷鎖，憧憬一種人的自由全面發展的理想境界，然而，在一定的生產力條件和意識形態中，意志自由是有邊界的，自由意志下的理想人格總是不可避免地反應著時代性、民族性、地域性和文化性，枷鎖中的人們只能如青蛙一般坐井觀天，仰望天空，嚮往自由，不同之處只是井底深淺和井口大小的問題。本書就是坐在這樣一個並不寬敞的井底而做的研究，既有時代的局限性，也有自身水平的局限性。本書試圖從主流社會所推崇的

〔註1〕盧梭，社會契約論〔M〕，上海：商務印書館，1980：8。

理想女性所具有的人格特徵和女性自身所嚮往的人格模型兩方面綜合考量唐代的理想女性觀念，但是人活在世上，大多數時候，是活在別人的期待中，按著別人的要求在改變著自己，久而久之，便容易將別人的要求內化爲自己的要求，迷失了原初的自己。唐代女性既以前代樹立的女性理想人格典型爲學習楷模，在一定程度上認同了前人關於理想女性的價值觀念，同時又有所超越，出現了一些典型女性，她們成爲了後世女性爭相學習的理想人格楷模，比如爲父夫報仇的謝小娥，她堅忍沉毅，智勇雙全，以身犯險，不顧殺身之罪，手刃賊人，智擒賊黨，報仇後誓不再嫁，削髮爲尼，她是社會推崇的節義孝女貞婦；情利雙收的楊貴妃，她爲妻而博得丈夫「三千寵愛於一身」，爲女而讓本家「姊妹弟兄皆列土」，她的事跡讓天下父母「不重生男重生女」，改變了當時人們重男輕女的觀念，認爲女子也能「光彩生門戶」〔註2〕，她是父母們理想的女兒；「母儀何煒」的長孫皇后，繼承了先代賢后的優秀品質，不嫉妒，能佐夫，爲妻善諫，爲母善教，不僅是丈夫生活上的管家和事業上的幫手，還是情感上的歸宿和精神上的伴侶〔註3〕，她是丈夫們理想的嘉耦良佐；臨朝稱制的武則天，她才貌雙全，在工作上，她政由己出，明察善斷，知人善任〔註4〕，實現了政通人和，在生活上，她不以貞潔烈婦之虛名爲理想，不僅改嫁繼子更適二夫，而且在丈夫死後養男寵，如同男性帝王享用美色一

〔註2〕白居易《長恨歌》：「後宮佳麗三千人，三千寵愛在一身。金屋妝成嬌侍夜，玉樓宴罷醉和春。姊妹弟兄皆列土，可憐光彩生門戶。遂令天下父母心，不重生男重生女。」

〔註3〕唐太宗對長孫皇后的感情是眞摯而深刻的，這可以從長孫皇后死後，唐太宗因爲思念長孫皇后而有的種種舉措中察知，參見百度百科「長孫皇后」詞條的分析：唐太宗愛妻之表現有三：一，唐太宗在元宮外的棧道上修建了起舍，命宮人居住其中，如侍奉活人一般侍奉皇后，這種對已逝之人卻供養如生的例子極其少見，幾乎爲太宗首創。可見在太宗心裏，長孫皇后永遠是活著的（《唐會要》卷二十《陵議》）。二，唐太宗在宮中建起了層觀，終日眺望昭陵，這反襯出太宗對長孫皇后刻骨銘心的追戀之情，但在那個以孝爲先、「夫不祭妻」的時代裏，太宗如此張揚的思念亡妻是違背禮教傳統的，所以才有魏徵勸諫毀觀之說。三，因爲對長孫皇后思念不已，唐太宗又做了一件曠古絕今之事，親自撫養了長孫皇后的幼女晉陽公主和幼子李治。

〔註4〕參見百度百科「武則天」詞條：武則天一朝號稱「君子滿朝」妻師德，狄仁傑等著名的賢臣均在其列，後來的「開元賢相」姚崇和宋璟也是武則天時期提拔起來的。武則天善於用人還體現在她在用人制度上的改革和創新，她改革科舉，提高進士科的地位；舉行殿試；開創武舉、自舉、試官等多種制度，讓大批出身寒門的子弟有了一展才華的機會。

樣，放縱自己的欲望，不受儒家禮教約束，恣意風流，縱情享樂，不僅努力實現了自由意志，還得善終，她是女性們的理想楷模。

　　與唐代相比，現代社會有諸多相似之處，女性皆生活在一種較為開放文明的社會環境中，受著多種文化和思潮的影響，雖在一定程度上仍受儒家禮教影響，但是其它價值觀念衝擊著儒家的主流價值觀念，女性的人生理想呈現出多元化，並不是一味地想做社會推崇的孝女賢婦，女性自身的意志有一定的伸展空間，但又同時受到傳統文化力量的壓制。現代女性也處在這種意志鬱抑不申的相似狀態，在生活中也會遇到與唐代女性面臨的相似問題難以抉擇，比如獨生女兒養老問題：80 後 90 後這批獨生子女開始步入婚姻殿堂，很多人開始了上有 4 老下有 1 小的外地務工生活，有些家庭經濟條件並不寬裕，年輕夫妻在外地生活無房無車或是小房租房，當女方父母生病無人照顧時，女性就處在選擇困境中：為女之責要孝，沒有經濟能力將父母接到工作所在地照顧時，就需要回老家照顧父母；為妻為母之責要賢，應該陪在丈夫孩子身邊相夫教子，與丈夫一起奮鬥，陪著孩子一起成長；作為職場女性，工作既是經濟來源，也是女性自身能力素質和事業理想的伸展平臺，多年的打拼可能因為離職而前功盡棄。在個人幸福與孝養雙親的兩難困境中，現代女性既拿不起，也放不下，大多數時候只能花錢雇人照看父母，可明知父母心中希望女兒能親自膝前盡孝，這種不完滿的解決方式有時會給孝女們心中留下「子欲孝而親不在」的終身遺憾。又如剩女問題和「小三」問題，現代很多女性自主選擇大齡獨身，部份原因是恐婚，她們對將要承擔的妻子和母親角色定位不明確，擔心未知的矛盾會導致婚姻不幸，現代女性在感情上也要求男女平等，夫妻彼此忠誠，而對於丈夫的「花心」，妻子是發揚傳統美德「不嫉妒」，甚至為丈夫引進美女，滿足丈夫需求，緩解家庭矛盾，還是採取「零容忍」態度，拒絕妥協接受殘缺的感情，或是在尊嚴受損和情感受傷的情況下，寧可委曲求全也要為了孩子而勉強維繫家庭結構的正常和穩定。這諸多問題，都可歸於一個本源問題，那就是男女定位問題，男性對女性的定位有誤，女性對自身的定位也不一定準確。

　　男女關係定位是由陰陽理論推演出來的，那麼，用恰當的邏輯，可以由「一陰一陽之謂道」中所體現出的陰陽對應和諧統一的自然規律推演出男女對應和諧統一是符合人類社會發展規律的，是史初或是未來可能存在的理想男女關係的一種反應。

　　在《易》中，陰陽對應統一思想首先體現在六爻之間的關係上，比如在講爻與爻之間的關係時，有「承」「乘」「比」「應」「據」「中」「正」七個概念，其中「應」講的就是上下卦爻對應的呼應關係，即初爻與四爻，二爻與五爻，三爻與上爻之間，有一種同性相斥異性相感的呼應關係，以未濟卦為例，初六爻應九四爻，九二爻應六五爻，六三爻應上九爻，陰陽相應，謂之「剛柔應也」，北宋理學家程頤認為，「雖陰陽不當位，然剛柔皆相應，當未濟而有與，若能重慎，則有可濟之理」〔註5〕；以艮卦為例，初六爻與六四爻，六二爻與六五爻，九三爻與上九爻，皆陰應陰，陽應陽，謂之「上下敵應」，程頤認為，「上下二體以敵相應，無相與之義，陰陽相應則情通而相與，乃以其敵，故不相與也。不相與則相背」〔註6〕，所以在六爻卦中強調陰陽相應上下相通男女相感，相感才能相生，而「生生之謂易」，男女對應相感相生才歸於易道。從這裡可以看出，陰陽是一種對應和諧統一的，若男女如陽陰，那麼男女關係強調的是一種對應關係，而非對立關係，對立關係難免競爭，此消彼長，強調強弱，一方臣服於另一方，或是一方統率另一方，雖有統一，卻是在鬥爭中求統一，是勝者的統一，而對應關係是上下相求，通過平等協商，是雙方達成的和諧統一。

　　男女關係既然是一種對應關係，而有不同才有對應，所以才推演出「男女有別」之說，但是陰陽有剛柔氣質之別，並不能將陽剛陰柔僵化地對應於男剛女柔，女子亦可以有陽之剛，男子亦可以有陰之柔，而且陰陽相互交融才是和諧統一體。比如在「伏羲八卦次序」圖中，「易有太極，是生兩儀，兩儀生四象，四象生八卦」，其中「兩儀生四象」，「陰」生「太陰」和「少陽」，「陽」生「太陽」和「少陰」，陰陽相生，在「太極雙魚圖」中也是如此，陰中有陽，陽中有陰，陰陽並非兩種完全對立的獨立個體，而是相互包含，而且陰陽雙魚的位置並不是固定不變的，而是個恒動的有機統一體。又如乾卦與坤卦，在《周易·乾》卦中，「用九，見群龍，無首，吉」，乾卦六爻皆是陽爻，群龍出現而不爭搶著做首領，吉利。〔註7〕程頤認為：「剛柔相濟為中，而乃以純剛，是過乎剛也。見群龍，謂觀諸陽之義，無為首則吉也。

〔註5〕楊軍，王成玉，程頤講周易：白話《伊川易傳》〔M〕，長春：長春出版社，2010：353。

〔註6〕楊軍，王成玉，程頤講周易：白話《伊川易傳》〔M〕，長春：長春出版社，2010：295。

〔註7〕廖名春，《周易·乾》卦新釋〔J〕，社會科學戰線，2008（3）：37～46。

以剛爲天下先，凶之道也。」〔註8〕乾卦過於陽剛，以陽剛之性容易爭先，而爭奪「天下先」容易招致兇險，只有不爭，以純陽之體而懷陰柔之德，剛柔相濟得中，才能吉利。在坤卦中，《周易‧坤‧文言》曰：「坤，至柔而動也剛，至靜而德方。後得主而有常，含萬物而化光。坤道其順乎，承天而時行。」坤道柔中帶剛，內直外方，正因爲其陰中有陽，才能順應乾道陽剛之性，成就坤道之厚德載物。此外，後人從「男女有別」推演出「男女不相授器」「男女授受不親」「內外各處，男女異群，莫窺外壁，莫出外庭，出必掩面，窺必藏形」〔註9〕等思想，在男女之間豎起高高的道德之牆，將「男女之別」演化爲「男女隔離」，這些思想都嚴重扭曲了《周易》中的男女對應和諧統一的陰陽理論。

據現有文獻載，中國歷史上曾經歷過母系社會，但母系社會之前的人類文明狀況暫無文字記載。大膽猜測一下，或許人類文化也可能會經歷一個正反合的過程，粗略地講，也就是從最開始的男女對應和諧統一狀態到母系社會的女尊男卑，再到父系社會的男尊女卑，將來可能回歸的不是「母系社會」，而可能是最原初的男女對應和諧統一狀態。

〔註8〕楊軍，王成玉，程頤講周易：白話《伊川易傳》〔M〕，長春：長春出版社，2010：4。
〔註9〕《女論語‧立身章第一》。

參考文獻

一、專　著

1. 《十三經注疏》整理委員會，十三經注疏·毛詩正義，周禮注疏，儀禮注疏，禮記正義，尚書正義，春秋左傳正義，春秋公羊傳注疏，春秋穀梁傳注疏，論語注疏，孝經注疏，周易正義，孟子注疏，爾雅注疏〔M〕，北京：北京大學出版社，1999。

2. 後晉，劉昫，舊唐書〔M〕，北京：中華書局，1975。

3. 歐陽修，宋祁，新唐書〔M〕，北京：中華書局，1975。

4. 李昉等編，太平廣記〔M〕，北京：中華書局，2011。

5. 中敕，大唐開元禮〔M〕，北京：民族出版社，2000。

6. 長孫無忌等撰　劉俊文點校，唐律疏議〔M〕，北京：中華書局，1983。

7. 司馬光，資治通鑒〔M〕，北京：中華書局，2011。

8. 王溥，唐會要〔M〕，上海：上海古籍出版社，2006。

9. 周紹良、趙超主編，唐代墓誌彙編〔M〕，上海：上海古籍出版社，1992。

10. 周紹良、趙超主編，唐代墓誌彙編續集〔M〕，上海：上海古籍出版社，2001。

11. 汪辟疆校錄，唐人小說〔M〕，上海：上海古籍出版社，1978。

12. 杜佑，通典〔M〕，北京：　中華書局，1988。

13. 朱熹，四書集注：論語集注〔M〕，瀋陽：遼寧教育出版社，1998。

14. 朱謙之，新編諸子集成：老子校釋〔M〕，北京：中華書局，2000。

15. 劉武，新編諸子集成：莊子集解　莊子集解內篇補正〔M〕，北京：中華書局，1987。

16. 陳立，新編諸子集成：白虎通疏證〔M〕，北京：中華書局，1994。

17. 王先謙，新編諸子集成：荀子集解〔M〕，北京：中華書局，1988。

18. 班固，漢書〔M〕，北京：中華書局，1975。

19. 范曄，後漢書〔M〕，北京：中華書局，2012。

20. 董家遵，中國古代婚姻史研究〔M〕，番禺：廣東人民出版社，1995。

21. 牛志平，姚兆女，唐人稱謂〔M〕，西安：三秦出版社，1987。

22. 陳桐生譯注，曾子·子思子〔M〕，北京：中華書局，2009。

23. 司馬遷，史記〔M〕，北京：中華書局，1982。

24. 王聘珍，十三經清人注疏：大戴禮記解詁〔M〕，北京：中華書局，1983。

25. 韋昭注，國語〔M〕，上海：上海古籍出版社，2008。

26. 許慎撰，段玉裁注，說文解字注〔M〕，上海：上海古籍出版社，1981。

27. 朱芳圃，殷周文字釋叢〔M〕，北京：中華書局，1962。

28. 韓愈撰，馬其昶校注，韓昌黎文集校注〔M〕，上海：上海古籍出版社，1986。

29. 孫光憲，唐宋史料筆記：北夢瑣言〔M〕，北京：中華書局，2002。

30. 蕭統，欽定四庫全書薈要（集部）：文選〔M〕，長春：吉林出版社，2005。

31. 秦淮寓客編，女史〔M〕，南京：江蘇人民出版社，2011。

32. 朱熹注，詩集傳〔M〕，上海：中華書局，1958。

33. 馮夢龍，智囊全集（全譯珍藏本）〔M〕，北京：中國文史出版社，2011。

34. 楊伯峻，論語譯注〔M〕，北京：中華書局，1980。

35. 袁珂校注，山海經校注〔M〕，成都：巴蜀書社，1992。

36. 方詩銘 王修齡，古本竹書紀年輯證〔M〕，上海：上海古籍出版社，1981。

37. 王世貞，弇山堂別集〔M〕，北京：中華書局，1985。

38. 房玄齡等，晉書〔M〕，北京：中華書局，1974。

39. 陳繼儒，叢書集成初編第 0375 冊：安得長者言一卷〔M〕，北京：中華書局，1983。

40. 劉向，古列女傳〔M〕，哈爾濱：哈爾濱出版社，2009。

41. 董誥等編，全唐文〔M〕，北京：中華書局，1983。

42. 馬克思 恩格斯，馬克思恩格斯選集（第 3 卷）〔M〕，北京：人民出版社，1995。

43. 馬克思 恩格斯，馬克思恩格斯文集（第 1 卷）〔M〕，北京：人民出版社，2009。

44. 馬克思 恩格斯，馬克思恩格斯全集（第 46 卷）（上）〔M〕，北京：人民出版社，1979。

45. 鄧小南主編，唐宋女性與社會〔M〕，上海：上海辭書出版社，2003。

46. 姚平，唐代婦女的生命歷程〔M〕，上海：上海古籍出版社，2004。

47. 陳弱水，隱蔽的觀景：唐代的婦女文化與家庭生活〔M〕，桂林：廣西師範大學出版社，2009。

48. 張菁，唐代女性形象研究〔M〕，蘭州：甘肅人民出版社，2007。

49. 徐有富，唐代婦女生活與詩〔M〕，北京：中華書局，2005。

50. 李孟君，唐詩中的女性形象研究〔M〕，臺北：花木蘭文化出版社，2008。

51. 俞世芬，唐詩與女性的研究〔M〕，北京：人民出版社，2012。

52. 嚴紀華，碧玉紅箋寫自隨：綜論唐代婦女詩歌〔M〕，臺北：秀威信息科技股份有限公司，2004。

53. 張金桐，唐代婦女與唐代小說〔M〕，北京：中國文史出版社，2007。

54. 劉燕儷，唐律中的夫妻關係〔M〕，臺北：五南圖書出版股份有限公司，2007。

55. 萬軍傑，唐代女性的生前與卒後：圍繞墓誌資料展開的若干探討〔M〕，天津：天津古籍出版社，2010。

56. 蒙曼，蒙曼說唐：武則天〔M〕，桂林：廣西師範大學出版社，2008。

57. 〔法〕西蒙娜‧德‧波伏瓦，第二性Ⅱ〔M〕，鄭克魯譯，上海：上海譯文出版社，2011。

58. 朱義祿，儒家理想人格與中國文化〔M〕，上海：復旦大學出版社，2006。

59. 李玉珍，唐代的比丘尼〔M〕，臺北：臺灣學生書局，1989。

60. 鄭志敏，唐妓探微（上下）〔M〕，臺北：花木蘭文化出版社，2010。

61. 李劍亮，唐宋詞與唐宋歌妓制度（修訂本）〔M〕，杭州：浙江大學出版社，2006。

62. 岑靜雯，唐代宦門婦女研究〔M〕，臺北：文津出版社有限公司，2006。

63. 黃希庭，人格心理學〔M〕，杭州：浙江教育出版社，2002。

64. 韋政通，儒家與現代中國〔M〕，上海：上海人民出版社，1990。

65. 錢穆，錢賓四先生全集43：世界局勢與中國文化〔M〕，臺北：聯經出版事業股份有限公司，1998。

66. 傅勤家，中國道教史〔M〕，上海：上海書店出版，1984。

67. 曾紅，儒道佛理想人格的融合〔M〕，濟南：山東教育出版社，2010。

68. Jerry M，Burger著，陳會昌等譯，人格心理學〔M〕，北京：中國輕工業出版社，2000。

69. 羅國傑主編，中國傳統道德：教育修養卷〔M〕，北京：中國人民大學出版社，1995。

70. 劉長林，中國象科學觀——易、道與兵、醫（上、下冊）（修訂版）〔M〕，北京：社會科學文獻出版社，2008。

71. 張啓成，詩經風雅頌研究論稿〔M〕，北京：學苑出版社，2003。

72. 魯迅，魯迅全集（第二卷）〔M〕，北京：人民文學出版社，2005。

73. 周祖謨校，吳曉鈴編，方言校箋及通檢十五之方言校箋二〔M〕，北京：科學出版社，1956。

74. 劉淑麗，先秦漢魏晉婦女觀與文學中的女性〔M〕，北京：學苑出版社，2008。

75. 王相箋注，涵養女德 美麗人生：女四書·女孝經，上〔M〕，北京：中國華僑出版社，2011。

76. 萬建中，周耀明，陳順宣，漢族風俗史，第三卷（隋唐·五代宋元漢族風俗）〔M〕，上海：學林出版社，2004。

77. 肖群忠，孝與中國文化〔M〕，北京：人民出版社，2001。

78. 牛志平，唐代婚喪〔M〕，西安：三秦出版社，2011。

79. 段塔麗，唐代婦女地位研究〔M〕，北京：人民出版社，2000。

80. 陳東原，中國婦女生活史〔M〕，上海：上海書店，1984。

81. 吳玉貴，中國風俗通史·隋唐五代卷〔M〕，上海：上海文藝出版社，2001。

82. 周勛初主編，唐人軼事彙編（全四冊）〔M〕，上海：上海古籍出版社，1995。

83. 唐群，唐代教育研究〔M〕，西安：西安出版社，2009。

84. 陳寅恪，唐代政治史述論稿〔M〕，北京：生活·讀書·新知三聯書店，1956。

85. 楊亞利，周易與中國夫婦之道〔M〕，北京：中國文史出版社，2003。

86. 楊軍譯，蘇軾講周易：白話《東坡易傳》〔M〕，長春：長春出版社，2010。

87. 陳鵬，宋卿譯，朱熹講周易：白話《周易本義》〔M〕，長春：長春出版社，2010。

88. 〔美〕摩爾根，古代社會〔M〕，北京：商務印書館，1997。

89. 徐復等編，古代漢語大詞典〔M〕，上海：上海辭書出版社，2007。

90. 漢語大詞典〔M〕，上海：上海辭書出版社，2007。

二、碩博學位論文

1. 馬艾鴻，唐代上層婦女家庭社會生活研究〔D〕，天津師範大學，2007。

2. 趙欣，從唐詩看唐代征婦的生活〔D〕，河北師範大學，2010。

3. 楊凱麗，魚玄機詩歌研究〔D〕，河北大學，2010。

4. 聶豔蓮，李冶研究〔D〕，揚州大學，2010。

5. 任靖宇，薛濤詩歌研究〔D〕，河北大學，2005。

6. 張雪梅，女性文學視野下的魚玄機詩歌研究〔D〕，雲南大學，2010。

7. 王海泉，晚唐女詩人魚玄機詩歌中的女性意識〔D〕，河北大學，2011。

8. 應克榮，薛濤女性意識研究〔D〕，安徽大學，2011。

9. 柳夏雲，唐代后妃及其生活研究〔D〕，陝西師範大學，2010。

10. 李昭，唐代道教女仙群體研究〔D〕，首都師範大學，2009。

11. 陳秋芳，中晚唐悼妓詩研究〔D〕，南京師範大學，2007。

12. 許穎，唐妓與晚唐詩歌創作〔D〕，河北師範大學，2006。

13. 張博，唐代藝伎與唐聲詩的傳播〔D〕，哈爾濱師範大學，2010。

14. 巴冰冰，從《北里志》看唐代的市井妓業〔D〕，首都師範大學，2007。

15. 賀湘麗，唐五代奴婢小說研究〔D〕，暨南大學，2003。

16. 顧宇，唐傳奇婢女妓女形象研究〔D〕，揚州大學，2007。

17. 曹衛華，中唐文學中的市井女性形象研究〔D〕，浙江工業大學，2008。

18. 趙靜，唐傳奇女性形象研究〔D〕，內蒙古師範大學碩士學位論文，2008。

19. 陳麗萍，理想、女性、習俗：唐宋時期敦煌地區婚姻家庭生活研究〔D〕，首都師範大學博士論文，2007。

20. 孫運鵬，唐代家庭收養制度研究〔D〕，曲阜師範大學碩士學位論文，2007。

三、期刊文章

1. 孔潮麗，試述養母身份變遷及其法律地位——基於宋元明清禮、法文獻記載的分析〔J〕，史林，2010（4）。

2. 王德棟，曹金華，北魏乳母干政的歷史考察〔J〕，揚州師範學報（社會科學版），1995（4）。

3. 高世瑜，中國古代婦女家庭地位芻議——從考察「三從」之道切入〔J〕，婦女研究論叢，1996（3）。

4. 劉麗娟，「女子無才便是德」考述〔J〕，婦女研究論叢，2009，9（5）。

5. 侯才，馬克思的「個體」和「共同體」概念〔J〕，哲學研究，2012（1）。

6. 梅新林，祖先崇拜起源論〔J〕，民俗研究，1994（4）。

7. 鄧小南，六至八世紀的吐魯番婦女：特別是她們在家庭以外的活動〔J〕，《敦煌吐魯番研究》第 4 卷，上海古籍出版社，1999。

8. 李志生，唐人理想女性觀念——以容貌、品德、智慧為切入點〔J〕，《唐研究》第十一卷，北京大學出版社，2005。

9. 張菁，唐士大夫的女性觀與武則天現象的產生——以墓誌爲中心〔J〕，江海學刊，2011（05）。

10. 劉南南，論唐傳奇體現的愛情理想及人格理想〔J〕，社科縱橫，2003（8）。

11. 范家偉，從《千金方》論唐代前期女性身體觀〔J〕，《唐研究》第八卷，北京大學出版社，2002。

12. 易永姣，從唐傳奇看唐代女性觀的嬗變〔J〕，桂林航天工業高等專科學校學報，2006（01）。

13. 張雲，女國與女國文化〔J〕，文史雜誌，1988（02）。

14. 賀蕭 王政，中國歷史：社會性別分析的一個有用的範疇〔J〕，社會科學，2008（12）。

15. 劉琴麗，論唐代乳母角色地位的新發展〔J〕，蘭州學刊，2009（11）。

16. 劉園園，劉向《列女傳》版本考略〔J〕，江南大學學報（人文社會科學版），2011（2）。

17. 張慧禾，中國女性類傳的發軔之作——劉向《列女傳》的傳記意義〔J〕，浙江師範大學學報，1998（5）。

18. 王利鎖，劉向《列女傳》女性類型的認知特徵〔J〕，中國文學研究，2011（2）。

19. 李山，鄧田田，論劉向在《列女傳》中的政治寄寓〔J〕，中國文學研究，2008（2）。

20. 陳志偉，張翠萍，《女誡》——封建婦德著作之濫觴〔J〕，圖書館學研究，2009（9）。

21. 周峨，班昭《女誡》再解讀〔J〕，重慶郵電學院學報（社會科學版），2006（5）。

22. 雷巧玲，唐人的居住方式與孝悌之道〔J〕，陝西師大學報（哲學社會科學版），1993，22（4）。

23. 宋娟，唐代同居共財家庭經濟生活探論〔J〕，求索，2012（2）。

24. 秦翠華，長孫皇后對「貞觀」政風的影響〔J〕，北方論叢，1997（5）。

25. 張煒，「慈母」是指什麼樣的母親〔J〕，文史博覽，2010（5）。

26. 郭燦金，「慈母」曾是傷心事〔J〕，人力資源開發，2009（10）。

四、論文集中的析出文獻

1. 王曉麗，唐五代擬制血親研究〔A〕，張國剛主編，《中國社會歷史評論》第一卷〔C〕，天津：天津古籍出版社，1999。

五、外文文獻

1. Joan Wallach Scott, "Gender：A Useful Category of Historical Analysis." The American Historical Review, Vol. 91, No.5.December 1986, pp.1053～1075.

附錄一 唐代帝王名號、在位時間、年號、陵墓和子女人數

序號	帝王名號	在位時間	年號（時間）	陵墓	子女人數
1	唐高祖李淵	618～626	武德（六一八年五月～六二六年月）	獻陵	二十二子；十九女
2	唐太宗李世民（高祖嫡次子）	626～649	武德（六二六年八月～十二月）	昭陵	十四子；二十一女
			貞觀（六二七年正月～六四九年五月）		
3	唐高宗李治（太宗嫡三子）	649～683	貞觀（六四九年五月～十二月）	乾陵	八子；三女
			永徽（六五〇年正月～六五五年十二月）		
			顯慶（六五六年正月～六六〇年二月）		
			龍朔（六六一年三月～六六三年十二月）		
			麟德（六六四年正月～六六五年十二月）		
			乾封（六六六年正月～六六八年二月）		
			總章（六六八年二月～六六九年二月）		
			咸亨（六七〇年三月～六七三年八月）		

			上元（六七四年八月～六七九年十一月）		
			議鳳（六七六年十一月～六七九年六月）		
			調露（六七九年六月～六八〇年八月）		
			永隆（六八〇年八月～六八一年九月）		
			開耀（六八一年九月～六八二年二月）		
			永淳（六八二年二月～六八三年十二月）		
			弘道（六八三年十二月）		
4	唐中宗李顯（高宗武后第三子）	684+	嗣聖（六八四年正月～二月）	定陵	四子；八女
5	唐睿宗李旦（高宗武后第四子）	684～690	文明（六八四年二月～六八四年九月）	橋陵	六子；十一女
			光宅（六八四年九月～十二月）		
			垂拱（六八五年正月～六八八年十二月）		
			永昌（六八九正月～十一月）		
			載初（六九〇年正月～九月）		
6	武則天	690～705	天授（六九〇年九月～六九二年三月）	乾陵	
			如意（六九二年四月～六九二年九月）		
			長壽（六九二年九月～六九四年五月）		
			延載（六九四年五月～十二月）		
			證聖（六九五年正月～九月）		

			天冊萬歲（六九五年九月～十二月）		
			萬歲登封（六九五年十二月～六九六年三月）		
			萬歲通天（六九六年三月～六九七年九月）		
			神功（六九七年九月～十二月）		
			聖曆（六九八年正月～七〇〇年五月）		
			久視（七〇〇年五月～七〇一年正月）		
			大足（七〇一年正月～十月）		
			長安（七〇一年十月～七〇五年正月）		
	唐中宗復位	705～710	神龍（七〇五年正月～七〇七年九月）		
			景龍（七〇七年九月～七一〇年六月）		
7	唐殤帝李重茂（中宗第四子）	710+	唐隆（七一〇年六月～七月）		
	唐睿宗復位	710～712	景雲（七一〇年七月～七一二年正月）		
			太極（七一二年正月～四月）		
			延和（七一二年五月～八月）		
8	唐玄宗李隆基（睿宗第三子）	712～756	先天（七一二年八月～七一三年十一月）	泰陵	三十子；二十九女
			開元（七一三年十二月～七四一年十二月）		
			天寶（七四二年正月～七五六年七月）		
9	唐肅宗李亨（玄宗第三子）	756～762	至德（七五六年七月～七五八年二月）	建陵	十四子；七女

			乾元（七五八年二月～七六〇年閏四月）		
			上元（七六〇年閏四月～七六一年九月）		
			元年（七六一年九月～七六二年四月）		
10	唐代宗李豫（肅宗之長子）	762～779	寶應（七六二年四月～七六三年六月）	元陵	二十子；十八女
			廣德（七六三年七月～七六四年十二月）		
			永泰（七六五年正月～七六六年十一月）		
			大曆（七六六年十一月～七七九年五月）		
11	唐德宗李适（代宗之長子）	779～805	大曆（七七九年五月～十二月）	崇陵	十一子；十一女
			建中（七八〇年正月～七八三年十二月）		
			興元（七八四年正月～十二月）		
			貞元（七八五年正月～八〇五年正月）		
12	唐順宗李誦（德宗之長子）	805	貞元（八〇五年正月～八月）	豐陵	二十七子；十一女
			永貞（八〇五年八月）		
13	唐憲宗李純（順宗之長子）	805～820	永貞（八〇五年八月～十二月）	景陵	二十子；十八女
			元和（八〇六年正月～八二〇年正月）		
14	唐穆宗李恒（憲宗第三子）	820～824	元和（八二〇年二月～十二月）	光陵	五子；八女
			長慶（八二一年正月～八二四年正月）		
15	唐敬宗李湛（穆宗之長子）	824～827	長慶（八二四年正月～十二月）	莊陵	五子；三女

			寶曆（八二五年正月～八二七年二月）		
16	唐文宗李昂（穆宗第二子）	827～840	大和（八二七年二月～八三六年十二月）	章陵	二子；四女
			開成（八三六年正月～八四〇年正月）		
17	唐武宗李炎（穆宗第五子）	840～846	開成（八四〇年正月～十二月）	端陵	五子；七女
			會昌（八四一年正月～八四六年三月）		
18	唐宣宗李忱（憲宗第十三子）	846～859	會昌（八四六年三月～十二月）	貞陵	十一子；十一女
			大中（八四七年正月～八五九年八月）		
19	唐懿宗李漼（宣宗之長子）	859～873	大中（八五九年八月～十月）	簡陵	八子；八女
			咸通（八六〇年十一月～八七三年十一月）		
20	唐僖宗李儇（懿宗第五子）	873～888	咸通（八七三年十一月～八七四年十一月）	靖陵	二子；二女
			乾符（八七四年十一月～八八〇年正月）		
			廣明（八八〇年正月～八八一年七月）		
			中和（八八一年七月～八八五年三月）		
			光啓（八八五年三月～八八八年正月）		
			文德（八八八年二月～三月）		
21	唐昭宗李曄（懿宗第七子）	888～904	文德（八八八年三月～十二月）	和陵	十七子；十一女
			龍紀（八八九年正月～十二月）		

			大順（八九○年正月～八九二年十二月）		
			景福（八九二年正月～八九三年十二月）		
			乾寧（八九四年正月～八九八年八月）		
			光化（八九八年八月～九○一年三月）		
			天復（九○一年四月～九○四年閏四月）		
22	唐哀帝李柷（昭宗第九子）	904～907	天祐（九○四年閏四月～九○七年三月）	溫陵	

補充說明：唐代紀年法與現代紀年法有所不同，換算的時候，不同資料，有些許差異，本書參考資料有《劍橋中國隋唐史》、新舊《唐書》，不同之處，以兩《唐書》中時間為準。

附錄二　現代女性迷思文集

孝女知與行

父母是我們修行的最初對象。跟父母長時間相處，才意識到自己原來有如此多的不足，離我理論上倡導的孝女人格還有很大差距，幸而他們還算健朗，我還有時間改善……

三代女人「孝道」傳承

從外婆、媽媽到我，並不算是書香門第之家，卻都是識字的，尤其對外婆和媽媽來說，做到識字、閱讀並不容易。外婆當過幼師，媽媽當過小學老師，而我現在是大學老師。與鄉下其它同齡女人相比，外婆和媽媽都算是有文化的，外婆的日常用語中常會蹦出幾個成語來，而媽媽到現在還保持著閱讀的習慣，喜歡翻看我書架上的書。這樣一個「識字」的家庭，沒有長篇大論的家訓，卻身體力行傳承著孝道。

外婆讓我明白，要感恩父母。時下有人認為，父母對子女的付出是無私的、不求回報的，所以可以不用回報父母，似乎那都是父母該做的，如果父母做得不夠完善、不夠無私、不夠徹底，還是父母的錯了。有些人出於教養懂得「謝謝」別人對自己的幫助，卻「燈下黑」，不懂得感恩自己的父母。一個不懂得感恩父母的人，他們對別人的那句「謝謝」能走心嗎？我也曾有不孝的時候，是外婆間接讓我明白要回報父母的。外婆是 1935 年出生，生養了七個兒女。在那個年代，她將七個兒女全部養活，沒有一個餓死病死夭折，

而且都送學至初高中（三個女兒也不例外，我媽就上到了高中），在他們適婚年齡，又張羅爲他們娶親嫁人，沒有給他們留下一分錢債務，還爲他們建立新家有所貢獻……這些對一個農村婦女來說，很平常，卻也著實不易。後來，女兒們都出嫁了，兒子們也各立門戶開枝散葉了，就剩下外婆一個人住在已經重建的老宅中。外婆雖然不差錢，卻太寂寞了，她強勢了一輩子，不習慣示弱「乞求」關心，於是用痛說革命家史的方式提醒兒女，希望能得到更多的關愛，可卻被兒女們誤解爲咄咄逼人索要回報。我媽、舅舅和姨們並非那麼不孝順，只是外婆要求孝順既得走錢走人還得走心，顯然他們孝順得還不夠！要填滿錢包容易，而填滿心靈卻很難！外婆的「折騰」讓我明白，不能認爲父母的付出是理所當然的，不再對父母挑三揀四，而是常反思自己是否孝順父母，主動關心滿足父母需求，不能等到父母「乞求」時，更不能等到「子欲孝而親不在」時。很感謝外婆讓我理解了孝的這層道理，而不是直接從我父母那裏學的教訓，因爲任何教訓都帶有血的味道，一旦出現過情感裂痕就很難癒合如初。

媽媽對孝道有自己的理解，爲女之孝是要全心侍奉卻不失理性，爲母之孝是要有家國胸懷不可自私。爲女之孝體現在她與外婆的相處之中。前幾年，舅舅和姨們都在外省工作，只有我媽在老家離外婆最近，大小諸事多是經由我媽與外婆周旋。離得近了，做得多了，矛盾也就多了。前年，外婆搧了我媽一巴掌，這幾年一直在跟我媽生悶氣。我曾問媽媽：外婆這麼不待見您，您幹嘛還樂呵呵地湊上去，像個沒事人一樣啊？媽媽說：母女之間沒有隔夜仇，她打我左臉，我當時就把右臉伸過去讓她打，只要她解氣，別氣壞了身體。外婆當時就笑了！媽媽是懂外婆的，作爲老大，她最知道外婆的辛苦和寂寞，可是她是出嫁的女兒，自己也已經是當奶奶的人了，她的全心侍奉有時候結果仍是心有餘而力不足。對於外婆的那些要求，有理的，她就出面協調，讓弟弟妹妹們遂了外婆心意；無理的，她會提出抗議，不怕得罪外婆，讓自己成爲矛盾的焦點，儘量減少外婆與弟妹妯娌之間的矛盾。媽媽不怕得罪外婆，不是因爲她覺得外婆離不開她，或是得罪了外婆對自己也不會有什麼損失，而是因爲不論外婆對她怎麼樣，她對外婆都初心不改，用媽媽的話說「娘就是娘」。爲母之孝主要體現在對我的要求上。2004 年 3 月 20 日，臺灣大選，前幾個月，部隊磨槍譙譙，火藥味很濃。春節的時候，我問媽媽：如果要打仗，您是希望我上還是不上？老媽沉思了一會，說：當兵就是要打

仗的，不然國家拿這麼多錢養你們幹嘛！媽媽的理性震到了我，接著問：您不怕我上戰場死了回不來了嗎？老媽決然地說：死的要是別人也是別人家媽的孩子！我看到媽媽眼圈紅了，不忍心再問下去了。我知道老媽肯定捨不得我，可是同時也認識到，我如果臨戰當逃兵，不僅部隊不會再要我了，我也沒臉回家了，唯一可行之道是，苦練本事，爭取身歸故里，或是榮歸故里！媽媽那一代湖南人，深受毛主席思想影響，具有捨小家為大家的家國情懷，她們雖是農村婦女，卻最樸實地傳承了從孝道轉化成愛國的文化基因。

　　我雖是研究中國傳統文化的理論工作者，但是紙上得來終覺淺，真正教會我的是生活，是媽媽的言傳身教。如果說我們家一定要有言簡意賅的家風家訓，那大概就是「孝」吧。我常以「孝」檢查自己言行，有時也會依此評判他人。我覺得，「孝道」首先是要孝父母，感恩父母。軍人的職業特徵讓我們無法常伴父母左右，經常有人拿「忠孝難兩全」說事，以此推卸不孝父母的心理責任。雖然我們客觀上很難再堅守「父母在不遠遊」的孝道模式，但是現代通訊交通發達，常打打電話常回家看看並不是那麼難，忠孝難兩全，不是不能兩全，而是難事要盡心盡力了才會變得容易。懂得感恩父母，才能誠心感恩別人，說出的「謝謝」二字才有分量。其次，孝道不局限於血親，要推己及人，「老吾老以及人之老，幼吾幼以及人之幼」，關愛戰友及其親屬。媽媽說得對，我們每個人都是自己媽媽的寶貝，每個人都是不可替代的，戰爭很殘酷，人性不能再自私，軍隊是個大家庭，不是自己相安無事就可萬事大吉，要彼此照應，相互守護。再次，「覆巢之下焉有完卵」，愛小家就必須愛大家、愛國。軍人的任務是保家衛國，貪生怕死就不要當兵。中國傳統文化非常注重孝道，認為忠孝是一致的，「夫孝，始於事親，中於事君，終於立身」（《孝經》），一方面，古人認為孝父母才會忠君，一個不孝之人是不可交的，更不能從事公職侍奉國君，所以要先談孝父母，再談治國平天下的大論，另一方面，孝順父母不只是苟且偷生，還要「立身行道，揚名於後世，以顯父母」（《孝經》），要有殺身成仁、捨生取義的英雄氣概。作為「有靈魂、有本事、有血性、有品德」的新一代革命軍人，不可空談治國平天下，要從踐行孝道做起，實現從孝親到忠於黨、忠於社會主義、忠於祖國、忠於人民的轉化，從提升品德修養中堅定強軍之魂，練就能打勝仗本事，培塑不怕犧牲血性。（2015-9-16）

枕邊風

老媽在身邊，今晨第一件事，就是迷迷糊糊爬到老媽床上，陪她聊天。這是家中傳統，老媽、大姨、小姨回娘家時，都會早晨陪著外婆在床上說話，在枕邊聆聽教訓……

果然，老媽休息好之後，第一件事就是質問：你的個人問題怎麼還是冷冰冰的！

我的睡意全無，反駁道：難道您就覺得我這麼嫁不出去！

老媽無奈了，她覺得自己閨女挺好的，可不知怎麼就砸自己手裏了！

我心平氣和地彙報了我這一年來的努力和積極，只怪丘比特箭術太準，碰不到 TA 射偏了砸中我的時候。

老媽也交流了她這一年來的努力，她今年又給我算命了，先生說要過了 31 歲才有姻緣。這些年，老媽逼得不是太緊，原因之一就是每次算命先生都說今年不會動姻緣。

老媽說前段日子外婆嚴肅地批評她了，外婆認爲是我媽把我當「搖錢樹」不讓我出嫁！老媽怒了，把舊帳翻出來駁斥外婆。老媽是老大，出嫁時已 25 歲，那時算相當晚婚，當初確實跟外婆希望她留娘家賺錢照顧弟弟妹妹們有一定關係。老媽認爲我能夠保持單身，是因爲我工作經濟精神獨立，有了選擇的自由，所以她沒有「使勁」逼我，這恰恰是她的功勞而非過錯。

在過去，兒女大齡未婚，多是因爲家中貧困卑賤，而現代，卻是富康開明之家才容得下如此「異類」。老媽言下之意是我終於擺脫了她這類女人「被利用」的命運，我的單身象徵著女性解放和社會進步。

老媽說，她容不得別人說自己閨女，即便是她自己內心也非常急迫想要我出嫁，但還是在人前會替我辯駁，找各種冠冕堂皇的理由！

可敬的老媽！我的獨立包容多半是受她影響！可惜，現代女人最終仍是難逃人妻人母之路，做「異類」代價太大！（2015-7-27）

成女之孝

趁著沒結婚，自由，想好好孝順下爸媽，每年邀爸媽出來旅遊一趟。

今天又問老媽何日來看閨女。老媽說：馬上外公生日了，得先給外公過了生日才能出去，外公生日過一個少一個了……

我有些不樂，今年邀老爸老媽出行，都提前徵求意見幾個月了，他們各種理由推遲，老爸明明退休了，卻還說老科協那點事離不開他，老媽是一會孫子一會外公的⋯⋯

我反問老媽：外婆生日也快了，您不會等外婆生日過了才來吧！

老媽說：過完外公生日就出來，過外婆生日前要回來⋯⋯

這中間就一個月多一點點時間。

如果一定讓老媽在我和外婆之間做選擇，我知道老媽一定選外婆，這點我高中的時候就知道了。那年高考作文主題是選擇，我的作文就是寫的三代女人的故事，老媽最終選擇了外婆。老媽和外婆一直是我筆下的主角，我的博士論文整個也是圍繞她們生活情感而作。

老媽那代人，視父母比兒女重要，這是中華孝道文化在她們身上的傳承；我們這代人，容易視兒女比父母重要，有點本末倒置，不孝父母，卻驕縱兒女⋯⋯

老媽本是安靜祥和之人，因為腿病，更不喜出遊折騰。可為了顧念我的感受，只能勉強自己。老媽不容易，既要自己盡孝，還顧慮著要成全我盡孝⋯⋯

當然，老媽也不是那麼純樸的人，她是生活鬥爭高手，她遲遲不來，也與她意欲拿我盡孝之心來要挾我脫不了干係，可我就是沒本事說「你愛來不來，我就不著急結婚生子」這種讓她傷心的話，哎⋯⋯（2015-7-3）

孝當時節

給老媽買的頸背腰臀按摩儀終於到了，老爸說他要「失業」了！

（一）

雖然老爸是個難得的好男人，有時會幫老媽按摩緩解身體疼痛，但是老媽卻不喜歡求人，老爸唧唧歪歪不主動的時候，老媽心裏就有說不出的苦⋯⋯

現在，一個小小的電動玩意兒，就讓他倆各自自由了，以前真是太沒用心了！

買按摩儀這想法得自鄰居一孝女給她老媽買了一套，有時孝是可以傳染的。

（二）

對於孝，老媽有自己的理解。有一年，外婆家那邊一鄉里去世了，媽媽

回娘家，與外婆聊起這生死孝道問題，媽媽對外婆說：將來您要是走了，我就不那麼死去活來地哭了，您現在想啥要啥，我都盡可能滿足您……（多麼理性的愛，當時令我肅然起敬，可事實證明，老媽絕不是那麼理性的人，在我爺爺葬禮上哭得稀里嘩啦的）外婆聽後很生氣，訓老媽不孝！外婆一直在憧憬著一場宏大的葬禮！在我爺爺葬禮上，她對自己葬禮的諸多細節有了更具體的安排，極盡奢華體面風光……

我是老媽的女兒，遵循著我老媽喜歡的方式！將來的事情沒法保證，能做到的就是當下對她好。

受老媽對孝認知的影響，我不大喜歡之前網上瘋傳的劉某人似的孝，心中不斷質疑：一軍官，怎會那麼沒時間去孝順父母，幾十年才回去幾次，現在後悔寫悲情文字是要怎樣，自我原諒，還要博那孝子虛名嗎？如果他的立意是對父母的孝是怎麼都不夠的，即使他做了很多，可還是心中覺得不夠，愧疚，這樣才是個真孝子吧。

有時真是不懂這個世界，會說會寫的人，總是會比那些只會做卻沉默的人，要獲得更多的讚譽（我好像佔了會寫這一條，陪在父母身邊的子女，不管有怎樣的摩擦，都比異地而居的子女要付出得多！我其實沒做什麼，父母要是有點啥情況，我還是靠不住的，還得靠哥嫂。）

（三）

對老人的孝，有幾點感受：

第一，待老人如小孩。小孩哼唧哼唧，大人就會給他們買玩具；不哼唧，有時為了小孩的成長學習開心，也會主動買很多玩具。對老人，也是一個道理。不是退休了，老人就不學習了，他們仍然對未知的世界充滿了好奇心，對未用過的「玩具」未經歷過的事情都充滿了期待，我們盡可能推動他們這種好奇心，這樣才會培養出一個健康向上的老人，而不是個整天翻「舊帳」的「委屈」老人。

第二，花自己的錢與子女為其花錢是兩種爽。現在的老人，大多都不缺小錢，可缺關心。幾百塊錢，買個小玩意，看他們高興那樣兒，我自己也跟著高興不已，賺錢終於有點意義了！老媽由衷感歎養女兒真好，享了女兒的福，而且她又可以跟鄰居們得瑟了，這是我閨女給我買的！

第三，需求是培養出來的。老媽有時會糾結錢的事情，怕花我錢多，那就一個勁說那東西好，直接買了寄回家唄！錢都花了，她也就沒話說了，樂

呵呵地用唄！花了「這麼多錢」，還不得使勁用回價值來！

俗話說：「樹欲靜而風不止，子欲養而親不待。」孝要當時節，父母在時多盡孝，不要等到時節過了再厚葬哭喪追悔。（2015-4-6）

三怕傘

老爸給老媽取了個綽號「三怕傘」，聽了很多天，可不知何詞何意，今早問了個明白。

「三怕傘」，怕風怕雨怕太陽，颱風怕被吹壞，下雨怕被淋壞，晴天怕被曬壞，形容這傘易壞無用。

這詞要是領導說下屬，下屬估計得志忑惶恐了。可老爸笑呵呵用在老媽身上，卻顯得情意綿綿……

老爸叫「三怕傘」起床，是因為老爸已經把早餐麵做好了，不及時起來吃，麵就糊掉了，也希望老媽早起跟他一塊晨練，覺得老媽體質不好是缺乏鍛鍊；

老爸阻止「三怕傘」早晨晚上洗澡，是因為秋冬早晚天氣涼，容易受涼生病，只適宜午後洗澡；

老爸走一路念叨一路「三怕傘」，又是走路不看左右，又是如廁多，可一到上下臺階時，老爸立馬變拐杖，攙扶著「三怕傘」，生怕她摔跟頭（老媽比較不配合，尤其是不喜歡平地被老爸牽著手，這樣會顯得她很沒用，好像平地也會摔倒一樣，可老媽有時確實平地也崴腳）；

老爸說「三怕傘」最多的是晚上，老媽行走一天，會累得全身酸疼，晚上老爸給她穴位按摩鬆骨的時候，輕輕一按，老媽就疼得直叫停，老爸在一旁樂得直叫「三怕傘」……

老爸或許年輕時甜言蜜語過，反正現在嘴上絕對沒抹蜜，二老說話時老帶「刺」，還時不時為覺得彼此話聽著不得勁而申訴對質。每每這時，我只是笑著聽他們說，聽他們鬧，聽他們各自說完後笑……（2014-10-29）

旁觀自己老去

剛剛衝爸媽吼完，正內疚得浸潤了枕頭。

午飯後，老媽說她不舒服，讓我去買點藥。除了「體系醫院」，我也不知

道其它去處。跑到醫務室，值班醫生說現在午休，藥房沒人，下午上班後再來。一路回來，恨極了這個一到中午就死寂的院子，腦海裏不斷搜索家裏哪個角落還有藥。

回到家，邊找藥邊問老媽怎麼生病的，聽來聽去感覺就是熱時不開空調在死扛，寧願省幾塊錢電費去買藥，越分析越火大，這麼大個人了，怎麼就分不清輕重！

越吼越發現我是害怕，怕老媽生病，怕她一點點地離開我，而我卻無能爲力！如果我們都是向死而生，注定一死，能不能活著的時候，少些痛苦病痛，嘎嘣一下，驟然離去，或許是一種幸福！

這麼要強的一個人，看著自己身體的零件一件件失去控制，她自己比我更難受吧！所以她才常說，自己越來越庸慢了，有點累贅了……

內心得多麼強大，才能旁觀自己的老去啊！（2015-7-29）

我的爸爸

今天是爸爸六十中壽，先祝爸爸生日快樂，再祝爸爸完美實現生活方式轉變，在退休生活中找到人生樂趣！

九點多給爸媽打電話，爸媽都在慵懶地賴床，說著說著，眼睛酸了，往事一幕幕……

（一）爸媽的愛情

我和哥哥一致認爲，爸媽這樣和諧的夫妻很難得！

媽媽說，她從去年 11 月到現在，還沒有進醫院打點滴，創記錄了，這多虧爸爸每天早上給她全身按摩，爲她疏通經絡，緩解疼痛疲勞，祛除疾病……

媽媽沒說感謝爸爸這樣日復一日的溫柔體貼之類的話，卻美滋滋地絮叨著爸爸是瞎按摩，沒個手法，時間長短也沒個準，邊絮叨，還能邊聽到他倆都在傻呵呵地笑，讓我這聽的人酸得很，這大概是他們「曬幸福」的方式吧……

（二）爸爸是天

聽著媽媽的「生活彙報」，我神遊了……

第一次在靈魂深處刻上爸爸的偉岸形象是在我高中的時候……

上大學之前，我們一家四口都住在爸爸單位的房子裏，那眞是多冷夏熱雨洪澇！而湖南又多雨，我們經常處於「抗洪搶險」狀態：經年的破瓦擋不

住大雨沖刷，房頂漏雨；梗塞的下水管道送不走天井中的積水，一下大雨，坐臺階上就可以釣垃圾袋。

有一天淩晨，正熟睡的我突然感到自己被什麼東西砸了下，一摸是天花板上的白灰牆皮掉下來了。我騰地起來跑到隔壁爸媽房間，迷糊地彙報情況：天塌了！

爸爸起來查看情況，媽媽繼續熟睡。

爸媽的床上空間也有兩處漏雨，我爬進媽媽的被窩，娘倆彎曲身體躲避漏雨處，繼續睡。

那天睡得很香很安心，媽媽的體香，溫暖的懷抱，一點都不擔心屋頂與雨，似乎有聽到爸爸在房頂叮叮邦邦。

不知多久，爸爸進了房間，天也亮了，天花板也不漏雨了，天花板上鼓嘟嘟的防水帆布好像換了新的……

後來每每回想這一幕，都會感覺好溫馨，原來「男人是天」是這種感覺，男人會爲家人撐起一片天，帶給女人和孩子安全感……眞好！

（三）爸爸的心情

爸爸退休了，我一開始最擔心的是他能不能適應新的生活方式，畢竟男人更爲社會性，如果沒有了工作給予的這種社會身份與地位，他會失落嗎？他會不會覺得自己不被重視了？他能調整好自己的角色嗎？

大概是我上碩士後，經常會在周末早上六點左右接到爸爸電話，爸爸明明知道我那個點在睡覺，但他還是會打電話。我迷迷糊糊地聽著電話，說夢話般一問一答，可醒來之後，都不記得跟爸爸說了啥。

最開始的時候，我有些脾氣不好，畢竟有些「起床氣」。說了幾次後，爸爸周末早起打電話的頻率會降低，但還是偶而會打。

後來問了媽媽原因，媽媽說，爸爸每天五點多就會醒，然後開電視，可那時間點電視上沒好看的節目，他就想跟我說說話。

這麼說的話，爸爸在給我打電話前，大概忍了很長時間吧，拿著遙控器，翻遍了每個電視節目，實在無趣了才給我打的電話，就想知道他么女在幹嘛，仍希望我是他的小姑娘，他閒時可以隨時逗逗娃。

那時我才意識到，爸爸開始變老了，我才開始體會爸爸的心情。以前，我一直以爲爸爸就是爸爸，當我說女人不好時他不屬於女人，當我們說男人不好時他也不屬於男人，他就是我的爸爸。

爸爸一直在付出，他付出的不只是我們的學費和生活開支，經濟背後是濃濃的親情。我之前從未想過他也是有細膩情感需求的人，也從未想過自己能回報父母除錢以外的其它東西（我們總是在說，等我們有錢了，一定好好孝順父母，可是，有錢？什麼是有錢呢？再讓他們等，最怕他們等不到我們所謂的有錢時，其實有些東西沒錢的時候也是能回報的）。

爸爸給我打電話的時候，總是興高采烈的，一聽就能感覺出他是高情緒狀態。可是一到寒暑假真人面對面說話時，爸爸又是嚴肅的，讓我感覺不出他的所思所想，也因此，他的期望與需求，總是容易被我們忽略。

近兩年，我才發現，爸爸喜歡新鮮事物，喜歡旅行，一輩子中規中矩的他其實內心也求新求變吧。

退休至少有一種好，時間自由，精神自由，祝爸爸也能如脫韁野馬一般奔放生命！（2014-3-24）

人與情的傳承

大年初一，睡了個懶覺，神速起床洗涑整裝出發回老家給老祖宗們上墳拜年！

（一）

外面下雨了，老爸在招呼男人們換鞋準備上山，女人們留下烤火聊天。老爸開始點將：海桃，你也去。堂弟在一旁說：你也是半個男人！

我好像從小就跟著男人們去上墳，小時候大概很黏人，像個跟屁蟲，後來被我跟去習慣了，也就年年去了。

在這一天，我們會大方快樂地回憶往事，聊起祖宗們生前的故事。

爺爺是 1927 年生人，奶奶比爺爺大 5 歲，1922 年生人，大姑是 1949 年生人，爺爺大概 21 歲左右結婚，奶奶大概 26 歲結婚，在那個時代，這絕對地晚婚晚育。這說明，我家大齡未婚是有傳承的。

奶奶是 1981 年陰曆 5 月 13 日去世（享年 60 歲），爺爺是 2012 年陰曆 1 月 7 日去世（享年 86 歲），奶奶去世當年下半年，哥哥出生，爺爺去世當年下個月，侄兒出生，哥哥和侄兒都是胡家當時的長孫，感覺像是《新白娘子傳奇》裏面演得一樣，靈魂從一處出來，投胎下一處，還在這個家中，從未走遠。

（二）

小時候，有年植樹節，爸爸帶我上山種樹，清楚記得老爸當時說，種樹是給我長大後做傢具當嫁妝的。估計就是把這句話當真了，那天才能沒讓老爸背著，自己樂呵呵地爬山，穿梭於灌木雜草中種樹吧。

每年初一上墳，我都會跟著老爸巡視我的「嫁妝」。老爸會教我分辨山的地界，哪些山和樹是自家的，相鄰的是誰家的。記憶中，我家有座山上有茶籽樹，有片桔園，有片「嫁妝」，有座山和媽媽去採過茶葉，摘過粽子葉，還有座山在他們的談話中，有點遠，山路崎嶇，疏於管理，所以我從未去過。

初中時，再見這片「嫁妝」，覺得很荒謬，結婚，那是多麼遙遠的事情！不過那時老家還流行嫁女時自己做傢具，老爸還指著大小不一的樹的可用之處，巡視一圈下來，一套想像的傢具嫁妝就成型了。

高中時，已經不流行嫁女自己做傢具了，能感覺出老爸那話只是哄小屁孩的，不再相信那片樹林會變成我未來的傢具嫁妝。

大學時，這些樹已經靜悄悄地長大了，我和老爸巡視時會回憶童年的這段趣事。老爸說，這些樹有的被雪壓斷了，有的被人誤砍了，還有的被別的樹遮住了太陽長不大……

碩士時，老爸說，這些樹這幾年沒再長大了，估計以後也不會再長大，可以砍了再種其它的……

有一年，老爸雇人把山裏的桔樹竹子茶籽樹都砍了，唯獨做傢具可用的杉樹沒砍……

這次回家，老爸說，他雇人把杉樹也砍了，一部份用來修繕房子，還有部份沒用完，挺大的木頭整齊地躺在大伯家的柴房……

沒想到，等著等著，我竟然能把樹也等老了……

（三）

上墳，還有一個常例——

認墳。所有祖墳都沒有立碑，左邊睡的誰，右邊睡的誰，夫妻為啥沒合葬，中間又加了個誰……老爸每年都會講一遍，我們幾個有耳無心，每年都得重新聽了才不會在點蠟燭作揖時認錯祖先。

老爸最得意的是爺爺的奶奶（我們稱其為姥姥媽）那座墳，視野好，幾百年了沒出現過任何塌陷，而且她的墳是單獨一處，既未與其丈夫合葬，也沒有和其它族人葬在一處。

爺爺與奶奶是合葬一處的，兩人在世時共處 24 年，爺爺單身又生活了 26 年，終於再在一起了，不知道他們是否已經彼此陌生……

從我記事起，爺爺就在準備他的葬禮，準備棺材，時常查看未來的「居所」，向死而生……所以，爺爺在我印象裏，是個無所爭之人，喜歡吃甜食，會拿著一把椅子跟著太陽走，日落就休息，從不熬夜……

當兒女們已然掌家時，老人們的不折騰不作爲，有時也是一種善德。這個時候，很多兒女希望老人能「聽話」，自覺地禪讓家中權力，靜靜地享受著物資充沛的晚年生活。可是，老人不是小孩，老人是有想法的，尤其是當過家的老人，他們渴望被尊重被關心。因爲外婆的愛折騰，大家開始懷念爺爺的不折騰……

（四）

除了認往生者，過年時還得認生者。老爸會帶著我到各家拜年。那片地方，追根溯源，大概八代之前都是同宗吧。因爲我家很早就出來了，我又常年不在家，每年只是年初一打個照面問候一聲，沒有老爸引導，我是分不清楚三代之外的幾叔幾嬸的。

老爸有時會給我講述各家故事，各家的磕磕絆絆，因爲我們是局外人，所以不管他們之間有何仇怨，我們只當是沒事人，每家都人到心到，只聽不摻和。

村裏今年的熱點問題是出了隻大肥「蒼蠅」，沒出事時，未曾聽他們說起過，可能他對村裏沒啥貢獻。

人們開始討論，什麼品質才是最重要的？對於這種富貴後卻嫌棄故里之人，鄉人言語之中沒甚好話。對於有房有土有山沒太多想望的鄉人來說，這裡的硬通貨不是錢，也不是權，而且人情。做人，要懂得感恩！

去年聽說，有一「大官」（我不知道他們言語中官多大才是大官）想要落葉歸根，葬回老家，被某村人阻攔住了。如果有錢或有權，其實要想跟鄉人建立人情，是件較爲容易的事情，力所能及地做些公益事業便可，他們會年復一年地傳頌這種功德。可是，很多人，一旦走出去了，便搖身一變成了城裏人，想要徹底與這山溝溝劃清界線。他們不是沒能力爲這裡做點事情，而是沒這份心願，或是做好事的願力不夠大。因爲，在這裡辦事，不是外人想辦好事就能辦成好事的。這裡可是鄉土中國！要想辦成好事，不是撒錢那麼簡單的事，得發大願，誠心想辦成事而非博聲名，得協調，還得監督落實！

很多人，富裕後，想爲家鄉捐點錢做點好事，可好多人都心涼退縮了……
（2015-2-19）

剪不斷的情

現代「家」這個概念在逐漸萎縮，大多只有「小家」的概念，而「家族」概念淡漠。爸媽那代人兄弟姐妹眾多，仍生活在「家族」概念中，人情世故中仍能感受到殘存的古風孝道。觀察生活，暸解生活，學會生活……

家是平衡場

外公有恙，行動不便，近幾月住在我家，如此一來，我家四世同堂，外公，父母，哥嫂我，侄。

如果大家都很健朗，這應該是非常幸福的，外公可以像爺爺一樣給我們講民國時期的故事，「僞政府」時的段子，帶我們分辨哪些野果可吃哪些有毒，可以去河裏捉魚蝦，田裏紮鱔魚，溝裏淘泥鰍，田埂抓青蛙……

可這只是我兒時的記憶，我侄兒這輩估計再也享受不到那樣的童年……

回來這幾日，放鬆之餘感受最多的是，四世同堂這個組合熱鬧之中處處是危情。

外公修養這幾月，身體漸好，開始自己如廁，拄著拐杖戰戰兢兢沿著牆走向廁所，觀察了幾次後，覺得他雖有點慢和不穩，但基本動作都能自己完成，後來就不再留意了。其它人對此也習以爲常了，大家各忙各的，只是在吃飯和洗澡上會特別照顧下。可是，今早外公如廁時摔倒了，大家都在睡眠中，中氣不足的呼救聲喚不醒沉睡的人，幸虧鄰居早起聽到異常，發現並扶起了外公。之後，外公開始臥床不起，食欲不振，連咳痰都無力……

觸景生情，爸媽感慨，要活得長，一定得健朗，開始懷念爺爺之種種，覺得爺爺是有福的，生時除了咳嗽並無其它病痛，只臥床病了三五天就輕鬆離世，自己不受苦，周圍人也跟著不受苦。

老人一怕生病自己身體遭罪，二怕拖累子女遭冷落嫌棄心裏遭罪，最不願意老且病。

而近年來，爸媽身體日衰，媽媽尤爲明顯，變老已在日程上……

前幾日，侄兒提前吃完了飯，學大人飯後收拾凳子靠牆邊迭起來，在奶

奶站起來夾菜時迅速抽走了凳子。胖拙有腿病的媽媽坐下時沒注意便摔了個大跟頭，挫到尾骨，一時站不起來……

侄兒自己也被撞倒了，卻被奶奶這一摔嚇懵了，躲在嫂子懷裏，不敢親近平時最親近的奶奶……

其它人也受驚不淺，爸爸在扶媽媽時對侄兒說，也是對大家說，要是把奶奶摔壞了，一家人日子就沒這麼自在啦！

頓時百感交集，不敢往下想……

媽媽的位置太重要了，這個平衡要是打破了，每個人都得重新調整自己的位置和角色，誰都無法回到現在這般自在狀態……

媽媽有時很極端，說若自己病得沒有尊嚴了，不再創造價值了，就自我了斷，絕不受那份罪，也不拖累你們……

每每聽到這話都心痛得無法調侃轉換話題，因爲我對待自己生命也是這般態度。

如果不是修行，忍受痛苦的意義何在？

任何人離開某個位置，其它人可能會有個或長或短的不適應期，可是，時間最終會讓生活恢復到新的平衡。有些人還會活在人們記憶裏，可有些人卻永逝了……

那麼，老人對一個家到底意味著什麼？

大概，活著就是價值。老人在，家就在。

如果我有兒女，大概即便萬般不情願，也會努力讓自己活著吧！努力做個身體健康心胸豁達善解人意的老人，不管兒女結婚與否身在何方，都有個身心放鬆的歸處！

照這個邏輯下去，如果我老了被兒女嫌棄，可能會自殺得更早吧！還是得先把兒女教育好，讓他們先成爲孝子賢孫，我老且病了才有活路。正如大舅媽說的，他們現在既做長輩，也做晚輩，現在孝順外公，都是做給兒孫輩看的，因爲他們自己馬上要變老了。（2014-7-25）

外公和舅媽們

外公身體不便需人照料大概有三年了吧，長輩們研究出了一套照料程序，照料一事逐漸走向正規化常態化，不會再爲誰多照顧誰少照顧誰照顧不好等事爭論了。

　　因爲隔代了，又離得遠，我只是整件事情的過客。回老家時，會聽他們談論這些家常，在微信「聊家常」群裏，也能聽到他們談論這些事。今天聽她們聊到外公得用成人尿不濕了，勾起了很多思緒⋯⋯

　　四個舅舅家不算富貴也不算貧窮，這就決定了他們的居住方式和消費方式。四家的營生都離開了黃土地，四舅舅四舅媽八人散落在四個省，有三對長期兩地分居，八人都在實現自己的勞動力價值，尤其是舅媽們，她們非常高興自己能創造經濟價值，贏得自由和家庭地位。這就決定了他們必須有人抽時間回老家照顧外公，而不是讓行動不便的外公跟他們在四個城市輾轉折騰。從長期來看，他們的經濟能力雇得起一般的閒置勞動力照顧外公，但數年持續地雇專業護工是不合算的，這就決定了他們照顧外公之事不可能完全交給雇工，很多時候必須親力親爲。男人的工作，仍然是四個家庭的主要經濟來源，有兩家將照顧外公的任務全部交給了兩舅媽，有一家是夫妻兩人合作，有一家主要是舅舅，舅媽有時請假回來幫忙。

　　舅媽們，最小的也四十多歲了，臉上有掩不住的歲月痕跡，可她們都曾是少女，有誰會在少女時代就想到，長大後會給自己的公公換尿片擦屁股呢！我曾聽她們交流過第一次時的尷尬，能感覺出那對誰都不是件容易的事。或許將來的我，那個所謂的受過文明教育的我，會退縮吧。

　　眞正的文明，眞正的傳統婦德，或許並不是那些高大上的東西，也不是那些寫在經典裏的文字規訓，而是在生活中。這些年研究女德，有種感覺，在古代，中國傳統婦德文化也是種精英文化，多是規範中上層女性的，對小姐夫人比較適用，眞正的上層頂層女性並不受其約束，下層底層女性沒條件那般循規蹈矩。可到現代，這種精英文化下移，有些人希望它變成大眾文化，用此規範普通女性，可是，絕大部份普通女性沒條件將髒活累活羞活假手於人，於是文化理想人格與現實人格格格不入，那些女教書沒教她們如何應對非常態，爲了遵循孝道有時就必須打破孝道具體行爲規範。

　　曲折的生活讓她們變得堅強，變得平凡而偉大，也讓文化變得豐滿。或許，眞東西，並不會記錄在冠冕堂皇的歷史和經典中，讀史，說不定就是讀小說，一個是一個人的臆想，一個是一群人的臆想，一個時代的臆想。
　　（2015-11-30）

外公二三事

今天淩晨，外公走了。

第一感覺，外公終於解脫了，不用再受病痛之苦。原以爲，外公應是高興地走的，大家也會鬆口氣，而我應該不會傷心吧，只是擔心老媽。電話老媽，她聲音有些低沉。我不擅長勸慰，只是理性地分析外公癱瘓這幾年，或許他自己活得並不痛快，走了未必是壞事。老媽說，叫了幾十年的「爹」了，突然沒了……她聲音哽咽了，沒再說下去。我好像懂了，眼淚也出來了，回憶起與外公的點點滴滴……

（一）

印象中，外公跟爺爺一樣，也喜歡曬太陽。外公偶而被動看下小孩，我便繞膝玩耍。與人淡漠的外公爲何會被我賴上呢？因爲外公的腹部有很多肉瘤，像巨峰葡萄一樣掛著，摸起來非常有手感，很好玩。夏天的時候，外公是光膀子的，巨峰葡萄就這樣掛在外面，外公曬著太陽，從不拒絕我玩肉球球，所以我願意和外公這樣默契地待著。

現在想想，大人閒坐著，小孩在大人兩膝之間玩耍，就是所謂的承歡膝下、兒孫繞膝之意境吧，只是古人強調大人從小孩繞膝中得到的歡快，可從我回憶中感覺，繞膝是很有安全感的，大人坐姿如肉交椅、靠山一般，溫暖踏實，這大概是小孩們多喜歡繞膝的緣故吧。

（二）

外公以前是鐵匠，私藏了一把好刀，他用這把好刀切煙絲。

外公切煙絲時，很有儀式感。我們娃娃們會安靜在圍蹲著，瞧得很仔細，從衰敗的煙葉到金黃的煙絲，不想錯過任何步驟。我覺得煙絲離開切口的那瞬間美極了。外公用來捲煙的紙是我們那時的方格作業本，薄透，吸水性好，易燃燒。

實踐教學時，外公會手把手教我們如何捲煙，有細長和短粗兩種卷法。不管是哪種卷法，倒數第二個動作都是用舌頭舔紙的末端，用口水把紙黏合上，再慢慢壓緊煙絲封口。

小時候只對捲煙感興趣，對吸煙好奇心不大，曾在大人們的慫恿下嘗過一口，嗓子不舒服了很多天，自那以後對煙敬而遠之。

後來，哥哥長大了，也抽煙，他開始給外公買盒裝煙，可外公還是更喜

歡自己切煙捲煙。他們孫倆有時會一起曬太陽一起抽煙，哥哥有時會把玩下外公的煙斗，有時也會卷個煙回憶下童年。

（三）

後來，我長大了，不再繞膝玩耍，大人坐著我也坐著，可是開始聽得懂大人們的聊天內容了。

大概四年前吧，外公摔倒了，再也不能自己捲煙了。前年，他尚能顫顫悠悠扶著牆或者椅子，獨立把自己移到有太陽的地方；去年春節時，他又擅自行動，把自己摔得頭破血流，被發現時地上和眼角破裂處的血已凝結，他已在冰冷的地上臉朝地不知多長時間了，嚇得晚輩們直掉淚，越心疼越脾氣急吼他，反覆告誡他不能瞎走動。

今年春節回家時，正值那個英國人去瑞士安樂死新聞，老媽說外公也曾想過自殺。外公平時對吃的並不挑剔，有一次突然要求舅媽做雞肉給他吃。舅媽做好雞肉後，外公並沒有馬上吃。舅媽發現外公把盛滿雞肉的碗放在牆腳，責問外公為何不吃放這浪費。外公說，他希望引來蜈蚣。舅媽馬上意識到了外公想自殺，因為老家常識認為被蜈蚣爬過的雞肉有劇毒。老媽說，外公是可憐的，病得連自殺的能力也沒有了。

外公走了，外婆偷偷哭了一會，現在好像沒事人一般，其實外婆真傷心的時刻可能還沒到吧，吵吵鬧鬧一輩子的伴走了，另一半絕不可能是勝出者的高興。朝朝暮暮六十餘年，兒孫一個連，到底培養的是怎樣一種感情？或許，婚姻是唯一一種可以和敵人同眠的戰爭。（2016-2-29）

一個人的老後

親猶在，勿遠遊，兒行千里母擔憂。54 歲的舅舅臨行前，78 歲的外婆牽掛得眼紅了。外婆不忍離別，關上車門後，眼淚掉了下來。外婆生養了 7 個兒女，可如今都不在身邊，生病時、心情鬱結時，她連個答應都沒有，最終還是逃不掉「一個人的老後」。上野千鶴子在書中說：「結婚也好，不結婚也罷，無論是誰，最後都是一個人。」（2013-8-6）

她們都老了

突然想把村裏這些典型女性老人的故事寫下了，她們是這個時代鄉村發

展的見證者……

（一）叔奶奶明嬌

她是曾裸上身在場子上曬穀子的女漢子，她是村裏唯一一個會用一串成語祝福人的女先生……

在奶奶輩裏，她知書達禮，是個講究人，卻又不似大家閨秀般恪守傳統婦德，沒有如她名字一般嬌羞，卻明快爽朗。她也是爺爺一支僅存的祖輩元老，其健康應歸功於其性格。

全村僅她特意栽了棵梅樹，其性格也如那白梅一般孤傲，可惜生在這村野做了農婦。即使在這抬腳就可能踩到雞屎的環境裏，村人幾乎皆知她仍然活得講究，門前不僅有白梅，還有桃樹、枇杷樹、竹子等，都是她精心安排栽種的。

她不跟其它農婦一般，沒事就湊一塊打牌或八卦，她喜歡一個人看些「詞彙豐富」「多才多藝」的主流媒體電視劇，還喜歡毛詩，能跟「恰同學少年」裏面演繹的毛詩情感共鳴，偶而懊惱自己年紀大了沒法記住那些詩詞。

在這村野，她是寂寞的，很少有人能理解她。幾十年下來，她也沒有培養出一個志同道合的朋友。難以想像，她在同其它農婦談及她之所好時，別人是怎樣的表現與心理。

她看著她的同齡人一個個老去，又看著比她更年輕的人也開始老去，她把心事藏在孤枕難眠時，藏在一個人日復一日地守望日出日中日落時。

她說「人一定要堅強」，不管遇到什麼不順心的事，一定要堅強地挺過去，只要好好活著，總會過去的。

（二）大姑秀英

她是爸爸這一輩的年長者，她一生歷經滄桑，從小就聽人講起她的故事。

在我上小學時，她家是閃著金光的。我特別羨慕他們家孩子，每次去她家，都乾淨整潔，有很多零食可吃，屋後還有很多果樹，這代表了這家男主人會賺錢，女主人會持家。當時有個想法，做她家小孩多好啊！

在農村，一般是生了很多女兒，只爲了生個兒子，而她家是生了兩個兒子，還超生了個女兒，可想而知，女兒在她家是多麼寶貝！雖然我也有個哥哥，也是超生的女兒，可媽媽對我吃零食管得很緊，自家賣零食，卻只能偷著吃。

　　她家兩個哥哥大我很多，他們在外讀書，過年時給我們講見聞。現在回想，我當時一定是仰慕的花癡表情吧。或許我的求知欲就是從那時激發出來的。

　　這段美好記憶一直存留在我腦海，那是美好和諧富裕高雅的一家人。

　　直到有一天，媽媽帶我去探病，才知道她病了，一病將近二十年。這次見著時，才感覺她的病終於好了。我髮型大變樣，很多人都不敢認我，可在亂糟糟的人堆中，她一眼就認出了我，並叫出了我乳名，心裏激動啊！

　　她病了之後，很多人扼腕歎息，閒聊時會講起她的故事。

　　她年輕時，人如其名，秀外慧中，才貌出眾，可以說是當時的村花，這點可以從其女兒的長相中看出，一點不假。她具備典型的傳統婦德，持家勤勞賢惠，做人隱忍含蓄，孝順護犢。她的願望很簡單，夫婦恩愛，父母長壽，子女健康成長。可命運偏偏是賈迎春遇上了中山狼孫紹祖，她隱忍的性格最後鬱結成了心病，可即使在她生病後，她仍然是孝順的，也仍然是最愛她的孩子們的，只不過心有餘而力不足，有時候反而拖累了他們。

　　這樣的變故只是這個家逐漸失去金光的一種昭示，因為主心不正，其勢必衰，並非她之過，而是他之過。

　　幸運的是，她的孩子們都是孝順的，兄弟妹在最困難的時候相互提攜幫助，通過二十年的努力，三人各自成家立業傳宗，逐漸拂去了蒙上的塵埃，顯露出了昔日的光輝。

　　他們隨著自己能力的積累提升，安頓好了她的晚年，在相對穩定規律的生活中，她的病也好轉了。

　　這種病，不是一個人的病，而是一家人的病。她這樣單純的人，就是一個家庭的晴雨錶，家好她便好，家病她就會病！（2014-1-31）

大　姑

　　我博士論文寫的是女性理想人格，在我記憶裏，現實中具有傳統美德的理想女性形象大概就是我大姑了吧。

　　大姑比我老爸長五歲，小時候去她家，總感覺跟過節一樣，她家整潔乾淨富裕，有很多好吃的。大姑和藹可親，柔聲細語，勤勞賢惠，表哥表姐長得好看且衣著講究，是我們這些泥娃娃們羨慕的對象。

　　我童年最美好的記憶都停留在大姑老家進門第一間房中。去大姑家，會

路過一口清澈甘甜的水井，玩會兒水，就會聽見大姑遠遠地招呼我們回她家。大姑會在屋外就開始迎接我們，拉著我的小手迎進第一間屋子，然後把各式吃食都拿出來讓我們吃。大姑家後院後山有各類水果，有時我們也會去山裏邊玩邊吃。我回家時，大姑還會塞點糖、瓜子、花生之類的到我褲兜裏……後來她經歷了很多的磨難，紅顏薄命，但我記憶中的大姑永遠是那個最美的幸福小婦人形象。

現在，表哥表姐都已成人獨立，安家立業，無須操心了，大姑終於可以放心離開，放下這並不令人留戀的現世，去另一個世界重新開始了……

開心時刻，未曾虛度，不必反思；傷心時刻，已經煎熬，何必糾結。大姑，喝碗孟婆湯，忘了前生吧！願您重獲新生！（2015-12-7）

我與侄兒「臭屁」

曾與侄兒朝夕相處過一個多月，他就像一面鏡子，讓我想起了很多已經忘記的事，也讓另一個隱藏的自己得以釋放。

（一）心　思

中午跟老媽手機微信視頻聊事，臭屁硬是把手機搶走，可這次他搶走手機卻不說話，哄唬半天，他弱弱地來了句：「我再也不踢你了，你回來不？」

我眼裏一下酸暖，他有一個月沒嚷嚷要跟我電話了，原來是心裏還記著我上次說的玩笑話……

過年時，我要走的前一天，他特別地討厭，對我拳打腳踢吐口水，各種不爽。我不知道小屁孩是否懂得離別謂之何意，有點難過爲何臨走前非得整得不愉快。回單位後，小臭屁在電話裏問我什麼時候回來，我便說他對我又打又罵，要我回去幹嘛。我不知道這句話會在他小小的心靈裏留下痕跡，他一再許諾再不打我了，讓我趕緊回家，我卻嘴硬就是不回去，「怨」他打我。他聽到了自己不喜歡的回答，果斷地掛斷了電話。直到今天……

他真的長大了，有了如此細膩的情感！何必長這麼快，沒心沒肺多好……（2015-4-1）

（二）害　羞

跟爸媽視頻，臭屁一直在搗蛋，佔據手機，一個勁地問：姑姑，你在哪裏？什麼時候回來？

我知道爸媽割捨不下他，想叫爸媽出來住段時間，所以就跟小臭屁說：跟著爺爺奶奶到姑姑這來玩吧！

臭屁一個害羞的表情，立馬把手機讓給老媽，老媽在一旁引導他自己回答我，他還是害羞，一個勁地讓奶奶來說⋯⋯

老媽說，他等我這句話很久了，他經常保證再也不欺負我了，不吐口水不拳打腳踢了，只要我能陪著他，在他平時的表述中，一家人都要算上我這個缺席的姑姑⋯⋯

我靜靜地聽著，臭屁弱弱地問：是真的嗎？真帶我去嗎？⋯⋯

他的害羞，讓我有了種戀愛的感覺。那句「到我這來玩吧」，大體就像一個男孩對一個女孩說「搬過來跟我一起住吧」，在他小小心靈上產生的漣漪大體差不多吧⋯⋯（2015-5-25）

（三）他來同居了

突然，不管我在哪個角落，都有個人在呼喚我，還不停地跟我聊天。他伏在我膝前，數著我手上腿上的傷疤，頭一次有人如此關心詢問傷疤來由，很溫暖，但解釋起來也壓力好大，竟然不知道我身上何時有如此多傷疤！（2015-7-26）

（四）他的前女友

爸媽睡了，臭屁也睡了，這世界又安靜了，冰箱那嗡嗡聲竟變得有幾分親切了⋯⋯

下午跟臭屁鬥氣，他把我搬家用的泡沫當玩具差點玩壞了，我不耐煩哄騙就直接搶走了。臭屁在床上大哭想媽媽，不停地叫媽媽，這是這幾天哭時唯一一次叫媽媽。

給我的第一感覺是，他是不是真想他媽了，我不該欺負他的；第二感覺是，臭屁在拿捏我的軟肋，明知道我們不可能隨隨便便就把他送回爸媽身邊，這不是說他媽比我對他好，跟我叫板求待遇嗎！

一下子，他媽就成了前女友形象，他竟敢在我面前說他前女友如何好，如何值得懷念，讓我甚為光火！何況，他媽平時揍他也不少，我這新人就這麼著他一小下，他就忘了前女友給他的痛，就想著前女友的好，忘了我們之間的開心⋯⋯當時特想使勁教訓他！

哎⋯⋯最終想著，臭屁終究是自家娃，沒處退貨，只能耐著性子轉移他

注意力。不哄騙的代價就是要花十倍的耐心精力善後！（2015-7-29）

（五）親　親

今天挪了新窩，通過老爸的一番努力，窗明几淨，總算能有自己的房間安睡了。最最爽的是，從一樓挪到五樓，洗澡時不用再擔心下水道處突然跑出來條蚯蚓。一周之內，搬完辦公室，又接著搬家，累得屁顛屁顛的。所幸的是，臭屁一天之內總有那麼一會會是安靜可愛的，能帶給我不少快樂。

臭屁喜歡玩親親遊戲，我累了休息時，他會跑過來抱著我的臉親親，我把側臉獻給他，他親完之後竟然把我臉掰過去親嘴。正當我要感慨他長大後必然是個「禍害」時，馬上又開始擔心他將來可能會把女朋友們嚇跑！

對臭屁來說，親嘴就是塗口水和吐口水。左右橫掃塗口水準會把喜歡的姑娘噁心壞，直接吐口水可能會被姑娘賞巴掌！甚至會讓懵懂的姑娘產生心理陰影反感親親！

愁啊！將來他得如何才能學會正確的親親啊！跟某人學？跟文字學？跟某國視頻學？還是嚇跑無數姑娘後從實踐中學啊？

磕了碰了心情不爽了，老媽都用親親對付臭屁。或許對臭屁來說，親親能治百病，所以才樂此不疲。當然，或許對大人來說也是如此。（2015-7-30）

（六）新歡舊不愛

晚上嫂子主動給臭屁視頻聊天，視頻接通後，臭屁一聲不吭，一個勁地說不想跟她說話。硬把手機湊過去，臭屁就假裝睡覺打呼嚕，他媽媽使勁呼喚他，他就裝沒聽見。

等他媽掛斷視頻，臭屁就樂呵呵地跟爺爺玩起來了。我問臭屁，爲啥不接媽媽的視頻，他說他一點都不想她！他只想吃食不想人！姑姑家好多吃的！

這把我和老爸老媽樂壞了！臭屁除了哭的時候會叫幾聲媽媽，逼我們妥協實現他的願望，其它時間好像眞沒見他提過爸媽，尤其是沒提過他爸爸！（2015-8-3）

（七）羞　羞

預謀已久，所有細節都演練多次，終於帶臭屁去游泳館女更衣室這水池肉林春遊了。一開始的設想很不成熟，以爲他會大叫「羞羞臉」，應該是歡樂惡搞類喜劇的，結果卻是讓我想起了很多嚴肅的事。

第一次時，我事先在家穿好泳衣，老媽不下水，在一旁守護，帶她倆進了女更衣室。其它人都正紛紛更衣下水，要給臭屁換泳褲時，他拎緊了褲腰，畏縮地左右觀望，要找爺爺！老媽勸說他，大家都這樣，半勉強地給他換上了。水很涼，他凍得哆嗦，出水再入女更衣室時，也無暇欣賞春色。老媽在回家路上感慨，這游泳館挺好的，就是男女老少在一起洗澡，不講究！

第二次時，我依舊事先穿好泳衣，沒想太多就來了游泳館。到了女更衣室，才發現老媽運籌帷幄做了很多準備工作。她讓臭屁也在家換好了泳褲，讓老爸跟了去，出水後，我們衣著整齊先給臭屁洗好澡，再送出去給老爸看著，我們再回女更衣室洗澡。

這讓我想起有一次自己游泳，泳池兩邊有很多小屁孩在追趕玩水，幾個小女孩在指著不遠處的小男孩說他泳褲掉了半截，露屁溝了……小男孩全然不顧，後來男孩爸爸來領走他，走在男孩後面，一路上也沒有幫男孩提泳褲。當時在想，如果是媽媽帶著，估計立馬幫他把泳褲提起來了吧。

總的來說，女人比男人更容易有羞羞感，大人比小孩更容易有羞羞感，對身體比對道德更容易有羞羞感。大部份人在圍觀狀態下無法直視和正視自己的身體和道德！（2015-8-4）

（八）小皇帝

今天晚餐時，被臭屁翻牌了，頭一次翻我牌，讓我伺候他吃飯……

以前老聽人說他們是「中國小皇帝」，感覺是個不好的標籤，今兒算是見識了「皇帝」的氣魄……

在臭屁的世界裏，其它人都是臣子。家裏人口最多時，有七八口人，爸爸媽媽爺爺奶奶姑姑姨奶表舅表姑等，他會指揮不同人幹不同事。他覺得親近的人，會留下來貼身伺候，似乎伺候他是件美差，所以人多時會讓姨奶做飯，奶奶陪他玩，而我只是個遞水的角色。今天之所以翻牌讓我伺候餵飯，是因爲爺爺奶奶拒絕給他吃冰塊而我縱容了他。

臭屁「皇帝」有那種「萬物皆備於我」的氣魄，所有資源都爲他所用，他讓誰餵飯，誰還眞巴不得他趕緊吃飯，屁顚屁顚給他餵去！他安排其它人辦其它事，只要不太離譜，一般都是順著他的意思，免得他鬧騰！這種充分調動資源不怕麻煩別人的意識，是我成長經歷中所沒有的，說不定他們這一代還眞能培養出不少將將之才。

臭屁皇帝還是個多情種。白天他和爺爺奶奶出去玩了，直到下午我下班

了才見著我。我累了躺沙發床上，臭屁就從隔壁特意湊到我床邊，跟我安靜暖心地說著話：姑姑，你上班辛苦了吧！然後就安靜地躺在我臂彎裏……

腦海裏浮現的場景就是《甄嬛傳》，這不就是皇帝來看環環了嗎！以前那些撕咬的恩恩怨怨一筆勾銷了！

晚飯後，我陪他玩瑜伽球，他要尿尿了，很不好意思地說：姑姑，你等一下哦，我不會去太久的，不會大便的，不然就沒人陪你玩了！……

臭屁皇帝的心中裝了整個世界，操心得很！有時也會記起那些遙遠的人，我教他認手機鍵盤上那個#鍵時，他說這是我們李璟（我表弟他叔舅）的jing……（2015-8-6）

（九）牙　疼

和爸媽臭屁逛商場，大家都挺累的。臭屁突然可憐巴巴地望著我說：牙疼，牙疼得要死！我蹲下檢查了一下他的牙和牙齦，沒有異樣，就對著他的疼牙位置給他吹了點「仙氣」。

安靜了會兒，他又說，牙疼要抱抱。商場人多又吵，只能抱起來再講理：牙疼又不是腿疼腳疼，怎麼就不能走路了呢？

他不搭話，只是哭腔著說：牙疼，牙疼……

好吧，又吹了點「仙氣」。

一而再再而三……感覺這吹「仙氣」的姿勢越來越像正兒八經「親親」，他還挺享受的。於是，我也開始嚷嚷著裝牙疼，他卻沒給我吹「仙氣」，而是哈哈賊笑，不牙疼了，開始掐我咬我……我也沒示弱，以牙還牙，扭打互咬完後，他再也沒提牙疼這回事。而我，一路上一想起他裝牙疼，就忍不住在他面前繼續裝牙疼，像揪住他小辮子，不斷試探他反應取樂，他每次都是哈哈賊笑。

下次要是有人對你說 TA 牙疼感冒之類的，請別再讓 TA「多喝水」，說不定 TA 是想讓你幫忙吹「仙氣」……（2015-8-8）

（十）我愛你咧

早起上班，叮叮噹當拾掇鑰匙串，臭屁聽到聲音，就從老媽床上爬下來，顛顛撞撞跑過來問：姑姑，你幹嘛去啊？

我：上班啊！

臭屁問：你上班幹嘛啊？（臭屁大概是希望我在家陪著他玩吧。他需要

我嗎？臭屁的睡裙很短，衣領卻很大，有些鬆垮，時常會露半邊鎖骨出來，一副很誘人的樣子……）

　　我突發奇想地問：你愛我嗎？

　　臭屁毫不猶豫地說：我愛你咧！（臭屁基本不會說普通話，他說話時帶著鄉音中那可愛的尾音，讓我覺得這愛很輕鬆，易於接受。因為他未經思考就說出來了，讓人覺得特別真誠。或許在臭屁的世界裏，我愛你就是此刻我愛你，而不是我將要佔有你，或是我將要對你負責任，或是我將需要你辦點啥事……）（2015-8-10）

（十一）家庭暴力

　　早起臭屁要糖吃，不給，沒防備，又挨了他一拳，被打破了上嘴皮。

　　回屋照了照鏡子，細數下我臉上這些傷，可憐我這如花似玉的大姑娘臉啊！幾天前被他砸了右邊腦袋，現在還隱隱作痛，一按更疼！還時不時被他扇大耳光子，恥辱啊！看娃真是個高危活啊，放鬆警惕，就要挨打！

　　當然，他也沒少挨揍，但我只反擊不主動挑事。我不是特別疼的時候，就會控制力道以同樣的方式反擊回去以示懲戒；如果我真疼了，下手也就沒那麼留情了。

　　打屁屁算不算家庭暴力？那得看情況！有時他屁股會被我打紅！可臭屁最喜歡回看他屁股被打那段視頻，不像是要記仇，倒像是在欣賞，看得樂呵呵的！

　　在臭屁只有幾個月的時候，我們就發現臭屁只對自己的照片和視頻感興趣，並且具有止哭功能！這次發現，臭屁回看那些遊樂場遊玩的正常視頻時臉上一點表情也沒有，卻特別喜歡回看他哭鬧和挨揍的視頻，本來哭鬧得厲害，一放他剛才哭的視頻，他就能安靜下來欣賞，津津有味，還時不時點評下視頻中自己的「演技」和細節……難道自戀是本性？

　　對臭屁來說，我越是以牙還牙似的和他打鬧，他越高興越鬧騰，至少我是和他玩的。腦袋被砸那次，我實在疼得不行，懶得搭理他了，想躲自己房間靜靜地擠兩滴眼淚。他察顏觀色厲害得很，知道情況不對了，一副可憐狗的樣子，在不遠處跟著我，但又不靠太近。我有些不忍心了，怕「再也不理你了」這種話太重，讓他沒有安全感，於是我放鬆了臉上表情，抬了一下嘴角，他就馬上湊上來了，各種抱大腿糾纏。可是，我不冷暴力了，他就熱暴力不止。

不管是對小孩還是大人，熱暴力傷的是身，冷暴力傷的是心，都會有後遺症，即使表面癒合了可還是會留疤。（2015-8-11）

（十二）無　情

有時候在想，那些修行大德們，跟臭屁一樣時而可愛時而頑劣的徒弟相處時，是不是也會有抓狂的時候，難道他們能做到時時慈悲安詳？

跟爸媽臭屁相處這半個月，我好像變得從容了不少。

老媽病了，問清病狀，買藥去，也沒那麼發慌那麼多感慨了。

臭屁哭了，哭就哭吧，我先把手頭事弄完再去哄他。

很多事情，熟練之後就會顯得無情一些，而明白之後就會變得無情。此所謂，天道無情！曉天道者易無情！

雖然看似無情，但內心有一道堤壩，遇著一事，這堤壩就會築高一層。然而，千里之堤潰於蟻穴，說不定哪天因某事在某人面前，睛河之堤也會泄洪吧！（2015-8-13）

剩女看紅塵

年近 30，才漸漸活明白，不再慌張，也不再輕易投身於第三人制定的評價體系，努力修煉提升自己，不是爲了嫁個更好的男人，而是爲了不依附男人。男人有也好，無也罷，照樣快樂的生活，讀書、寫作、旅行、游泳、學車、處理工作和家事……不斷嘗試和挑戰些新的東西，讓自己的生活參差多態才是幸福之道……（2014-3-29）

這十年

1. 家人由五口變六口。爺爺走了，嫂侄來了。
2. 談過一場會流淚的戀愛。
3. 得遇三五貴人。
4. 得交十餘至情至性好友。
5. 學歷由學士變博士。
6. 職業由學員變教員。
7. 體重由 50KG 變 60KG。
8. 性格由眞變成了眞二。

9.氣質由自卑變得自信。

10.有了信用卡，對銀行，對朋友，對尊長，對家人。

再次減了短髮，希望體重也能回到十年前，可不管怎麼努力，也沒法從聖鬥士變回小清新。

雖然希望外形上能與十年前接近一些，可這十年走得紮紮實實的，已忘了來路的辛苦，只覺得現在收穫得還算美好，不想回到十年前重新來過，也沒那個膽量和魄力了。

連續 2 了十年，以後每十年才 2 一年，期望以後的人生會比過往更順意。

媽媽爬山涉水巧妙躲過計劃生育的血刀，把我帶到這人世間，要活就得活得漂亮！下周就開始減肥了，希望能以輕盈姿態踏上新旅程。

謝謝一路有你們的陪伴，估計以後我也不會讓你們省心！大家都得好好的！（2013-10-15）

31 歲，剛剛好……

31 歲，剛剛好，不小也不大，不嫩也不老，不瘦也不肥，不拘謹也不任性，不自卑也不自負，心大但心氣不大，胸小但胸懷不小，不拒絕熱鬧卻更喜歡獨處，抹平了所有傷害和被傷害，知道幽默比嚴肅難，樂觀比悲觀難，外向比內向難，開心比悲泣難，開闊了眼界也懂得了尊重，學會了欣賞也懂得了珍惜，開始務實卻不現實，不斷努力卻也從容，能嚴肅也能活潑，能品茗論道也能把酒言歡，聊得來家長里短人情世故，也辯得了國際時局生命真諦，有時看似個認真的女師，有時看似個不羈的姑娘，努力做個絕望的樂觀主義者，嬉笑怒罵而不逾矩……31 歲，剛剛好！（2015-10-23）

談愛情，太深沉

看美劇的時候總在想一個問題，是否多年後我們的價值觀會與他們現在趨同呢？當然，我國只要還有計劃生育，對待意外懷孕的生命態度應該幾十年內都沒法趨同吧。可是，在男歡女愛方面呢？

爸爸媽媽，我愛你。

兒子閨女，我愛你。

老公老婆，我愛你。

中國人學會了西方人的情感外向表達，對親人說我愛你，越來越容易，也越來越多見。可是，在男女兩性的不確定情感關係中，說我愛你，卻越來越少了。

當遇到心動女生或男生，你還會說愛 TA 嗎？以前的人，即使是敷衍，也是能將「我愛你」輕易說出口的，可現在，還有多少人可以或是願意或是能夠強迫自己敷衍另一方說「我愛你」，即使是說謊，這三個字的出現頻率也越來越少了。

因爲談愛情，太深沉，自己沒弄懂，怎麼說出口，欺人也得先自欺吧。而要梳理清楚兩人的關係是我愛你，還是我喜歡你，或是我想你，或是我需要你，或是我習慣你，或是我在乎你，或是我跟你在一起很舒服，或是你我看起來般配⋯⋯要弄懂這些，太費腦子了，而且很掃興。很多人內心會希望，能不能不糾結，在一起便在一起，不能再便分開，順其自然，隨心所欲。可現實生活中，兩性中總有一方在某個時候特別糾結這個問題，你愛我嗎？

在我老家，處對象叫談愛，可現在，愛很多時候不是談出來的，而是做出來的。當愛情現象可以用現在科技手段檢測出來的時候，愛情變得不再神秘，絕大多數人都能接受愛情有保鮮期一說，而且接受這保鮮期一般都不長。即使有人說永遠愛你，也知道這只是當下的眞誠美好的願望，不代表說了就一定能做到，說了愛就不會變化。

可以說，荷爾蒙拯救了性愛，卻毀了愛情。大家能理性對待一對多的荷爾蒙高漲，尷尬時可以自嘲，生理反應，代表不了啥。而一對多的愛情卻是會遭受道德譴責的，似乎愛情就只有專一才是聖潔的。博愛什麼的，就是誰都愛又誰都不是特別愛。博愛是宗教精神，不是男女愛情，兩性情感需要的是特別的愛，最好是獨一無二的愛。

我們眞的越來越愛無能了嗎？有時候愛需要談，談需要機會、時間與心情，有時候還需要錢等物質來保護愛不被其它傷害，干預的因素太多，顧忌的事情太多。想一見傾心，可一三思而後行就沒有後文了。

愛原是人的本能，卻被理性活埋了，隱匿得太久太深，要重新拿出來表白，就不太容易了，有時候都忘了愛被藏在心裏哪個角落。不是不能愛了，或許是我們越來越理性，越來越謹愼，越來越對愛情負責任了，不僅是對他人負責，更是對自己負責。不想愛了還放手，不想愛了還受傷，希望愛就能幸福，愛就是幸福。（2013-12-29）

單身情懷

　　單身，是一種情懷，可並不是什麼高尚的情懷，而是一種很二的情懷！單身情懷，包含著一種自嘲。嬉笑怒罵，不是針對他人，而是針對自己的過去現在和未來。獨處久了，會更了知自我，常常會一個人傻笑，因為那些只有自己才能夠覺知的小意識流，自嘲自己的前世今生！

　　單身情懷，包含著一種惰性。很多單身，並非真信奉不婚，而是在一種單身的慣性下，悠哉悠哉，尚未遇到足以改變這種慣性的外力，主動尋求改變的內力不足，自我悅納程度較高，覺得這種惰性下生活，至少不會更差，前進一步，也未見得更好。偶而會想想，這慣性是因為在下坡路上，應該剎車調頭，可是，又想調頭太費事，即使掉頭了，艱難的上坡路，最終還是得走另一條下坡路，剎車念頭便一閃而過。

　　單身情懷，包含著一種大愛。真單身的人，大體都對拆廟重建沒啥興趣，多是想撿個漏找個沒人管沒人愛的新建個廟，彼此有個棲心之所。其實，愛和被愛，救贖和被救贖，是差不多的。真理解到了這一層才會明白，付出並不比接受更高貴，就像陽光普照，百花盛開，或是雨雪淅零，萬物滋潤，彼此成就。有這樣的認知或許會更和諧，不再斤斤計較誰付出得多誰吃虧，誰主動誰被動，更不會覺得付出多就可頤指氣使。可惜大多數人仍活在付出與回報的短循環中！（2015-10-28）

晚婚孝不？

　　某友親人故去，自責不已，為何不早點結婚生子，遂了老人心願。世間最悔最痛莫過於子欲孝而親不在!父母身體健康狀況變化有時是兒女人生選擇最大的意外與轉折。尤其是生死大事，瞬間覺得自己一切冒似有理的挑三揀四，都是那樣的不重要，在哪工作不是糊口，跟誰結婚不是柴米油鹽。好像只要自己不再計較，能湊合，就能馬上成家立業，進入正常生活狀態了。可是，一面對具體對象，所有計較又都會重現。

　　不論男女，選擇單身至今，並非男女比例真失衡至此嚴重，其中緣由，各自心中有數。單身，不能怨社會，不能怨他人，不要說單身苦，也不要同情單身苦，我們或多或少都是活該的，也就是說，是我們自主選擇的結果。

　　婚姻是一種承諾，不是寂寞找伴，不是逼婚嫁娶，是一種關於幸福和將

來的承諾。很多人追求完美，不願意濫竽充數，不願意只是搭夥過日子，更不願意只是傳宗接代。而有些人只是期望聊得來，可最簡單的要求往往也最難。

結婚生子就是孝了嗎？按照古人要求，「孝子之養也，樂其心，不違其志」「孝有三：大尊尊親，其次弗辱，其下能養」，我們有幾人能良心安穩地說自己是孝子？到了我們這個年紀，三十上下，遠離家鄉工作，每天加班應酬蝸居，大部份人無法承歡膝下盡孝，只能寄些錢回家，常通電話，假期探親。即便勉強將家人接至身邊，也很難說是誰照顧誰。

我們很多人，容易自責，是不是自己沒做到位，是不是自己說錯話了，是不是自己不夠努力……有時並不是因爲自己做得不夠好，事情才朝我們不願意的方向發展。在力所能及處，盡心孝，盡行孝，不一定非得犧牲自己來成全父母所有心願。大孝子舜帝的父母還希望他死，他總不能眞去死吧。

學會原諒自己，嫣若桃花，心藏萬壑，繼續前行。（2013-11-9）

告親友書

每到過節，親友就會提前關心我，都是擔心我一個人過不好，尤其是老爸，每到周五晚上就給我電話或微信，連周末都擔心上了。有這麼多關心，心裏暖暖的！其實，我覺得我比一般人過得稍好一點，生活簡單，沒那麼多煩惱憂慮。如果過得很慘烈，估計人之本性也會使我趨利避害，尋找解救之道的。

你們以前老擔心我一頓飽一頓餓吧，現在我變乖了，一日三餐，早餐茶葉蛋，中餐晚餐吃食堂，每頓都有這麼豐盛，光盤不浪費。不要老以爲有家才能過節，沒老公就會餓死，自從有了食堂等社會化保障之後，老公的功能越來越聚焦了。寧缺毋濫！雖然很想狠狠地說一句：男人只是用來傳宗接代的！一雪女性千年苦楚！可是臣妾還做不到，我沒那麼強大！偶只是個胖胖的弱女子，如非生活所迫，我絕不願意強大。做個終生被人呵護的柔女子多好！

我一個人還好，如果做不到兩個人更好，我不知道爲何要改變現狀。冰心對鐵凝說，「你不要找，你要等」，瓊瑤等到41，鐵凝等到50，吳儀等了一輩子，那又咋樣，結了就一定更幸福，不結就一定不幸福嗎？

你們能不能對我有點信仰！以我現在的性格，一定會結婚生子的！世事

太多無意義，唯有人的傳承在無意義中又有那麼點意義！別擔心了，我還好！不好的時候，會厚著臉皮求關心的！（2015-3-5）

如果我走了

如果我走了，希望在一個小地方舉辦葬禮，來的人都跟我人生有些交集，在某個季節，彼此相識……

可以聊聊我的八卦，你的愛恨情仇，和那些還未來得及開始的風花雪月……最後別忘了說，雖然她很二，但我喜歡過這個姑娘……

悼詞裏不要寫我發表了多少論著，做了多少課題，獲得了什麼獎勵，是個什麼職稱，賺了多少錢，被多少牛B人物待見過，或是成了怎樣的人物……就說說你曾經有多愛我吧，越煽情越好，真的假的，至少聽著蠻爽的。

如果我走了，你們肯定仍將繼續……

某天，你路過某處，聽到某段話，見到某物某人……或許你會想起我，希望我是那個溫暖的存在。不過，最好還是忘了吧！（2015-4-3）

偶　遇

早起趕會，在地鐵上偶遇同行。下了地鐵，本能地拿出手機百度地圖找會址。他說，先出去觀察下吧。出了地鐵，他仰觀俯察，我看得莫名其妙，他說應該往那邊走，西北方向。

多年的點頭之交累積成今朝偶遇的信任！我知道他不是個壞人，知道我們在某一個研究方向上有交集，除此之外，一無所知！可，這就夠了，我知道他不會把我帶溝裏去！實在懶得操心！我收起了手機，決定相信他。

我也不怕他笑話我路癡，邊走邊問他如何辨方向。曾經多少人教我分東南西北，而今仍只會前後左右。他耐心地解釋，首先是太陽位置，其次是大建築多是坐北朝南，再次是道路一般是正南北東西。我感覺這次我好像懂了，拐彎後嘗試重辨方向，像小學生一樣向老師求證對錯，他的回答像是大概基本可以算對吧。到了一廣場，找不到目的地，想起了會議聯繫人，思維習慣是掏出手機趕緊電，這次遲疑了一下，瞟了他一眼，見他已準備電聯了。不想管那麼多，跟著走，不問對錯，這種不用負責的感覺真好，不用對他人負責，也不用對自己負責，還不是那麼趕時間，錯了大不了重來。

隨他走，很順利找到目的地。到了會場，我們又復歸到原態，蜻蜓點水，熟悉嗎？陌生嗎？這並不是人情淡漠，互不關心，而是成長了，開始懂得尊重彼此的界限，只聊學術生活，不聊現實生活。

我們侃侃而談數年研究之心得，安身立命之積纍，可能家人對此毫無興趣！通過會議上坦誠交流，我們有可能彼此知道思想最隱微處，十年、數十年研究之精要，可是，卻並不知道彼此過得是否開心幸福。有些人，適合思想共鳴，有些人，適合情感共鳴，兼得很難……（2015-6-13）

「買櫝還珠」又如何

平時吃菜，都是先把不吃的調料選出來，比如花椒，蒜，薑之類的，然後再大快朵頤。今天吃這酸菜粉絲的時候猶豫了一下，菜裏薑片很大很多，根據前幾天的菜場行情，這菜最貴的就是薑啦，8元一斤，白菜1元一斤，粉絲3元一包，把薑挑出去吃白菜不就是「買櫝還珠」嗎？最後還是把薑片挑出去了，吃東西不能看價格來勉強自己吃不喜歡的。

一直覺得買櫝還珠不該是貶義詞，不能簡單地以價格來定東西的珍貴程度，有些人更喜歡珍珠，有些人就是更稀罕裝珍珠的盒子，那又怎樣！憑什麼更喜歡盒子的人成了不識貨的！

於食於物於人，道理相似吧！（2014-2-27）

刹那愛情

佛說：一刹那九百生滅。刹那無常。愛情亦無常。不懂愛情，卻常聞一種愛情現象，自定義爲刹那愛情。

S娘娘說，之所以有這麼多剩女，是因爲剩女之間太會抱團取暖。剛開始沒看懂，細細琢磨，剩女紮堆時，常會交流各種奇葩經歷！三個剩女常聚會，準能培養出一女性主義者或是一女漢子。

Y妞常說，每次相親，她都會設想下與相親男的下一步，下一步，下一步……如果卡在哪個下一步沒法想像下去了，一頓飯後基本就不再聯繫了。一頓飯的工夫，她不動聲色地，既戀愛了，結婚了，生子了，還失戀了。或許那相親男也是如此吧。

他們這還是很費時的，有些人，只是提到某個相親對象，可能連人都沒

見過，根據簡單的個人信息，腦海裏就開始演繹下一步、下一步、下一步……從感興趣到失去興趣，也就一刹那！

這種現象，雅一點可以叫刹那愛情，俗一點其實就是 YY。

L 妞和 D 妞都曾問，他們一開始那麼主動那麼熱情，怎麼說變臉就變臉了！

一刹那九百生滅，在不經意間，你已被戀愛被失戀了無數次，只是這次讓你察覺到了而已。

刹那不是一個比秒小很多的三維時間單位，從更高來看，凡人一生也就一刹那吧！有些人的那刹那愛情會持續幾年幾月，有的人只會持續幾天，更多的人只是自娛自樂了會兒。（2015-7-5）

別愛得低到塵埃

姐姐，你一大早來電讓我著急，那海龜男挺一般的，你卻把他當個寶，當個男神，為自己高攀不上他而苦惱，把自己低到塵埃里了，這讓我非常不爽！你是那麼可愛的姐姐！姐姐應該自信些！

在我看來，姐姐是有資本自信的！第一，你是凹凸有致婀娜多姿的女博士，有才也有料！第二，你熱情且婉約，願意主動去愛人關心人，付出所有，不怕傷害，你也是個傳統的人，在戀人面前是那般嬌羞。第三，你自食其力又小鳥依人，工作和生活都很獨立，精神上卻需個互補，女強人又不失女人味。

當然，假如我是一名男子，或許會覺得你的優點中也有不足：第一，高學歷是否最終綜合體現出相應的高素質，還在於你們的日常交往表現；第二，你有才料，卻思想保守傳統，男女所認為的情調是不同的，你要的是粉紅色，可能別人要的是火紅色；第三，你感情上有些黏著，或許男子們更喜歡的是那種女人精，懂得察顏觀色，適可而止。

希望你更自信些！對自己的能力有更多的認可！你貶低自己，他人又怎會尊重你！你鄙視你的環境，他人又怎會尊重在這個環境中成長的你！愛中國，就是愛你自己！

我覺得：跟不自信的人相處心太累，時時得照顧對方情緒感受，生怕對號入座刺痛到對方；跟太自負的人相處很無語，任何好心異議都會變成挑戰權威，旁觀著無知卻懶得辯駁。如果不自信的人和太自負的人非得處在一起，

那就摩擦吧！除此之外，我也不懂如何是好！唯一能做的，你難受了，我始終都在，直到哪天你嫁人了，幸福得把我忘了！或是相夫教子忙得把我深藏心底！

成熟的人應該是包容的吧！愛你的人應該是懂得欣賞你的吧！挑挑揀揀到如今，難道就是爲了年紀大了沒得選了而將就嗎？！苦了之前人生，難道還要讓後面人生也不爽？！還是說，之前人生爽夠了，以後可以不爽了？！婚姻大事，應該上心，但不應該焦急，讓子彈飛一會，讓淚水流一會。慢慢的，或許我們都會懂得……（2015-8-6）

別跟枕邊人八卦閨蜜

女子不要跟男友或老公八卦自己的女閨蜜，男子不要跟女友或老婆八卦自己的男閨蜜（兄弟），是一個道理。

度娘上有很多閨蜜劈腿事件，生活中也不乏此類，這種事沒有落到自己頭上，便覺得與己無關，仍是和枕邊人八卦閨蜜的隱私細節，勾起枕邊人對閨蜜的無限遐想，從精神出軌到身體出軌，就只欠東風了！

有趣的是，不管你八卦閨蜜私德的好還是壞，都會勾起枕邊人的好奇心。如果你把她說成聖人，他要麼想擁有這樣一聖人，要麼想戳破她的面具把她變成聖人婊；如果你把她說成破鞋，他估計也會想搞破鞋。

可悲的是，一旦東風到了，枕邊人對閨蜜從好奇心出發培養出了眞感情，那就有人要哭了。很多人並不自知這感情是怎麼發生的，以爲是眞愛，不管你如何斥責，他已深陷其中，其實在一定程度上講，是你的絮叨一點一點撮合了他倆，是你給他倆創造了動因和機會。即使反思者能自知，可感情已經產生，這是實實在在的，抵擋不住的喜新厭舊，即使沒有好的開始，有些人也會感情至上，不顧一切追求好的過程和結果。

唯一能抵拒這種禁斷之念的只有道德律，不存非分之想，不占非分之人或物。這種道德律要高於一切，尤其要高於愛情，不能以愛情爲由去傷害他人。一旦沒有這種道德律，欺朋友妻就不是欺騙欺負了，他們會認爲這是拯救解放的。

成年人的感情，很多都是千瘡百孔，有時重建比修補還要容易些。枕邊人是傾訴的對象，但內容儘量不要涉及私德，後果難控。婚姻維艱，你們就別自己挖自己牆腳了！（2015-9-29）

如果我是男人……

我身邊有很多女性朋友，有結婚的，也有未婚的，有 60 後的，也有 90 後的。跟她們在一起時，我覺得我更像是個男性的角色，時常會用男性的思維方式去聊天分析。其實，我並不懂男人，只是換了個角度而已。

假如最近有空時我便找個 40 歲左右的女性聊天吃飯遊玩，我大概在想什麼？

我是寂寞需要人陪嗎？可能家裏有一大堆破事，只是不想理那些事那些人而已，跟她在一起，好像可以遠離那些現實，輕鬆自在會。當然，或許是因爲這個熟女魅力氣質確實吸引我，讓我欲罷不能，充滿無限好奇心，或是欣賞，仰慕……

我愛她嗎？愛，愛是什麼？！喜歡，說不定有點。其實就是一種曖昧而已，我沒對她怎麼樣，也不存在砸手裏必須負責任。

我會娶她嗎？如果兩人都單身又著急生娃，可能首先會考慮婚姻這事，但不會墨跡這麼久還沒挑明主題。如果兩人都單身，她的附加值滿足我的需求，可能也會考慮用婚姻進行綁定，不過應該也不會墨跡這麼久還沒挑明主題。如果兩人有一方不單身，不管是男方還是女方，我大概是不想拆她或拆自己的舊姻緣再結婚的。野花變成家花，大體都差不多的。

曖昧不是愛情，希望妳們且聊且小心。不管男女，大概都有中年危機吧，未婚的急吼吼想找人生娃，已婚的渾身癢得不行。無數失敗的婚姻告訴我們，親密關係是最難的修行，不是誰都可以過好家庭生活的，也不是誰都能 hold 住單身生活的。現在我國道德輿論環境，既不利於女性在婚外追求愛情，也不利於女性大齡不婚享受愛情，何況那還不一定是愛情，別著急脫雙，也別著急脫單，得看準了。違逆主流生活是會付出相應代價的，妳們內心足夠強大嗎？

我不懂愛情，也不懂婚姻，在這瞎扯，只是希望妳們客觀分析現在生活，珍惜當下。（2015-11-18）

暖男進化須知

暖男，就像是男人世界裏面的綠茶婊，很多女人喜歡暖男，就像很多男人迷戀綠茶婊，都是有一定道理的。

偶而會聽到解救剩女的言論，可氣卻不能言語。我朋友圈剩女很多，就說說我對她們以及自我的瞭解吧，方便進入和重新進入婚戀市場的諸男瞭解你們的對象，進化成暖男。

剩女不需要解救。她們絕大部份都過得挺好的，接觸她們，應有的心態是能否錦上添花，而非解救她們脫離苦海。

受情傷剩女也不需要解救。剩下的原因有很多，如果是受情傷剩到大齡，以你們這種輕浮的心態也解救不了她們，沒有更好的癒合良藥，就不要去揭傷疤。況且，她們大多數都能正確對待過去的人與事，不要放縱自己的窺私欲，自私地去揭開傷疤看看這群特殊人類流的血是黑色還是紅色。

尊重她們的工作。大部份剩女之所以能剩下，是因爲她們有獨立的經濟來源，不需要依附於男性和原生家庭，而工作正是她們實現選擇自由的重要保障。即使她們偶而抱怨自己工作多麼苦 B 沒意義，那也是只能自己說自己窮醜胖，決不希望別人如此說。

解救！你們還是救救你們自己吧！有時候你們受挫，真不是因爲你們沒錢沒權沒顏，可能就是因爲你們那種扮演上帝的態度吧！而且，即使你權錢顏三占一二，也不代表她們會願意忍受你們那上帝的表演！（2015-5-8）

金婚老人的愛情

老爺子生病了，老奶奶說：你生病，主要因爲老看書不運動，以後少看書，多走動，抽煙不好，要戒了，喝酒也不好，也要戒了，打牌一坐就是幾個小時，也要戒了……日子好過了，你要愛惜身體才能享福……

老爺子很安靜，不辯駁……

我要是老爺子，心裏大概會想：就這點愛好了，啥都戒了，活那麼長幹嘛！

要女人理解男人，是很難的，即使結婚數十年，因爲關心和愛的著眼點不同。（2015-6-21）

現代婚姻與古代的不同

關於「小三」

古代婚姻有兩個特徵是現代婚姻沒有的：一是「七去三不出」，無後指妻

子到了五十歲還無後才可以休妻，不能隨便跟嫡妻離婚，感情不合也得保證嫡妻的家庭地位和合禮財產，而且古時平均年齡也不高，誰還真到了五十才休妻再娶啊，早納妾解決傳宗接代的問題了；二是不能以妾為妻，也就是小三小四不能扶正，嫡妻離了死了可以續娶，但以妾為妻犯法違禮。小說詩詞裏面出現的不同現象多是個案。與古代婚姻相比，現代婚姻更自由開放，法律道德約束較少，同時解放了男性和女性，女性從「囚禁」到「自由」，或許更能感覺出現代的好吧……

關於早婚

從中國歷代對結婚年齡的規定來看，結婚年齡與心理成熟度無關，只與朝代人口政策有關。想大量增加人口時，可規定女子十五歲之前必須出嫁，不出嫁的話，其父母受責罰，政府還會出錢資助大齡男女婚配。實際中，古代女子結婚年齡多跟她們的生育能力有關，女子來月事之後便可生育，所以十二三歲便可結婚履行她們生育工具的使命。如果到五十歲還沒有生育，才可以名正言順休妻，之所以定五十歲，估計也是因為更年期了，沒有生育工具價值了吧。社會新聞中報導，有些地區有早結婚現象，這新聞新嗎？不新！怪嗎？不怪！（2015-10-14）

情　家

媽媽在炒菜，我在一旁邊做測試邊咨詢。期間，發現了一個很有意思的本土文化現象。對於「情家」一詞，有多種解釋。

1.「情家」指「親家」，是兒子與兒媳婦（女兒與女婿）的父母們相互之間的稱呼，男性叫「情家伢」，女性叫「情家卯」（親家母），建立在姻親關係上，是善情因緣。

2.「情家」指「情婦」或「情夫」。情婦叫「情家卯」，情夫叫「情家老鍋」，是野情因緣。

3.「情家」指吵架生仇者。例如：他們是兩情家，吵了大架，現在不講話。為什麼吵架的人會被叫情家呢？媽媽說這是俗語。我思考了下問媽媽，是不是在鄉下吵架較多的是「親家」？媽媽說：是的，親家之間多因為兒女問題吵架，聘禮、婚禮、生子、長幼相處等問題，都可能牽扯出兩個原生家庭的矛盾，若是女子在婆家受欺負，親家之間還可能生出大仇，有兄弟為妹妹向

公婆家大大出手的。這個詞用來比喻形容吵架的鄰里，大概是在過去社會，能和諧相處的親家沒有幾對吧。這是惡情因緣。

皆是緣情而生，因緣和合⋯⋯（2014-7-29）

小鎮女人

昨晚飯後，嫂子請老媽和我去汗蒸，清洗養生迎新年。

汗蒸店好近，近到我們穿著睡衣拖鞋就晃蕩過去了。小鎮汗蒸店別具特色，具有豪華潛質，每個洗澡間都是單人的，不似集體大澡堂，或許對於小鎮女人和男人來說，同性間彼此赤誠相見仍是十分尷尬的吧。

汗蒸房共兩間，小間休息，大間供熱。剛進去時，有兩男三女，我們進去就是兩男六女了。那兩男子年紀並不大，本來安然玩著手機，見陰盛陽衰狀不自在，便商量著立馬離去了。女人接二連三地進來，再無男子，這下汗蒸房便是女人的天下！

純女人的場所是十分開放的，主要是因爲已婚婦人言語和話題啥都不吝。主題大致可以分爲兩類，一類是微信搶紅包趣事和經驗，另一類是生死男女。

前天，鄰里有一百萬富翁中年女老闆突然離世，她平日勤儉持家，只懂賺錢不懂花錢。她們爲她扔下幾百萬沒花就走了感到惋惜。一女說她今天切了四小時肉，一女說她白天忙得不行了⋯⋯言談之間，她們雖然沒有明說不要過勞而要養生長壽，可 54 歲女老闆的死，給她們心靈震撼還是不小。

她們的言談並沒有沉浸在亡者的緬懷傷痛中，而是開始暢談其夫未來美好生活。亡者之夫，處在瘋狗年齡段，有錢有貌又細膩，標準中年多金暖男，又經中年男人三大幸事之一喪偶，估計搶手的很，他下半生應該會過得更好吧⋯⋯她們終是沒有將那句真心話說出來：女人要會賺錢還要會花錢心疼自己，不要把錢留給男人花給別的女人！

小鎮女人從守財到理財、生財，從苛刻自己卻大方爲男人孩子到花錢買服務讓自己舒坦開心，這是一種社會進步。除夕前夜還能有這麼多女性聚集在汗蒸房侃大山，我是滿心歡喜的，這社會價值觀念真的在一點點發生變化，這種變化終於影響到了邊遠小鎮。

媽媽在回來的路上說：你嫂子挺會心疼自己的。我說：會心疼自己是好事，自己賺錢自己花，您別管這麼多。您也要會心疼自己才不會讓我擔心，多學學外婆，她就把自己照顧得很好，不虧欠自己。（2016-2-7）

元宵節假

頭一次希望元宵節也能有個法定節日，「兩會」能不能議議這個話題！說說元宵節放假的理由吧：

第一，元宵節尋見愛情。元宵節是個浪漫的節日，古代女子名正言順結伴走出家門，尤其是那些中上層人家的小姐，一個個打扮得花枝招展，便宜了那些寒門士子。沒有元宵節，哪來燈火闌珊處尋見命中注定的「那人」！哪來那麼多古代版孔雀女與鳳凰男的才子佳人故事！不放假，誰有時間出去浪漫！

第二，元宵節孕育聖人。元宵節有廟會，在那沒有電燈的年代，借著月光，借著謎燈的那點小紅光，一個個都像掛了酒暈，來了酒勁，興奮無比！如果說古代女子真是「足不出戶」，那這天她們是自由的，自由到什麼程度呢？春秋時期，這種廟會應該是眾多男女偷情野合的好時機，而且不會受道德批判。孔子的爸媽可能就是這麼認識的，或許就在元宵節這天的廟會野合孕育了千古聖人。難怪新中國這麼多年沒出過聖人，或許就是因為沒設元宵節假！

第三，元宵節官民同樂。在中國古代，元宵節這天，皇帝也會微服出遊，食食人間煙火，逃避下宮鬥廷鬥。給我們放假，也是給領導們自己放假，可以同樂的！

綜上所述，連勞動節、國慶節這種「後生」都放假，憑什麼千年元宵節不放假！（2015-3-5）

女性出口成髒與話語權蝸移

用髒詞、說髒話、爆粗口，是人情緒的一種宣洩，文明人也有情急激烈直白表達情緒時。長久以來，男性偶而說些髒話被認為很正常，有時甚至被認為頗有男子氣概，而女性卻被限制說髒話。過去，由於很多髒話過於露骨，女性自身也羞於說髒話，可眼下網絡髒詞正發生著隱微的變化，這些髒詞更方便女性脫口而出，在一定程度上拓展了女性話語空間。

髒話總是圍繞著性，而性總是圍繞著性器官。比如：「然並卵」一詞是針對男性生殖器官的，演變過程：「然並卵」（然而並沒有什麼卵用）←「二球」←「扯蛋」←「有個蛋用」（蛋被認為沒有直接作用，其餘自己聯想）。這個演變過程是以形似為線索逐漸簡化用詞。在長期使用過程中，「蛋」一詞已被

髒化，顯得太露骨，而今由「蛋」換成了「卵」，文縐縐的，似乎會變得更文明。很多女性會跟風用「然並卵」，有的女性甚至不知道此爲何意，有人看了度娘解釋仍問我「卵」是不是卵子，卵子爲何沒用。

又如：「我擦」一詞是針對女性生殖器官的，演變過程：「我擦（ca）」←「我插」或「我×」←「我操（cao）」或「我草」←「我操你媽」←「我操你媽B」←「我屌（Cao）你媽屄（Bi）」。這個演變過程是以音似爲線索逐漸簡化用詞。「屌」「屄」兩字估計是象形字，一看就很黃很暴力，而且在一定程度上形容女性隱私部位，女性一般不會自掀裙衩用這種詞的，而一旦變成了「我擦」，跟「擦玻璃」差不多，女性用起來就沒有心理障礙了。曾經的我，一直認爲傻B是傻BABY的意思，覺得很可愛啊，怎麼就是髒話呢。

這些網絡髒詞變得越來越中性化，既沒有了髒味，也沒有黃味，不知內情者往往將其作爲一種情緒化語言。很多人使用網絡髒詞緩解心理壓力、舒緩生活中的緊張情緒，還有一些人覺得跟上網潮能增強人際吸引，自覺幽默詼諧。然而，即使你們很純潔地用它們，它們也不見得純潔，這些詞能夠流行起來，與它們詞源上的「底蘊」關係匪淺。

古今中外，人們熱衷於用男女之事來表現髒話（dirtyword），「性」一事怎麼變得髒起來的呢？這種「髒」並不是邋遢，而是指男女之事能亂人耳目神經，讓人想入非非思想不清明，此謂思想上的髒。

當然，人們常常認爲，這種「髒」是指生理上的髒：處子（處男處女）是聖潔的，一經男女之事便被玷污了；女人的月事與破處血都是髒的；男女之事是隱私，與「髒」一樣羞於示人，等等。這種觀點是由傳統禁欲文化決定的。其實傳統文化雖禁欲，但男性也沒少娶妻妾生子，即便是提出「存天理滅人欲」的朱熹啥也沒耽誤。或許他們只是覺得太俗太形而下，不齒於明說，而用「未見有好色如好德者」「食色性也」「傳宗接代」等詞點到爲止。如果眞「髒」，人們爲何樂此不疲？！

現代享樂文化正在掙脫傳統禁欲文化的束縛，女性解放也伴隨著性解放、文化解放，從前只有村婦吵架時才能聽到的髒話開始在網絡上泛濫，淑女貴婦也嫻熟地用起了「髒詞」而不自知。女性出口成髒並不見得是好事，但只讓男性說而不讓女性說肯定不公平，文明人、君子淑女不代表沒情緒，有情緒都可以「擦玻璃」嘛。（2016-2-19）

「小鮮肉」呼喚下的性別權利關係演進

最近和一些女性朋友聚在一起大談生活，從享受帥氣男髮型師服務到欣賞朋友圈裏曬肌肉的男性，從當前男女社會地位到未來男女角色定位……言談之中，語詞語態明顯有將男性「物化」的即視感，特別是女性朋友們有意無意之間大聲地呼喚「小鮮肉」，不僅表達了女性對男性的呼喚、要求與期盼，也展示了女性主體性的成長，體現了性別關係的演進。

曾幾何時，男性用長髮嬌顏大胸翹臀來規範女性的身體。如今，婦女地位有了很大的進步，女性也在用「小鮮肉」稱謂建構著對男性的期待，規範著男性的身體。這種規範，都是直接針對身體之美的，與財富、權位等因素的關係不大。當女性對男性的欣賞超越了財富、權力而直接針對身體之美時，表明女性開始突破男權文化對人性的壓抑，回歸本性，這是重拾女性主體性的思想萌芽。

對女性來說，有能力回歸本性是種進步，因為女性受傳統性別觀念的約束越少，表明她們享有的身體自主權越大，相應的選擇自由度也就越大。這種身體自主權和選擇的自由，體現在兩個方面，一方面女性逐步走出男權文化對女性身體的規範和道德規訓，不再唯男性的要求馬首是瞻，積極展示女性主體性、活出女性自己的精彩；另一方面，女性也開始對男性提出要求，通過創建「小鮮肉」等話語，並努力賦予其公共話題屬性，規範著男性的身體，以此來表達對男權的抗爭與對平等的追求，重塑性別秩序，實現兩性平等。

有趣的是，伴隨著性別平等的推進，不少男性在「迎合」女性的這種審美期待，在某種意義上，這也可以說是女性主體性成長與訴求在男性身上的「折射」。放眼網絡，男人在健身整形的場景並不陌生，身體之美成了個人的追求，也是社會評判的標準之一。男女兩性不只是滿足於自己對身體的期待，更是享受身體之美在人際交往中的美好。這些男性希望女性不要簡單地看重權力、財富，而是要看重男性本身的魅力，看重「小鮮肉」話語中展示的那種身體之美。

權力、財富等因素正是穩固男權地位的重要基石，當男性不自覺地超越傳統社會性別結構中權力、財富帶來的優越感，開始追求身體魅力上的彼此欣賞，達到女性眼中的「小鮮肉」標準，說明這些男性在一定程度上已走出特權思維，回歸個體本位，這也有利於女性的解放和性別平等的實現。

　　當然，男性超越傳統性別觀念的規範，固然有認同女性「小鮮肉」等呼籲定制的男性標準，有著共同實現男女平等的夙願。但是也應該看到，這種轉變是現實情況變化使然，社會實踐中男性的性別優勢逐漸消解，適應男女平等是必須要面對的現實。隨著經濟社會的發展，男性減少了對女性生理體質上的苛責，開始把她們當作平等的競爭對手。實踐證明，女性眞的能頂半邊天，給她們同等的陽光，她們就能綻放。而思想的解放讓女性走出家門，更充分參與社會實踐，女性的實踐能力和取得的不凡成績進一步促進和鞏固了思想解放。伴隨著女性經濟社會地位的提升以及思想的解放，女性的聲音和性別平等的呼喚更爲強烈，拋開部份男性對婦女解放的迷思與抵制，很多男性接受這一現實甚至提升覺悟，也是必須做出的選擇之一。

　　當然，傳統性別文化規訓的力量依然強大，並不是所有女性都能順應這種變化：一些女性思想解放了而自立、自強精神沒跟上，一邊談論並欣賞「小鮮肉」，一邊依然期待著男性作爲頂梁柱來照顧自己、家庭；還有一些女性可能是職場精英，但是思維延續傳統性別文化，試圖通過回歸傳統生活模式來表明自己的「女人味兒」。而隨著男性特權的削弱與男女平等權利的演進，男性期待女性承擔同等的責任義務，那些尚未從傳統性別觀念規訓中走出來的女性，因此會控訴男人越來越「不負責任」，其實這正是沒有意識到男女平等關係演進的表現。

　　值得注意的是，男女平等的實現，從權利、機會、責任的平等直至事實上的平等，依然任重道遠。我們既要從「小鮮肉」話語的呼喚中看出女性話語權的增加，女性權利的進步，同時也要防止女性的權利保障、女性的發展僅僅停留在口頭上，女性僅僅是平等承擔了應有的責任和義務，而沒有享受到應有的權利，結果是加重了女性的不利處境。

　　因此，面對「小鮮肉」話語展示的女性覺醒與女性權利進步，我們要認識到其超越傳統文化對女性規訓的窠臼，讓女性回歸主體性；同時，我們也不應該過於樂觀，畢竟男女平等的眞正實現，依然需要在國家、市場、社區、家庭以及個人層面，提升性別敏感，建立性別平等的保障機制。可以肯定的是，權責是一致的，權利越大，責任越大，促進性別平等，不僅需要男性適應新形勢，女性也應該自立自強，在思維、能力層面超越傳統性別文化的束縛，既要有「小鮮肉」呼籲之中表達的對男性的要求和期待，也要有在經濟社會競爭中一馬當先的勇氣與擔當。（2016-2-2）